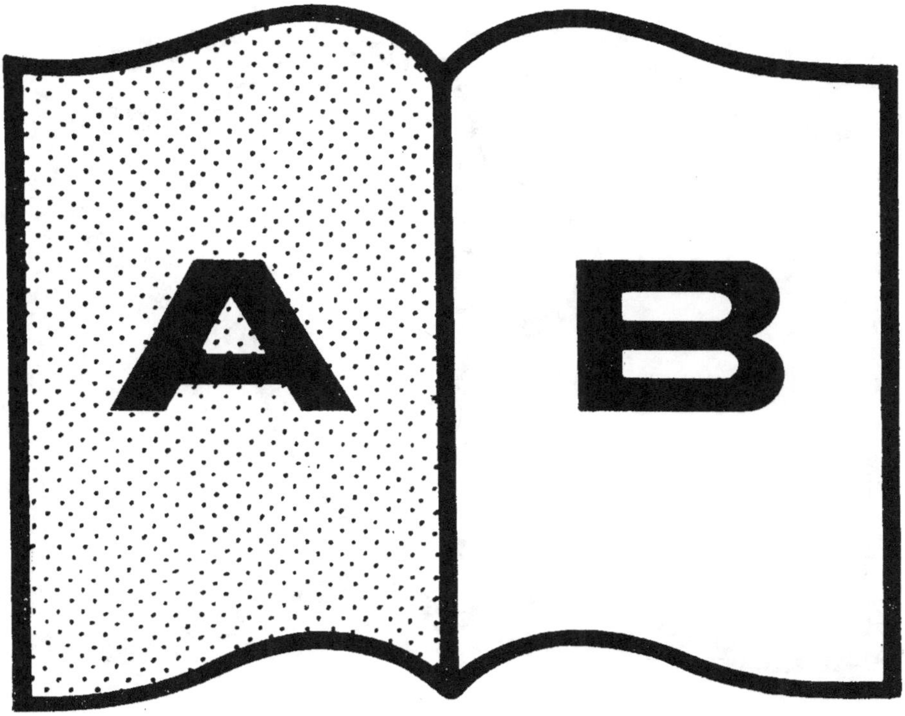

Contraste insuffisant

NF Z 43-120-14

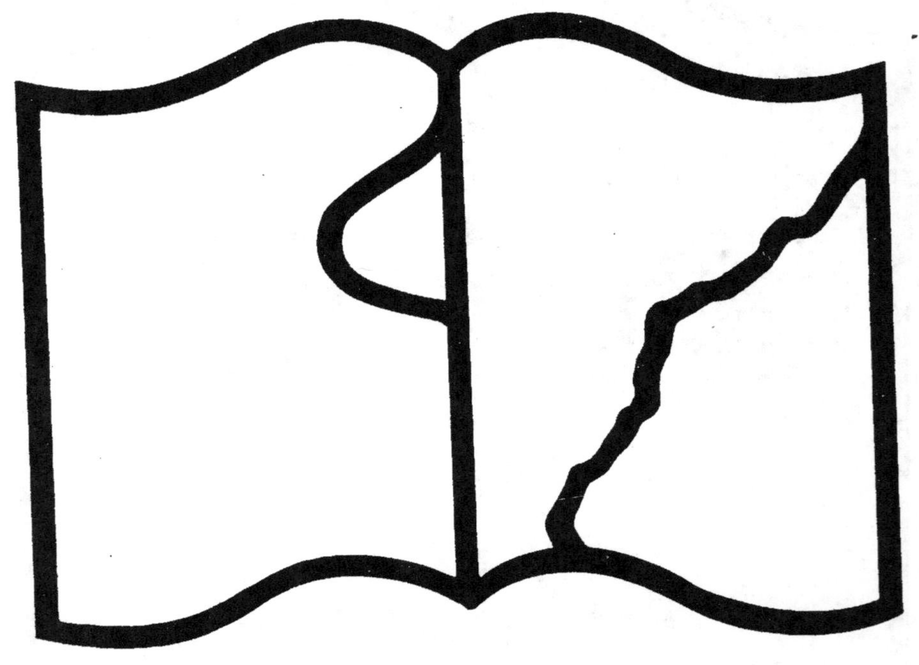

Texte détérioré — reliure défectueuse

NF Z 43-120-11

MEMENTO D'AUDIENCE

DU

PRÉSIDENT D'ASSISES

PAR

Victor JEANVROT

CONSEILLER A LA COUR D'APPEL D'ANGERS

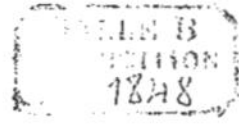

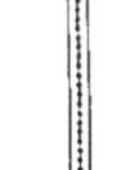

PARIS

A. COTILLON ET Cie
ÉDITEURS
(PICHON, Successeur)
24, RUE SOUFFLOT, 24

A. CHEVALIER-MARESCQ
ÉDITEUR
20, RUE SOUFFLOT, 20

1884

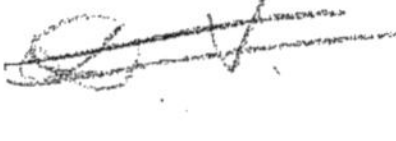

PRÉFACE

La dernière édition de l'*Aide-Mémoire* d'un Président d'Assises, de M. Dufour, date de 1869. — La publication du savant *Traité de la Cour d'Assises*, de M. Nouguier, commencée en 1864, a été terminée en 1870.

Depuis cette époque, de nombreuses décisions ont inauguré, confirmé ou modifié la *Jurisprudence* sur bien des points importants de la matière.

De notables changements ont même été apportés à la *législation*, notamment par les lois du 21 novembre 1872 sur le *Jury*, du 29 juillet 1881 sur la *Presse*, et du 20 juin 1881 sur le *Résumé du Président*.

Il n'est donc pas inutile au Président de la Cour d'Assises d'avoir sous les yeux un exposé, à la fois sommaire et complet, du dernier état de la Jurisprudence et des dispositions législatives en vigueur, sur chacune des multiples questions que font naître les débats, et de pouvoir ainsi leur donner immédiatement la solution qu'elles comportent.

On trouvera dans cet ouvrage tout ce qui concerne, à ces divers points de vue, le tirage du Jury de la session et du Jury de jugement, l'interrogatoire de l'accusé, les dépositions des témoins, la rédaction et la position des questions, le verdict du Jury, l'exercice du pouvoir discrétionnaire, le huis-clos, les incidents, la nouvelle *Loi sur la Presse*, — et de plus, un formulaire détaillé pour la rédaction des ordonnances, des arrêts et du procès-verbal.

Une disposition typographique particulière indique, en outre, — d'une part, dans une colonne spéciale et en regard des décisions de la Jurisprudence, pour chaque phase des débats, *ce que le Président a à dire* (serment des jurés et des témoins, interrogatoire de l'accusé, interpellations à l'accusé, aux témoins, au défenseur, avertissements au Jury, etc.) et la procédure à suivre; — d'autre part, au fur et à mesure des incidents, la solution donnée par la Jurisprudence, le texte de la loi et la formule de l'arrêt à rendre.

En un mot, l'auteur a résumé et condensé, sous forme de tableaux, tous les documents contenus dans les ouvrages précédents sur la matière, en tenant compte des modifications de la Jurisprudence et de la Législation.

EXPLICATION DES SIGNES ET ABRÉVIATIONS

L'ASTÉRIQUE placé dans le corps d'une phrase indique que la violation de la règle ou de la formalité entraîne **NULLITÉ**.

C. 11 juin 1846. — B. 212 ...	Cassation, 12 juin 1846. Bulletin 212, au *Recueil officiel des Arrêts de Cassation.*
S. 1880. 1. 116	*Recueil périodique de Sirey,* année 1880, première partie, page 116.
Rép. Anal., 1883. 120.......	*Répertoire analytique de Jurisprudence et de Législation,* par Decaieu; année 1883, page 120.
J. P., 1880. 116	*Journal du Palais,* année 1880, page 116.
D. 1880. 1. 116	*Recueil périodique de Dalloz,* année 1880, première partie, page 116.
D. Vᵒ témoins; nᵒ 20	*Répertoire alphabétique de Dalloz,* au mot *témoins,* numéro 20.
Gaz. Trib., 15 juin 1880.....	*Gazette des Tribunaux,* numéro du 15 juin 1880.
J. Droit, 15 juin 1880.......	Journal *Le Droit,* numéro du 15 juin 1880.
J. Loi, 15 juin 1880.........	Journal *La Loi,* numéro du 15 juin 1880.
J. Audience, 15 juin 1880.....	Journal *l'Audience,* numéro du 15 juin 1880.
J. Dr. Crim., 1880, p. 120....	*Journal du Droit Criminel,* année 1880, page 120.
J. M. P.: t. 5, p. 120	*Journal du Ministère Public,* tome 5, page 120.
Fr. Jud., 15 juin 1883; p. 20..	*La France Judiciaire,* numéro du 15 juin 1883, page 20.
Mém. Min. Pub. 2. 120.......	*Mémorial du Ministère public,* par Dutruc, tome 2, page 120.
Rev. crit., juin 1883, p. 80 ...	*Revue Critique de Législation et de Jurisprudence,* numéro du mois de juin 1883, page 80.
N. 4. 1260	*La Cour d'Assises,* par M. Nouguier, tome 4, page 1260.
C. Crim., par Rolland de Villargues; Art. 368, C. I. C. — Notes.............	*Codes Criminels,* par Rolland de Villargues, article 368 du Code d'instruction criminelle, aux notes.

ERRATAS

Page 44,	— ligne 13,	— au lieu de :	et ne pourrait	lire :	et pourrait.
— 52	— 28	—	l'engage	—	l'engageant.
— 54	— 46	—	fait loi	—	fait foi.
— 57	— 19	—	dessein et d'empoisonnement	—	dessein et pas de préméditation d'empoisonnement.
— 57	— 21	—	écriture privée, écriture de commerce	—	écriture privée et en écriture de commerce.
— 63	— 5	—	et acquise	—	est acquise.
— 63	— 24	—	N. 910	—	N. 4. 910.
— 66	— 55	—	permettant de la réduire	—	permettent de la réduire.
— 73	— 11	—	au crime de délit	—	aux crimes et délits.
— 75	— 24	—	ou autres affaires ou autres agents	—	ou autres agents.
— 79	— 11	—	évoquée	—	invoquée.
— 79	— 42	—	première	—	présente.
— 79	— 43	—	notification qui lui a	—	notification lui a.
— 81	— 54	—	de ces deux témoins	—	de ce témoin.
— 84	— 25	—	art. 1838, C. Civ.	—	art. 1382, C. Civ.

ORGANISATION DES COURS D'ASSISES

1. — La tenue des Assises a lieu tous les trois mois. Elles peuvent se tenir plus souvent si le besoin l'exige (Art. 259, Code d'instruction criminelle).

2. — Les Assises se tiennent, dans chaque département, de manière à n'avoir lieu dans le ressort de la même Cour que les unes après les autres et de mois en mois, à moins qu'il y ait plus de trois départements dans le ressort ou que le besoin du service exige qu'il en soit tenu plus souvent. (Art. 19, L. 20 avril 1810).

3. — ÉPOQUES. — Les époques de la tenue des Assises ont été fixées, dans chaque ressort, conformément à l'art. 83 du décret du 6 juillet 1810, et le tableau en a été publié à la suite de la Circulaire ministérielle du 5 octobre 1852. (V. Nouguier. *La Cour d'assises*, t. 2, p. 365). Ce tableau indique à quelle date commence chaque trimestre. Pour le département de la Seine, les époques sont fixées par l'ordonnance du 30 juillet 1820, et pour l'Algérie, par le Décret du 19 août 1854.

4. — OUVERTURE. — Le Premier Président désigne le jour où doit s'ouvrir la séance de la Cour d'assises (Art. 20, L. 20 avril 1810). Il fixe aussi le jour d'ouverture des sessions extraordinaires (Art. 81, décret du 6 juillet 1810).

5. — PUBLICATION DE L'ORDONNANCE. — L'ordonnance du Premier Président doit être envoyée, à la diligence des Procureurs Généraux, aux Tribunaux de 1re Instance de la Cour d'assises, publiée dans les trois jours de sa réception, et huit jours au moins avant l'ouverture, à l'audience publique, sur la réquisition du Procureur de la République. Elle doit être annoncée dans les journaux du département où siège la Cour d'assises et doit être affichée dans les chefs-lieux d'arrondissement et sièges des Tribunaux de 1re Instance (Art. 22, L. 20 avril 1810, 88 et 89, Décr. 6 juillet 1810).

6. — DURÉE. — La durée ordinaire des sessions est fixée par des Circulaires du Garde des Sceaux, des 14 mai 1812 et 14 janvier 1819, à quinze jours.

7. — ASSISES EXTRAORDINAIRES. — Si cette durée ne suffit pas, le Premier Président fixe le jour de l'ouverture des Assises extraordinaires, et un Jury nouveau est convoqué. Le Président de la dernière session des Assises continue à présider (Art. 81, Décr. 6 juillet 1810).

8. — SECTIONS. — Si le service l'exige, la Cour d'assises peut être divisée en plusieurs sections, par ordonnance du Ministre de la Justice, (L. 9 sept. 1835, Art. 2).

9. — LIEUX. — Les Assises se tiennent au chef-lieu de chaque département, sauf à Mézières, Aix, Saint-Flour, Saintes, Bastia, Coutances, Reims, Saint-Mihiel, Douai, Saint-Omer, Riom, Châlons-sur-Saône, Carpentras, anciens chefs-lieux des Cours criminelles (L. 20 avril 1810, Art. 17, § 2). — Les Assises peuvent se tenir dans un autre Tribunal du département, en vertu d'un arrêt de la Cour (Chambres réunies). (Art. 258 § 2, C. I. C., et D. 6 juill. 1810. Art. 90).

COMPOSITION DE LA COUR D'ASSISES

10. — COMPOSITION. — La Cour d'Assises se compose d'un Président et de deux Assesseurs, d'un membre du Ministère public et d'un Greffier, Dans les chefs-lieux de la Cour d'appel, la *Chambre civile* peut se réunir à la Cour d'Assises, si la gravité des circonstances l'exigent, en vertu d'un arrêt de la Cour d'appel (Chambres réunies). (D. 6 juill. 1810, Art. 93).

11. — ADJONCTION. — Dans les affaires longues, la Cour d'assises peut s'adjoindre un ou deux juges. (L. 25 brum. an VIII, Art. 4. — Cassat. 11 mai 1833.— D. 1833.1.227. — L. 25 mars 1855), en suivant l'ordre du tableau (C. 5 janvier 1854. Bulletin 1). Ce droit appartient également au Président de la Cour d'assises (C. 19 juillet 1832), et au Premier Président (C. 8 oct. 1840. — N. 2. 424). Les adjonctions doivent se faire avant le tirage des jurés. Les adjoints, à moins d'empêchement des titulaires, ne font qu'assister aux débats (N. 2. 427). Les adjonctions étant une mesure de pure administration peuvent se faire en dehors de la présence de l'accusé (N. 2. 430).

12. — **Président.** — Le Premier Président peut toujours présider les Assises. (D. 30 mars 1808, Art. 1. — D. 6 juil. 1810, Art. 7 et 39). — Dans ce cas, le Président devient premier assesseur.

13. — NOMINATION. — Les Présidents d'Assises sont nommés par ordonnance du Garde des Sceaux, pendant la durée d'une Assise, pour le trimestre suivant (C. 12 janv. 1838. — N. 2. 445), et, à défaut, par le Premier Président (L. 20 avril 1810, Art. 79 et 80). Ils sont pris parmi les Conseillers.

14. — DURÉE DES FONCTIONS. — Les pouvoirs du Président des Assises commencent le premier jour du trimestre pour lequel il est nommé et se continuent pendant tout ce trimestre. Il peut cependant faire tous actes d'instruction, avant l'ouverture du trimestre, dès l'instant où sa nomination a été publiée (C. 13 nov. 1856. — B. 552).

15. — REMPLACEMENT. — Si, depuis la notification faite aux jurés, le Président de la Cour d'assises se trouve dans l'impossibilité de remplir ses fonctions, il est remplacé par le plus ancien des autres juges de la Cour d'appel, nommés ou délégués pour l'assister, et s'il n'a pour assesseur aucun juge de la Cour d'appel, par le Président du Tribunal de 1re Instance (Art. 263, C. I. C.), et à son défaut, un vice-président ou un des juges (N. 2. 529).

16. — **Assesseurs.** — Le Premier Président nomme les Conseillers ou juges assesseurs du Président des Assises. Mais les Conseillers

peuvent aussi être délégués par la Cour d'appel (Art. 253, C. I. C.). Les Assesseurs sont nommés pour tout le trimestre et par suite doiven siéger en cas d'Assises extraordinaires (N. 2. 463).

17. — Incompatibilités. — Les membres de la Cour d'appel qui auront voté sur la mise en accusation ne pourront dans la même affaire, ni présider les Assises * , ni assister le Président * (Art. 257, C. I. C.). Il en est de même du Juge d'Instruction. * (*Ibid.*)

18. —Il en est de même encore : Des membres de la Cour d'assises dont l'arrêt a été cassé (N. 2. 479), de celui qui a conclu dans l'affaire comme officier du ministère public (C. 3 mars 1859. — B. 674), et du Président de la Cour d'Assises qui, après avoir ordonné l'arrestation d'un témoin pour fausse déposition, a procédé à son interrogatoire ou à des actes d'instruction (C. 7 oct. 1824).

19. — Mais non : du magistrat qui a pris part au tirage du Jury de la session (C. 4sept. 1828), ou qui, comme membre de la Chambre des mises en accusation, a seulement pris part à un arrêt de plus ample informé (C. 11 juil. 1811), ou qui, soit comme Président des Assises, soit comme remplaçant le Président, a procédé à un supplément d'instruction depuis l'arrêt de renvoi (C. 26 févr. 1841 et 30 août 1844. — B. 53 et 433).

20. — Récusation. — Les règles de récusation tracées dans le Code de procédure civile, titre XXI, sont communes à la matière (C. 13 avril 1837. — B. 110. — N. 2. 500).

21. — Il est statué sur la récusation par la Cour d'assises, mais sans le concours du magistrat qui en fait l'objet (C. 20 mai 1847. — D. 1847. 4. 411), qui est momentanément remplacé par un juge appelé en son lieu et place.

22. — Si la récusation est rejetée, le juge reprend sa place, nonobstant pourvoi, et il peut même contribuer à l'arrêt de rejet de sursis fondé sur le pourvoi. (N. 2. 502).

23. — Remplacement. — Le remplacement d'un membre de la Cour d'assises peut être nécessité par absence, maladie, empêchement, incompatibilité, abstention, récusation, etc. — V. 267).

24. — L'empêchement est présumé par cela seul que le magistrat n'a pas siégé (N. 2. 507).

25. — Il n'appartient pas aux parties de s'immiscer, à ce sujet, dans la discipline et l'administration intérieure des Cours et Tribunaux.

26. — Dès que les débats sont commencés, si l'un des Juges est empêché, il faut, ou renvoyer l'affaire à un autre jour, ou annuler le débat pour le reprendre de nouveau avec un autre juge (N. 2. 511).

27. — Si les Assises se tiennent au chef-lieu de la Cour d'appel, le remplacement se fait par délégation du Premier Président (N. 2. 523), ou à défaut, par le plus ancien Conseiller dans l'ordre du tableau (N. 2. 534).

28. — Si le Conseiller appelé n'est pas le plus ancien, il y a présomption que les plus anciens étaient légitimement empêchés (C. 18 juill. 1873. — B. 201).

29. — Si les Assises se tiennent ailleurs, les assesseurs, à défaut de délégation expresse du Premier Président (N. 2. 530) sont remplacés par des Juges du Tribunal ou des suppléants, suivant l'ordre d'ancienneté (Art. 264, C. I. C.).

30. — *A partir du jour de l'ouverture de la session,* c'est le Président des Assises * qui doit pourvoir, par ordonnance, au remplacement des assesseurs régulièrement empêchés, et désigner les assesseurs supplémentaires, en commençant par le Président du Tribunal et en suivant l'ordre hiérarchique et le rang d'ancienneté (Art. 253, C. I. C.).

31. — Incompatibilité. — Il n'existe aucune incompatibilité entre les Membres de la Cour d'assises et les Jurés (C. 26 mai 1826. — D. 1826. 1. 369).

32. — **Ministère public.** — En cas d'absence ou d'empêchement des Procureurs de la République ou de leurs Substituts, ils sont remplacés par l'un des Juges ou suppléants (Art. 84, G. de proc. civ.).

33. — Le Ministère public n'est pas récusable parce qu'il est partie principale (Art. 381, C. proc. civ.).

34. — **Greffier.** — Le Greffier peut se faire représenter par un commis assermenté (Art. 252 et 253, C. I. C.) ou à défaut par un tiers assermenté (N. 2. 571).

35. — *Serment.* — Le serment est ainsi conçu : « *Je jure et promets de bien et loyalement remplir mes fonctions et d'observer en tout les devoirs qu'elles m'imposent* ». (L. 5 avril 1852, Art. 4).

36. — Procès-Verbal. — Le Procès-verbal des débats doit indiquer les noms des personnes composant la Cour d'Assises * (C. 15 janvier 1848. — B. 13).

37. — Composition irrégulière. — Lorsque les débats de la Cour d'assises ont été commencés avec une composition irrégulière, la Cour peut, après avoir modifié sa composition, annuler la partie des débats qui a eu lieu et la recommencer à nouveau (C. 5 janv. 1871. — B. 9.)

COMPOSITION DU JURY DE SESSION

Au jour fixé par l'ordonnance la Cour entre en séance.

Le Président dit : « **Nous déclarons ouverte la session des Assises du département de... pour le... trimestre de l'année 18...** »

• **Huissier, faites l'appel nominal de MM. les Jurés titulaires et suppléants.**

Chacun de MM. les Jurés voudra bien, à l'appel de son nom, répondre : présent.

Monsieur le Greffier, veuillez inscrire les noms de ceux de MM. les Jurés qui ne répondraient pas à l'appel de leur nom. »

Au fur et à mesure de l'appel, le Président constate l'identité du nom avec l'énoncé de l'exploit.

Après l'appel, s'il y a lieu :

« **Le Ministère public a la parole pour prendre ses réquisitions.** »

Puis la Cour rend arrêt sur les cas d'excuse, d'incapacité, d'incompatibilité, d'identité, etc.

(V. formules.)

---

38. — Dix jours au moins avant l'ouverture des Assises, la liste des 36 jurés de la session et des 4 jurés suppléants est dressée par voie de tirage au sort, en audience de la Cour ou du Tribunal (L. 21 nov. 1872, Art. 18).

39. — Huit jours au moins avant l'ouverture, le Préfet a notifié à chacun des jurés l'extrait de la liste le concernant (Art. 389, C. I. C.).

40. — Notification de la liste des jurés est faite à chaque accusé la veille du jour déterminé pour la formation du tableau. (Art. 395, C. I. C.).

41. — Dès l'ouverture de la session, la Cour procède à la constatation des jurés de la liste présents et idoines.

Retranchements de la Liste

42. — Absences. — Si le juré absent ne se fait pas excuser, la Cour le condamne à l'amende Art. 396, C. I. C., et L. 21 nov. 1872, Art. 20, qui permet d'abaisser, pour la première fois, l'amende à 200 francs).

43. — S'il y a doute sur la régularité de la notification, la Cour peut commettre huissier pour citer de nouveau le juré défaillant et surseoir à statuer (N. 2. 578). — V. 40. 53. 73.

44. — Si le juré a présenté des excuses, la Cour peut les admettre, ou commettre un médecin pour vérifier l'exactitude du certificat produit, ou faire citer de nouveau le juré, ou rejeter l'excuse et le condamner à l'amende.

45. — En cas de condamnation, le juré peut présenter sa réclamation lui-même ou par un fondé de pouvoir spécial, et la Cour maintient ou rabat son arrêt.

46. — Le nom du *juré absent* doit toujours être rayé de la liste * .

47. — Mais s'il se présente, au cours de la session, son nom est inscrit de nouveau sur la liste de service et il est soumis à tous les tirages ultérieurs, après que la Cour a rabattu l'arrêt de défaut.

48. — Il faut aussi retrancher de la liste le nom du *juré inhabile* pour quelque cause que ce soit.

49. — Age. — Le juré doit avoir trente ans accomplis au moment de la formation du jury de jugement * (C. 19 frim. au XII. — B. 225).

50. — Qualité de citoyen français. * — La présomption résulte de l'inscription sur les listes, mais peut-être combattue par la preuve contraire.

51. — Jouissance des droits politiques, civils et de famille. * — (V. Incapacités, *infrà*)

52. — Domicile. — Le juré doit avoir son domicile ou plutôt sa résidence dans le ressort de la Cour d'assises. — Sinon, inaptitude relative contre laquelle l'accusé peut réclamer.

53. — Notification. — Le nom du juré doit avoir été notifié aux accusés (N. 2. 582). — V. 40. 43. 73.

54. — Incapacité. — Sont incapables d'être jurés, aux termes de l'article 2 de la loi du 21 novembre 1872 :

1° Les individus qui ont été condamnés, soit à des peines afflictives et infamantes, soit à des peines infamantes seulement. (Art. 7 et 8 du C. pén.);

2° Ceux qui ont été condamnés à des peines correctionnelles pour faits qualifiés crimes par la loi.

3° Les militaires condamnés au boulet ou aux travaux publics.

4° Les condamnés à un emprisonnement de 3 mois au moins; toutefois les condamnations pour délits politiques ou de presse n'entraineront que l'incapacité temporaire dont il est parlé au § 11 du présent article (pendant 5 ans).

5° Les condamnés à l'amende ou à l'emprisonnement, quelle que soit la durée, pour vol, escroquerie, abus de confiance, soustraction commise par des dépositaires publics, attentats aux mœurs prévus par les articles 330 et 334 du Code pénal, délit d'usure;

Les condamnés à l'emprisonnement pour *outrage à la morale publique et religieuse* (L. 17 mai 1819, Art. 8. — *Abrogée par la loi du 29 juil. 1881, Art. 68), attaque contre le principe de la propriété et le droit de famille* (D. du 11 août 1848, Art. 3. — *Abrogé par la loi du 29 juil. 1881, Art. 68*).

— Retraite des Jurés suppléants.

Si, après retranchements, le nombre des Jurés titulaires est égal ou supérieur à 30, le Président autorise les Jurés suppléants à se retirer, et les dispense de se présenter chaque matin à l'audience, à condition qu'ils se tiennent à leur domicile, de 10 à 11 heures, à la disposition de la Cour.

Si le nombre des Jurés titulaires et des suppléants est inférieur à 30, il y a lieu à tirage complémentaire, à ordonner par arrêt.

(V. formules.)

Délits, commis contre les mœurs par l'un des moyens énoncés dans l'article 1 de la loi du 17 mai 1819, pour vagabondage ou mendicité, pour infraction aux dispositions des articles 60, 63 et 65 de la loi sur le recrutement de l'armée et aux dispositions de l'article 423 du Code pénal, de l'article 1 de la loi du 27 mars 1851, (*fraude dans les ventes de marchandises*), et de l'article 1 de la loi des 5-9 mai 1855, (*fraudes dans les ventes de boissons*); pour les délits prévus par les articles 134, 142, 143, 174, 251, 305, 345, 362, 363, 364 § 3, 365, 366, 387, 389, 399 § 2, 400 § 2, 413 du Code pénal.

La condamnation doit être définitive. L'effet de la condamnation cesse par la réhabilitation (Art. 633, C. I. C.).

6° Ceux qui sont en état d'accusation (*c'est-à-dire renvoyés pour crime devant la Cour d'assises*) ou de contumace (*c'est-à-dire qui se sont soustraits à l'ordonnance de se représenter, décernée contre eux par un arrêt de mise en accusation*).

7° Les notaires, greffiers et officiers ministériels destitués;

8° Les faillis non réhabilités dont la faillite a été déclarée soit par les tribunaux français, soit par jugement rendu à l'étranger, mais exécutoire en France;

9° Ceux auxquels les fonctions de jurés ont été interdites en vertu de l'article 396, C. I. C. (juré trois fois défaillant) ou de l'article 42 du Code pénal (par condamnation spéciale);

Adde : ou de l'article 3 de la loi du 4 février 1873, sur l'ivresse.

10° Ceux qui sont sous mandat d'arrêt ou de dépôt;

11° Sont incapables, pour 5 ans seulement, à dater de l'expiration de leur peine, les condamnés à un emprisonnement de moins de 3 mois pour quelque délit que ce soit, même pour les délits politiques ou de presse;

12° Sont également incapables les interdits, les individus pourvus de conseils judiciaires, ceux qui sont placés dans un établissement public d'aliénés, en vertu de la loi du 30 juin 1838.

55. — Art 4. — Ne peuvent être jurés les domestiques et serviteurs à gages; ceux qui ne savent pas lire et écrire en français.

56. **Dispenses.** — Art 5. — Sont dispensés des fonctions de jurés :

1· Les septuagénaires.

2· Ceux qui ont besoin, pour vivre, de leur travail manuel et journalier;

3· Ceux qui ont rempli les dites fonctions pendant l'année courante ou l'année précédente.

57. — *Adde :* Ceux qui sont atteints de surdité ou de cécité constatées par la Cour d'assises (C. 30 janv. 1845. — N. 1. 487).

58. — **Incompatibilités absolues :**

Art. 3. — Les fonctions de jurés sont incompatibles avec celles de député, de ministre, membre du Conseil d'État, membre de la Cour des comptes, sous-secrétaire d'État et secrétaire général d'un ministère, préfet ou sous-préfet, secrétaire général de préfecture, conseiller de Préfecture, membre de la Cour de cassation ou des Cours d'appel, juge titulaire ou suppléant des tribunaux civils et des tribunaux de commerce, officier du ministère public près les tribunaux de 1re instance, juge de paix, commissaire de police, ministre d'un culte reconnu par l'État, militaire de l'armée de terre ou de mer en activité de service et pourvu d'emploi, fonctionnaire ou préposé du service actif des douanes, des contributions indirectes, des forêts de l'État et de l'administration des télégraphes, instituteur primaire communal.

59. — La fonction de *sénateur* (*Le Sénat a été établi par la loi constitutionnelle du 25 février 1875*) n'étant pas rangée au nombre des causes d'incompatibilité et celles-ci étant de droit étroit (C. 28 février 1839. — B. 69.), il s'ensuit que les sénateurs ne sont pas dispensés des fonctions de jurés.

60. — *Les greffiers de la Cour de Cassation et des Cours d'appel* étant *membres* des Cours auxquelles ils appartiennent, leurs fonctions entraînent incompatibilité. Il n'en est pas de même des *Greffiers de tribunaux civils et de commerce*, lesquels ne sont pas compris dans les dénominations de *juge, suppléant,* ou *officier du ministère public.* (C. 19 déc. 1807. D. V. instr. crim., N. 1, 444. — N. 1. 452).

61. — Les fonctions de *prudhomme* ne sont pas incompatibles (C. 17 sept. 1858. — B· 408. — N. 1. 454).

62. — Les incompatibilités ayant leur raison d'être dans l'exercice d'une fonction sont personnelles et ne s'étendent point à celui qui remplacerait occasionnellement le titulaire. (N. 1. 467).

63. — Pour ce qui concerne le *défaut de domicile, l'état de domesticité, les septuagénaires, la condition de journalier, la qualité de député,* et *l'exercice des autres fonctions créant incompatibilité,* la fonction de juré accomplie pendant l'année courante ou l'année précédente, il n'y a pas de nullité absolue si les accusés n'ont pas réclamé (N. 2. 591 et suiv.).

64. — **Incompatibilités relatives *.** — Aux termes de l'article 392, C. instr. crim.

Nul ne peut être juré *dans la même affaire* où il aura été :

OFFICIER DE POLICE JUDICIAIRE, — ou greffier de l'officier de police judiciaire (C. 5 oct. 1849. — D. 1849. 5. 80). Cette règle ne s'étend pas à l'huissier (N. 1. 470).

Témoin (C. 21 juin 1850. — D. 1850. S. 106. — N. 1. 470).

Interprète ou expert. — (C. 2 mars 1850. — B. 129. — N. 1. 470).

Partie poursuivante ou plaignante. — Cette disposition ne doit pas s'étendre aux parents ou alliés de la partie (N. 1. 471), ni au cas d'alliance ou de parenté entre jurés dans la même affaire (N. 1. 473).

Dénonciateur. — (N. 1. 476).

Conseil de la partie ou de l'accusé. — (N. 1. 476). Il n'y a pas incompatibilité légale pour les parents ou alliés de l'accusé (N. 1. 479).

Adde : le juré qui a déjà connu de l'affaire, à l'occasion d'un premier débat, suivi d'un renvoi à une autre session (C. 18 mars 1881. — D. 1882. 1. 92).

65. — Durée de l'incompatibilité. — Le retranchement, dans ces divers cas, ne s'applique que pour l'affaire dans laquelle il y a incompatibilité.

66. — Excuse temporaire. — Il en est de même lorsque le juré est excusé momentanément, pour raison majeure d'affaires, indisposition, etc. Il doit reprendre, après le délai, l'exercice de sa fonction (N. 2. 585).

67. — Il n'y a pas lieu de faire rapporter par un nouvel arrêt celui qui a admis l'excuse temporaire (N. 2. 586).

Observations.

68. — Retranchements. — Les retranchements opérés par la Cour d'assises échappent à toute critique pourvu que la liste sur laquelle aura lieu la formation du jury de jugement reste composée de trente jurés idoines au moins (N. 2. 605).

69. — Identité de la personne du juré. — Il faut constater d'abord si la personne citée est bien celle qui figure sur la liste, puis, si sa désignation dans la liste et dans l'exploit de notification est exacte et complète.

70. — S'il n'en est pas ainsi, il y a lieu de faire opérer les rectifications; au besoin même, s'il y a des vices affectant substantiellement la notification, ajourner l'affaire, et faire notifier la liste rectifiée (N. 2. 631.).

71. — Si des doutes existent sur l'identité du juré, *la Cour* ordonnera la radiation de son nom de la liste de session, mais elle ne peut, sans empiéter sur les attributions de l'autorité administrative, ordonner la radiation de la liste générale.

72. — *La Cour* peut excuser des jurés inexactement indiqués, soit dans l'assignation donnée aux jurés, soit dans la notification de la liste à un accusé (C. 17 févr. 1826. — D. 1826. 1. 173.).

73. — Vices de notification. — La notification de la liste des 40 jurés doit être faite aux accusés à peine de nullité, même en cas d'acquiescement de ceux-ci. (C. 8 sept. 1853. — B. 449. — C. 16 février 1832. — B. 58.). Elle doit être faite la veille du jour où l'accusé comparaît devant les Assises (C. 9 sept. 1847. — B. 212.). Elle ne peut être notifiée plus tôt, malgré les termes de l'art. 395 du C. instr. crim. (C. 28 sept. 1865. — B. 183.). — V. 40. 43. 53. 73.

74. — La signification doit être signée par l'huissier (C. 25 sept. 1862. — B. 235), datée (C. 9 avril 1864. — B. 94.), parlant à la personne des accusés (C. 10 août 1839. — B. 257. — C. 29 mars 1838. — B. 87.).

75. — L'huissier peut être condamné aux frais de la procédure à recommencer (Art. 415, C. I. C.).

76. — Les indications inexactes n'entraînent nullité que si l'accusé a pu être induit en erreur sur l'identité des jurés, et par suite entravé dans son droit de récusation. (C. 5 oct. 1866. — B. 224.).

77. — Il n'y aurait même pas nullité, en ce cas, s'il y avait 30 jurés idoines, et si le juré inexactement désigné n'est pas tombé au sort, ou s'il a été récusé. (C. 6 avril 1865. — B. 88).

78. — Il n'est pas nécessaire de notifier aux accusés les noms des jurés appelés par le sort pour compléter le nombre de 30 (C. 11 janv. 1867. — B. 4.).

TIRAGE DES JURÉS COMPLÉMENTAIRES

— Tirage des Jurés complémentaires.

Le Président fait apporter l'urne contenant les noms des Jurés complémentaires. Il constate l'intégrité du sceau, brise le cachet, l'agite, et en tire successivement un nombre de bulletins égal au nombre de Jurés qu'ils suppose devoir être nécessaire, en appelant à haute voix, par son numéro d'ordre, ses noms, prénoms et domicile, le Juré qui sort.

Le Greffier en dresse procès-verbal.

Le tirage terminé, l'urne scellée et cachetée, les huissiers de service se rendent, d'ordre de la Cour, au domicile de ceux que le sort a ainsi désignés, pour les citer, dans l'ordre du tirage, à comparaître à l'heure même à l'audience.

La Cour se retire jusqu'à l'arrivée des Jurés complémentaires.

La liste de service étant constituée, il y a lieu de procéder au tirage du Jury de jugement.

79. — Si au jour indiqué pour le jugement, le nombre des 36 jurés titulaires, par suite des absents et des éliminations, est réduit à moins de 30, ce nombre de 30 (N. 2. 655) est complété *, L. 21 nov. 1872, Art. 19) :

1º Par les *jurés suppléants* suivant l'ordre de leur inscription * (N. 2. 652).

2º En cas d'insuffisance, par des jurés tirés au sort, en audience publique *, parmi les *jurés inscrits sur la liste spéciale.* (L. 1872, Art. 15).

3º Comme la plupart des jurés désignés sur cette liste peuvent être absents ou légitimement empêchés, par des jurés tirés au sort, en audience publique *, parmi les *jurés de la ville inscrits sur la liste annuelle.* (L. 1872, Art. 11).

80. — Durée du remplacement. — Une fois faits, dans l'ordre ci-dessus * (N. 2. 652), les remplacements durent tant que dure la cause qui les a rendus nécessaires. (N. 2. 662). Dès que le juré défaillant reparaît, le remplaçant ne doit plus figurer sur la liste à ce titre.

81. — Nouveau défaut. — Si un nouveau défaut survient parmi ces trente jurés, le Président doit procéder au remplacement dans la forme générale indiquée au nº 79 * (C. 13 fév. 1873).

82. — Juré complémentaire. — Le premier des jurés complémentaires qui défère à la citation et prend part au jugement de l'affaire immédiatement appelée, complète la liste de service pour toute la session, jusqu'au retour d'un juré titulaire ou suppléant. Un autre juré complémentaire, même tiré avant lui, ne peut lui être substitué. (C. 22 sept. 1881. — D. 1882. 1. 95.).

83. — Mode du remplacement. — Le remplacement se fait par *la Cour* et non par le Président (N. 2. 667). Il s'opère par simple appel pour les jurés suppléants par tirage au sort en audience publique pour les jurés complémentaires, hors de la présence des accusés (N. 2. 680).

84. — Nombre de jurés complémentaires. — Le Président peut, en prévision des empêchements que les premiers jurés complémentaires pourront invoquer, tirer un plus grand nombre de noms que les besoins actuels du service l'exigent; mais la liste de 30 jurés une fois complétée, les derniers jurés complémentaires doivent être libérés, et ne peuvent être maintenus sur la liste, à titre de suppléants * , en prévision des vides qui pourront se produire au cours de la session. (C. 11 sept. 1873. — B. 246).

85. — Procès-verbal. — Il n'y a pas lieu de signifier aux accusés le procès-verbal du tirage pas plus que la liste des jurés complémentaires (C. 13 avril 1837).

86. — Régularité de l'opération. — En l'absence de réclamation de l'accusé lors du tirage du jury de jugement, il y a présomption légale que les jurés complémentaires ont été régulièrement appelés pour former le nombre de 30, par suite d'empêchements ou d'absences. (C. 28 juil. 1855. — B. 267).

87. — Liste de service. — La liste du jury de session ainsi complétée et composée s'appelle *liste de service.*

TIRAGE DU JURY DE JUGEMENT

Le Président : « Nous allons procéder au tirage du Jury de jugement pour chacune des affaires figurant au rôle du jour. »

— Nouvel appel des Jurés.

« Monsieur le Greffier, veuillez faire l'appel nominal de MM. les Jurés inscrits sur la liste de service.

Chacun de MM. les Jurés voudra bien à l'appel de son nom, répondre : présent. »

Au fur et à mesure de l'opération, le Président jette dans l'urne les noms des Jurés, jusqu'à ce que, la liste étant épuisée, tous les noms aient été déposés dans l'urne.

— Avis de récusation.

Le Président constate l'identité des accusés, la présence de leur défenseur et du Ministère public, et dit :

« Le nombre des Jurés étant de... l'accusé et son défenseur peuvent en récuser... et M. le Procureur général peut en récuser... »

TABLEAU
Des récusations à faire selon le nombre des Jurés de la liste de service

NOMBRE des JURÉS	RÉCUSATIONS de LA DÉFENSE	RÉCUSATIONS du Ministère Public
36	12	12
35	12	11
34	11	11
33	11	10
32	10	10
31	10	9
30	9	9

— Adjonction de jurés suppléants.

S'il y a adjonction de jurés, le Président dit avant le tirage du Jury :

« L'affaire paraissant devoir entraîner de longs débats, la Cour ordonne qu'indépendamment des 12 jurés, il en sera tiré au sort deux autres qui assisteront aux débats jusqu'à la déclaration définitive du Jury. »

Le nombre des récusations est alors modifié et comprend en moins le nombre des jurés adjoints, le Jury étant composé en fait de 14 membres et non plus de 12.

88. — FORMATION DU JURY. — Le jury de jugement est formé pour chaque affaire. L'appel des jurés non excusés et non dispensés est fait, avant l'ouverture de l'audience, en leur présence * et en présence de l'accusé * et du procureur général * (Art. 399, C. I C.). Le tirage du jury se fait ordinairement en Chambre du conseil, mais rien ne s'oppose à ce que ce soit en audience publique. N. 2. 784).

89. — NOMBRE DES JURÉS. — Le nombre des jurés composant le jury est de douze * (399, C. I. C.)

90. — Adjonction de jurés suppléants. — Toute fois, en prévision de longs débats, *la Cour peut ordonner, avant le tirage de la liste des jurés*, qu'outre les 12 jurés, il en sera tiré au sort *un ou deux* autres qui assisteront aux débats. (Art. 394, C. I. C.). Ce sont de simples suppléants qui, à moins d'empêchement d'un titulaire, ne concourent que par assistance. — V. 226

91. — ARRÊT D'ADJONCTION. — L'arrêt ordonnant l'adjonction étant un acte de pure administration, il n'y a pas lieu d'entendre préalablement l'accusé ou son conseil (C. 8 oct. 1840. — D. 1840. 1. 1000. — C. 19 sept. 1839. B. 463.). — La publicité n'est pas nécessaire. (C. 20 déc. 1849. — D. 1849. 5. 83.).

92. — Le procès-verbal doit constater que les jurés adjoints n'ont pas pris part à la déclaration du jury (C. 29 mars 1832. — B. 114). La présomption résulte du silence du procès-verbal sur ce point. (C. 30 sept. 1836).

Les jurés adjoints ne peuvent * entrer dans la Chambre des délibérations, alors que le jury est resté complet. (C. 10 juin 1830. — J. P.). Les jurés adjoints font partie du jury jusqu'au moment où les jurés de jugement se retirent dans leur Chambre des délibérations (C. 29 mars 1832. — B. 114), et ils peuvent reprendre leur place lors de la lecture du verdict, les fonctions du jury n'étant terminées que lorsque la déclaration est devenue définitive. (C. 8 janv. 1846. — B. 11).

93. — Récusations. — Les récusations que peuvent faire l'accusé et le procureur général s'arrêteront lorsqu'il ne restera que douze jurés, (Art. 400, C. I. C.), indépendamment des jurés suppléants. (C. 3 déc. 1836. — S. 1838. 1. 82).

94. — L'accusé et le procureur général pourront exercer un nombre égal de récusations. Si les jurés sont en nombre impair, les accusés pourront exercer une récusation de plus que le procureur général. (Art. 401, C. I. C.).

Le droit de récusation ne peut se déléguer du ministère public à l'accusé. (N. 2. 717).

S'il y a plusieurs accusés, ils ne peuvent excéder le nombre de récusations déterminé pour un seul accusé.

95. — Le droit de récusation n'appartient pas à la partie civile, à moins qu'elle ne soit comprise au nombre des accusés, ni aux jurés.

96. — L'accusé ou son conseil l'exerce le premier. La récusation simultanée compte à l'accusé.

97. — Les accusés peuvent se concerter pour exercer leur récusation (Art. 402, C. I. C.). Ils peuvent conférer ce soin à l'un d'eux ou à l'un des conseils.

98. — Si les accusés ne se concertent pas et que leur nombre est inférieur à celui des récusations, le sort règle le rang dans lequel ils font les récusations, proportionnellement à leur nombre, et épuisent leur droit de révocation. Ainsi, supposons 4 accusés et 8 récusations, soit 2 pour chacun : l'accusé du premier rang doit épuiser d'abord ses 2 récusations, puis celui du second rang, etc. Le droit de chacun, dans son ordre, est limité au nombre de récusations ainsi fixé. (N. 2. 734).

99. — Si le nombre des accusés est supérieur à celui des récusations, et qu'ils ne se concertent pas, on tire au sort, et chacun des accusés a, selon son rang, droit de faire une récusation. S'il y a, par exemple, 10 accusés pour 9 récusations, et que le droit de récusation n'a pas été épuisé par les 9 accusés, le dixième accusé ne peut exercer les récusations restant à faire. (N. 2. 737). Placé, par le sort, hors du rang pour l'exercice du droit de récusation, il est deshérité définitivement de tout droit personnel.

100. — La récusation est irrévocable. Elle ne peut se faire après que le nom du juré étant sorti de l'urne, l'opération s'est ensuite continuée (C. 12 juil. 1833. — B. 344). Toutefois il faut prendre soin de faire constater toutes les réclamations auxquelles donne lieu l'exercice du droit de récusation.

101. — Si, après le tirage, on s'aperçoit qu'on a omis d'avertir l'accusé de son droit de récusation, *la Cour* peut annuler l'opération et ordonner que le tirage sera recommencé, après que l'accusé aura reçu l'avertissement. (C. 10 janv. 1861. — B. 10).

Le juré récusé ne peut faire partie du jury de jugement * (C. 14 fév. 1850. — B. 86).

— **Récusations concertées.**

S'il y a plusieurs accusés :

« **Accusés ***, vous êtes-vous concertés pour exercer en commun votre droit de récusation ?** »

En cas de réponse négative :

« **Vous avez droit chacun à ..... récusations. Je vais régler, par la voie du sort, le rang dans lequel chacun de vous pourra exercer son droit de récusation.** »

Le Greffier prend note de ces avertissements et des réponses.

— **Opération du tirage.**

Le Président prend l'urne, l'agite, et en retire successivement les noms des 12 Jurés qu'il proclame à haute voix.

Aussitôt après chaque proclamation l'accusé et le Ministère public peuvent récuser.

Le Greffier prend note et dresse le tableau suivant :

JURÉS récusés PAR L'ACCUSÉ	JURÉS récusés par LE MINISTÈRE PUBLIC	JURÉS DE JUGEMENT
1	1	1 Chef du Jury.
2	2	2
3	3	3
4	4	4
5	5	5
6	6	6
		7
		8
		9
		10
		11
		12

« **Monsieur le Greffier veuillez donner lecture du tableau du Jury de jugement.** »

Il est procédé de même pour chacune des affaires portées au rôle du jour.

Le Président annonce dans quel ordre les affaires viendront à l'audience.

Il indique aux Jurés de la seconde affaire à quelle heure ils doivent se présenter, et il annonce aux Jurés qui ne font pas partie du Jury de jugement qu'ils sont libres jusqu'au lendemain.

102. — **Interprète.** — Si l'accusé ne parle pas la langue française, le concours d'un interprète est nécessaire * pendant le tirage du jury (C. 18 août 1832. B. 312). — V. 307 à 319.

103. — Sauf incident contentieux, la nomination de l'interprète appartient au président. Le président peut se dispenser de rendre une ordonnance à cet effet. La nomination et la non récusation de l'interprète par l'accusé se trouvent suffisamment constatées par le serment, sans que la nomination ait dû être consignée par l'ordonnance que la loi n'exige pas (C. 21 déc. 1854. — B. 574).

104. — L'interprète ne peut, * même du consentement de l'accusé et du ministère public, être pris parmi les *témoins,* les *juges* et les *jurés* (Art. 332, C. I. C.). Le *président* ne peut faire office d'interprète (C. 4 mars 1870. — B. 54.).

Un *juré* ne faisant pas partie du jury de jugement peut être interprète. (C. 2 mars 1827. — S. 182. 7. 1. 433).

105. — SERMENT DE L'INTERPRÈTE. — L'interprète doit prêter le serment suivant : « vous jurez de traduire fidèlement les discours à transmettre entre ceux qui parlent des langues différentes. » (Art. 332, C. I. C.).

106. — Le président peut faire prêter à l'interprète le serment de témoin, et l'interpeller sur des objets qui ont rapport à l'interprétation des paroles de l'accusé. (C. 25 fév. 1830. — D. 1830. 1. 141.).

107. — La nécessité d'un interprète peut ne se révéler que pendant l'audition des témoins (C. 14 mai 1840. — B. 132.).

108. — Il n'est pas nécessaire de traduire à l'accusé la formule du serment prêté par les témoins. (C. 24 août 1827. — D. 1827. 1. 490.).

109. — Un témoin peut déposer en patois si cet idiome est compris par l'accusé, par la Cour, par les jurés et par les témoins présents à l'audience (C. 30 janv. 1851. — B. 39).

110. — Il y a présomption que la déposition d'un témoin a pu être entendue par l'accusé, les jurés et les magistrats, si aucune réclamation ne s'est élevée à cet égard *pendant les débats.* (C. 23 mai 1839. — B. 162.).

111. — Il n'est pas nécessaire que l'interprète jouisse de ses droits civils, ni soit français, (C. 2 mars 1827. — S. 1827. 1. 433). Une *femme,* âgée de 21 ans peut être interprète. (C. 16 avril 1848. — B. 52.).

112. — Le président n'est pas tenu d'avertir l'accusé de la faculté qu'il a de récuser l'interprète. (C. 31 mars 1835. — D. 1836. 1. 237.).

113. — Le procès-verbal doit constater * que l'interprète a prêté son ministère *pendant tout le cours des débats* (C. 13 mai 1880. — D. 1882. 1. 91).

114. — **Sourds-muets.** — Si l'accusé est sourd-muet, et ne sait pas écrire, on lui donne comme interprète la personne qui a le plus l'habitude de converser avec lui (Art. 333, (C. I. C.).

115. — S'il sait écrire, le greffier écrira les questions et observations qui lui seront faites. Elles seront remises à l'accusé ou au témoin qui donneront par écrit leurs réponses aux déclarations. Il sera fait lecture de tout par le greffier. (Art 333, C. I. C.).

116. — L'âge de 21 ans n'est pas exigé pour l'interprète des sourds-muets accusés ou témoins. (C. 22 déc. 1824. — B. 196).

117. — Le président peut nommer un *témoin*, même plaignant, pour interprète à un sourd-muet, lorsqu'il est constaté au procès-verbal que ce témoin est la seule personne qui puisse converser avec ce sourd-muet. (C. 3 juil. 1846. — B. 173.) — V. 313.

118. — **Tirage du jury.** — Le tirage du jury de jugement doit s'effectuer sans interruption * (Art. 405. C. I. C. — C. 5 janv. 1850. — B. 4.).

L'opération du tirage comprend : *l'appel des jurés.* — *le dépôt de leur nom dans l'urne,* — *le tirage,* — *les récusations.*

119. — RENVOI DE L'AFFAIRE. — Mais on peut séparer par plusieurs heures le tirage du jury de jugement de l'ouverture des débats, et procéder au tirage du jury de jugement pour toutes les affaires de la journée (C. 3 sept. 1812. — J. pal. 1812. 707), ou même renvoyer la Cause au lendemain (C. 24 avril 1848. — B. 165), ou à un jour quelconque de la session si le ministère public et l'accusé y consentent (C. 8 fév. 1849. — B. 49). Sinon, il faut renvoyer l'affaire à une autre session (N. 2. 775).

120. — IRRÉGULARITÉ DU TIRAGE. — Le tirage peut être annulé *par la Cour,* et recommencé, lorsqu'une irrégularité a été remarquée et que l'opération n'a donné lieu à aucune réclamation de l'accusé et de son conseil (C. 19 fév. 1841. — D. 1841. 1. 374). — V. 136.

121. — Ainsi, lorsque 31 jurés ayant répondu à l'appel de leur nom, 30 noms seulement ont été déposés dans l'urne, cette omission vicie la composition du jury. (C. 18 juil. 1856. — B. 416). Ainsi, 13 jurés ayant été tirés par erreur, la Cour peut annuler le tirage du treizième juré, le tableau du Jury se trouvant par là réduit aux 12 jurés désignés par le sort (C. 7 janv. 1830. — S. 1830. 1. 146). Il faut encore annuler l'opération et la recommencer si, pendant le tirage, on s'aperçoit que la liste des jurés ne contient pas 30 noms (18 avril 1861. — B. 84), à moins que l'erreur ne provienne simplement de la mise dans l'urne du nom d'un juré excusé

La Cour se retire, pendant que l'huissier, sur l'ordre du Président, fait placer les Jurés de la première affaire, suivant le rang que le sort leur a assigné.

(C. 20 juin 1867. — B. 143) ou d'un juré absent qu'on croyait avoir répondu à l'appel (C. 16 juin 1855. — B. 215). Il suffit alors de tirer de l'urne un autre nom.

122. — Si la liste de session contient deux jurés portant les mêmes noms et prénoms, et que tous les deux ont concouru au tirage du jury de jugement, sans que le procès-verbal contienne aucun moyen de distinguer celui des deux compris dans le jury de jugement, le tirage de ce jury est nul, car il en résulte une incertitude sur l'identité de celui des deux jurés qui a concouru au jugement, et ce doute a pu, en induisant l'accusé en erreur, nuire à l'exercice de son droit de récusation. Or, tout ce qui touche au droit de récusation est substantiel (C. 6 juil. 1882. — D. 1883. 1. 184).

AUDIENCE PUBLIQUE

— Ouverture de l'audience.

Le Président dit :

« Nous déclarons l'audience ouverte pour le jugement de la première affaire fixée à ce jour.

Huissier, ouvrez les portes »

— Identité de l'accusé.

Le Président constate ensuite l'identité de l'accusé :

« Accusé, levez-vous,

Quels sont vos noms? prénoms? votre âge? votre profession? votre domicile? votre lieu de naissance?

Asseyez-vous ? »

— Avis au Défenseur.

Le Président s'adressant au Défenseur :

‹ Je rappelle au Défenseur les dispositions de l'article 311 du Code d'Instr. Crim., et je l'invite à s'y conformer. (1) »

— Serment des Jurés.

Le Président s'adressant aux Jurés :

« Veuillez vous lever, Messieurs les Jurés, la Cour va recevoir votre serment, dont je vais vous lire la formule. Chacun de vous voudra bien, à l'appel de son nom, lever la main droite et répondre : Je le jure! »

(1) Cet article porte que le Conseil « ne peut rien dire contre sa conscience, contre le respect dû aux lois, et qu'il doit s'exprimer avec décence et modération. »

PUBLICITÉ DE L'AUDIENCE

123. — Les débats sont publics * (Art. 81 de la Constit. de 1848) depuis le moment où le Président dit : « La séance est ouverte », jusqu'au moment où il dit : « la séance est levée. »

124. — Le Président ne peut *, sans violer le principe de la publicité, se livrer, dans son cabinet, pendant une suspension d'audience, à des actes d'instruction, par exemple, à la saisie de diverses pièces, à la nomination d'un expert, et à une sorte d'interrogatoire de l'accusé (C. 2 oct. 1845. — D. 1846. 1. 126). Il ne peut*, sans être mandé par les jurés, s'introduire dans la Chambre de leurs délibrations et leurs donner des éclaircissements qu'il aurait dû réserver pour l'audience publique (C. 3 mars 1826. — J. P. 1826. 236.).

125 — Il n'y a pas d'atteinte à la publicité des débats dans la fermeture des portes lorsque le public remplit la salle, pour empêcher l'envahissement de la foule, même s'il y a des places vides et inoccupées (C. 11 avril 1867. — N. 3. 13.).

126 — De même, en cas de désordre à l'audience, le Président peut faire évacuer la salle et n'autoriser à rentrer que ceux qui paraîtraient ne pas faire cause commune avec les perturbateurs (C. 30 mai 1839. B. 256) — V. 144. 326.

127 — Les débats doivent avoir lieu en présence * du Président, des Assesseurs, du Ministère public, du Greffier (C. 15 juill. 1856. B. 411), des douze Jurés, de l'accusé (C. 22 mai 1857. B. 321), et de son Conseil. Mais, il n'y aurait nullité que si le Conseil était absent par le fait du Ministère public ou de la Cour d'assises (C. 10 juin 1852. B. 358), et non s'il se retire pour ne pas remplir son mandat (C. 30 oct. 1822. — J. P. 1822. 620), ou parce que la Cour a vidé un incident contre sa prétention (C. 2 juin 1831. — J. P. 1831. 1647), ou parce que l'accusé ne veut pas être défendu (C. 13 avril 1848. — S. 1848. 1. 456).

128. — Il n'est pas nécessaire que le Conseil qui assiste l'accusé soit celui même qui lui a été désigné d'office dans le procès-verbal d'interrogatoire (C. 17 déc. 1836. — J. P. 1838. 49).

IDENTITÉ DE L'ACCUSÉ

129. — L'accusé doit comparaître *libre*, et seulement accompagné de gardes pour l'empêcher de s'évader, pourvu toutefois que sa liberté ne constitue pas un danger pour le Public ou pour les Juges (N. 2. 819). Ainsi un accusé, déjà condamné aux travaux forcés, a pu conserver les fers à l'audience jusqu'au moment de son interrogatoire (C. 2 janv. 1857. B. 1).

130. — Si l'accusé est *Membre de la Légion d'Honneur*, il doit faire disparaître ses insignes pendant l'audience (Constit. du 22 frim. an VIII, Art. 5, et ord. du 26 mars 1816, Art. 54. — N. 3. 30).

131. — La constatation de l'*identité* a pour résultat de rendre insignifiantes les inexactitudes qui pourraient se glisser dans le procès-verbal à cet égard. — V. 328.

AVIS AU DÉFENSEUR

132. — L'Avocat doit se tenir *debout et découvert*, pendant que le Président lui rappelle les prescriptions de l'article 311, C. I. C., sous peine de manquement à ses devoirs pouvant déterminer une mesure disciplinaire (C. 18 nov. 1853. B. 630. — N. 3. 39).

SERMENT DES JURÉS

133. — Les termes du discours du Président aux Jurés sont sacramentels. Le serment doit * être prêté dans les termes de la loi, sans retranchements, réserves ou restriction. Sinon, le nombre des Jurés est, en réalité, réduit à onze, et les débats sont nuls. (C. 20 mai 1882. — D. 1882. 1. 389).

134. — Le serment est un acte essentiellement religieux (1). En vertu de la liberté des cultes, chacun peut le prêter selon la forme prescrite par sa religion, qu'il soit Israélite (C. 4 avril 1843. — J. P. 1843. 261), quaker (C. 28 mars 1810. — J. P. 1810. 212), anabaptiste (C. 24 déc. 1835), mahométan (C. 15 févr. 1838. — S. 1838. 1. 914).

(1) Voir mon travail sur *La Question du Serment*. — Paris, 1882. — Marescq et Cotillon, éditeurs.

Formule du serment :

« **Vous jurez et promettez devant Dieu et devant les hommes, d'examiner avec l'attention la plus scrupuleuse les charges qui seront portées contre X... de ne trahir ni les intérêts de l'accusé, ni ceux de la Société qui l'accuse ; de ne communiquer avec personne jusqu'après votre déclaration ; de n'écouter ni la haine ou la méchanceté, ni la crainte ou l'affection ; de vous décider, d'après les charges et les moyens de défense, suivant votre conscience et votre intime conviction, avec l'impartialité et la fermeté qui conviennent à un homme probe et libre. »**

Chacun des Jurés répond : « Je le jure. »

« **Messieurs les Jurés, veuillez vous assoir.** »

— Avis à l'accusé.

Le Président à l'accusé :

« **Accusé soyez attentif à ce que vous allez entendre.** »

V. la suite, après les chapitres sur *les pouvoirs du Président*, *le Huis-clos*, et le *Renvoi de l'affaire*.

135. — Refus de serment religieux — Il ne faut pas confondre le principe de la liberté des cultes qui n'implique que le droit de choisir son culte, avec le principe de la liberté de conscience, que M. Nouguier appelle « un des dogmes de notre droit public » (N. 3. 51), et qui implique le droit de n'avoir aucun culte. Si donc un juré, se plaçant sous la protection du principe de la liberté de conscience, refuse de prêter un serment religieux en déclarant « n'avoir aucun culte, » il ne fait qu'user d'un droit garanti par la Constitution, et ne peut être assimilé, en raison de ce refus, à un Juré défaillant.

136. — En pareil cas, la Cour d'assises des Bouches-du-Rhône a rendu, au mois de février 1882, l'arrêt suivant : « La Cour, après en avoir délibéré, considérant que M. X.., interpellé par le Président à l'effet de prêter le serment légal, a répondu : « ne croyant pas en Dieu, ma conscience ne me permet pas de prêter le serment dans la formule intégrale. »

Dit que M. X... cessera de faire partie du jury de jugement dans la présente affaire. »

Puis, le ministère public et la défense ayant demandé que l'affaire ne fut pas renvoyée à une autre session, en vertu de l'article 406, C. I. C.. et qu'un nouveau jury fut tiré au sort, la Cour a rendu un arrêt qui faisait droit à cette demande, et on procéda à un nouveau tirage du jury. — (Gaz. trib. 23 février 1882.).

137. — Dommages-intérêts. — La Cour d'assises est incompétente, en cas de renvoi de l'affaire, pour condamner le juré qui a refusé le serment religieux à des dommages-intérêts envers l'accusé (C. 20 mai 1882. — D. 1882. 1. 389).

138. — Forme de la prestation de serment. — Il n'y a pas nullité si les jurés ne se sont pas tenus debouts et découverts pendant la lecture du serment et sa prestation (C. 16 déc. 1847. Gaz. trib. 17 déc. 1847). — La formule du serment doit être dite en levant la main *. Mais la main peut être gantée (C. 3 avril 1847. — J. P. 1849. 259). — Les mots : *je le jure* sont sacramentels * (C. 23 avril 1813. — J. P. 1813. 316.).

139. — L'appel individuel des Jurés pour le serment peut être fait par le Greffier qui est l'organe légal du Président (C. 16 juin 1836. — S. 1836. 1. 843).

140. — Jurés suppléants — Les Jurés suppléants doivent prêter serment comme les titulaires.

141. — Procès-verbal. — La prestation de serment doit être constatée dans le procès-verbal * (N. 3. 75).

POUVOIRS DU PRÉSIDENT

142. — Le Président de la Cour d'assises a d'abord, comme juge, les pouvoirs attribués à chacun des membres de la Cour, pour ce qui concerne les actes juridictionnels et les arrêts. Il a en outre un pouvoir discrétionnaire qu'il exerce à partir de l'époque de sa nomination. Il a enfin la police de l'audience et la direction des débats.

§ 1. — *Police de l'Audience*

143. — L'article 267, C. I. C. porte : « Le président a la police de l'audience. »

144. — MESURES DE POLICE. — En vertu de cette attribution le président peut : — prendre les mesures nécessaires pour garantir la liberté d'action et l'indépendance des témoins, des jurés, des juges, contre des manifestations hostiles et des troubles de l'audience, — disposer l'arrangement matériel de la salle selon les affaires et le nombre des accusés; — régler les places destinées aux public, à la famille des accusés, au conseil, à la partie civile, au barreau, aux témoins, aux jurés de la session, aux magistrats, et assurer l'exécution de cette mesure par la distribution de billets de place, ou autrement. (N. 3. 552).

145. — V. pour la place réservée aux parents de l'accusé (C. 17 avril 1851. B. 254); pour la place réservée au conseil (C. 5 nov. 1857. B. 573); pour le refus à l'accusé de se faire assister à l'audience par sa sœur (C. 27 août 1852. B. 516); pour le refus de laisser à l'accusée un enfant qu'elle allaitait et qui troublait l'audience (C. 11 août 1864. B. 385.).

146. — RÉQUISITIONS A LA FORCE PUBLIQUE. — Le président peut requérir l'autorité militaire pour garder les abords du prétoire et assurer, à l'intérieur, la dignité de l'audience, l'ordre et la sécurité des opérations de la justice (N. 3. 552).

147. — La troupe requise agit, dans l'enceinte de la Cour d'Assises, d'après les instructions du président (Art. 267. C .I. C.). A l'extérieur, la troupe reste sous les ordres de la place; seulement elle reçoit, par l'intermédiaire de son chef hiérarchique, les consignes spéciales qui sont transmises à celui-ci par l'ordre du président. (Circul. du 7 mars 1861).

148. — SIGNES D'APPROBATION OU D'IMPROBATION, TUMULTE. — L'article 504, C. I. C. porte : « Lorsqu'à l'audience ou en tout autre lieu où se fait publiquement une instruction judiciaire, l'un ou plusieurs des assistants donneront des signes publics soit d'approbation, soit d'improbation, ou exciteront du tumulte, de quelque manière que ce soit, le président ou le juge les fera expulser; s'ils résistent à ses ordres, ou s'ils rentrent, le président ou le juge ordonnera de les arrêter et conduire dans la maison d'arrêt : il sera fait mention de cet ordre dans le procès-verbal; et sur l'exhibition qui en sera faite au gardien de la maison d'arrêt, les perturbateurs y seront reçus et retenus pendant vingt-quatre heures. »

149. — Les mesures autorisées par l'article 504 sont attribuées personnellement au *président* qui a la police de l'audience (N. 4. 857.).

150. — TUMULTE INJURIEUX ET VOIES DE FAIT. — L'article 505 C. I. C. porte : « Lorsque le tumulte aura été accompagné d'injures ou voies de fait donnant lieu à l'application ultérieure de peines correctionnelles ou de police, ces peines pourront être, séance tenante et immédiatement après que les faits auront été constatés, prononcées, savoir : — Celles de simple police, sans appel, de quelque tribunal ou juge qu'elles émanent ; — Et celles de police correctionnelle, à la charge de l'appel, si la condamnation a été portée par un tribunal sujet à appel, ou par un juge seul. » Dans le cas ci-dessus visé, la condamnation est prononcée par la *Cour*, et *sans appel*. (N. 4. 858). — V. 126. 326. 327.

151. — DÉLITS QUELCONQUES. — S'il se commet un délit quelconque, dans l'enceinte et pendant la durée de l'audience, le Président, dresse procès-verbal du fait, entend le prévenu et les témoins, et la Cour applique *sans désemparer* les peines édictées par la loi. (Art. 181. C. I. C.).

152. — CRIMES. — L'article 507, C. I. C. porte : « A l'égard des voies de fait qui auraient dégénéré en crimes, ou de tous autres crimes flagrants et commis à l'audience de la Cour de cassation, d'une Cour royale ou d'une Cour d'assises, la Cour procédera au jugement de suite et sans désemparer. — Elle entendra les témoins, le délinquant et le conseil qu'il aura choisi ou qui lui aura été désigné par le président, et après avoir constaté les faits et ouï le procureur général ou son substitut, le tout publiquement, elle appliquera la peine par un arrêt qui sera motivé ».

153. — **Outrage à un juré ou à un témoin.** — La loi du 25 mars 1832 qui punissait l'outrage à un témoin à raison de sa déposition (Art. 6.) a été abrogée par la loi du 29 juillet 1881, dont l'article 31 porte :

« La diffamation commise par l'un des moyens énoncés dans les articles 23 (discours, menaces, écrits, affiches, avec publicité) et 28 (mise en vente, distribution, exposition de dessins), à raison de leurs fonctions ou de leur qualité, envers un juré, ou un témoin à raison de sa déposition, » sera punie « d'un emprisonnement de 8 jours à un an et d'une amende de 100 francs à 3.000 francs, *ou* de l'une de ces deux peines seulement. »

L'article 33 ajoute : « L'injure commise par les mêmes moyens (envers les mêmes personnes) sera punie d'un emprisonnement de 5 jours à 2 mois et d'une amende de 16 francs à 300 francs, *ou* de l'une de ces deux peines seulement. »

154. — DIFFAMATION OU INJURE. — En cas de diffamation envers un juré ou un témoin, à raison de ses fonctions ou de sa déposition, la poursuite ne peut avoir lieu que devant la Cour d'assises et sur la plainte de la partie prétendue diffamée. (C. de Paris, 23 févr. 1883. — J. *La Loi* des 2-3 avril 1883). — En cas d'injure, la poursuite ne peut de même avoir lieu que devant la Cour d'assises.

155. — INJURE OU OUTRAGE A L'AUDIENCE. — Si l'injure (ou l'outrage) adressée à un juré ou à un témoin a eu lieu à l'audience, la Cour est alors compétente pour réprimer immédiatement le délit.

« Considérant, dit un arrêt de la Cour d'Angers, du 11 octobre 1882 (aff. Forest), que ce délit est, aux termes de l'article 45 de la loi du 29 juillet 1881, de la compétence de la Cour d'assises, mais qu'ayant été commis à l'audience du tribunal de Saumur, il devait être réprimé par ce tribunal, aux termes de l'article 181. C. I. C., dont les dispositions exceptionnelles et d'ordre public n'ont point été abrogées par la loi du 29 juillet 1881 » — Cf. — Cass. 27 fév. 1832. (S. 1832. 1. 161) et C. de Paris. 18 août 1849. (S. 1849. 2. 487).

156. — **Injure ou outrage à un magistrat.** — L'injure (ou l'outrage) adressée à l'audience, à un magistrat, est, par la même raison, justiciable de la Cour, les magistrats continuant à être protégés par les dispositions spéciales et d'ordre public des articles 222 et suiv. du Code pénal.

157. — Ainsi jugé à l'égard d'un accusé qui avait dit à l'Avocat général, pendant son réquisitoire : « c'est votre arrêt de mort! » (Cour d'assises du Rhône, 16 août 1882. — Gaz. Trib. 21 août.), et à l'égard d'un prévenu qui avait dit, en s'adressant aux membres d'un Tribunal : « La justice est une canaille ». — (Trib. de Tarascon. — Gaz. trib. 8 nov. 1881).

158. — Militaires. — Les militaires sont justiciables des tribunaux ordinaires, à raison des crimes et délits commis à l'audience. (Cour d'assises des Bouches-du-Rhône. 15 déc. 1846. — S. 1847. 2. 632)

159. — Délai pour statuer. — Pourvu que la Cour statue, *dans la même séance*, la condamnation peut n'être prononcée qu'après le jugement de l'affaire au cours de laquelle les faits incriminés se sont produits (C. 8 déc. 1849. B. 484). Mais si la Cour renvoit à prononcer à une audience ultérieure, le délit ne peut plus être poursuivi que selon les formes ordinaires (C. 17 août 1860. B. 200. — N. 4. 858).

160. — Incompétence des jurés. — La Cour d'assises seule, *sans le concours des jurés*, a compétence pour reprimer les délits de toute nature commis à son audience *par les accusés* ou par des tiers. Les articles 181, 505, 507 et 581 C. I. C. combinés lui attribuent, à cet égard, une juridiction exceptionnelle et d'ordre public. — Le pouvoir des jurés est circonscrit au fait unique pour lequel ils ont été désignés par le sort (C. 27 février 1832. B. 112).

161. — Majorité nécessaire pour condamner. — La loi du 4 mars 1834 ayant réduit à trois le nombre des juges composant la Cour d'assises, il faut entendre l'article 508 C. I. C. dans le sens que pour qu'il y ait condamnation la majorité simple suffit (N. 4. 860). — Ainsi, un accusé qui en entendant sa condamnation à la réclusion, s'est précipité sur un témoin et l'a frappé de coups de couteau, a pu à cette majorité simple, être immédiatement condamné aux travaux forcés à perpétuité. (C. 13 sept. 1832. — N. 4. 480).

162. — Forme de l'arrêt. — L'arrêt portant ces mots : « après en avoir délibéré en la Chambre du conseil, et *conformément à la loi,* » constate suffisamment que la Cour s'est conformée au principe de l'article 508, C. I. C. (C. 3 nov. 1854. B. 505).

§ 2. — *Direction des Débats.*

163. — Nature et étendue de ce pouvoir. — Le pouvoir de diriger les débats attribue au président le droit habituel d'instruction, et lui permet en outre : — de déclarer la séance ouverte, — d'interpeller l'accusé pour constater son identité, — de recevoir le serment des jurés, — d'ordonner la lecture des arrêts et actes d'accusation et de rappeler leur substance à l'accusé, — d'ordonner l'appel des témoins et leur retraite dans leur chambre, — de régler l'ordre d'examen des accusés et de les interroger, soit séparément, soit en présence les uns des autres, — d'ordonner la rentrée successive des témoins à l'audience, de recevoir leur serment et leur déposition, — de les interpeller, d'autoriser ou de refuser les interpellations du jury, de la Cour, des parties, — de rejeter tout ce qui tend à prolonger inutilement les débats, — de tenir note des variations des témoins, d'ordonner l'arrestation des faux témoins, — de nommer les interprètes et les experts, — de régler entre tous l'ordre de la parole, — de rectifier les erreurs de fait ou de droit que les parties auraient pu commettre ; — de prononcer la clôture des débats, — de poser les questions, de donner aux jurés les avertissements nécessaires pour leur délibération, — de faire garder les issues de leur chambre, etc

§ 3. — *Pouvoir discrétionnaire.*

164. — Nature du pouvoir discrétionnaire. — C'est un pouvoir en vertu duquel le Président peut prendre « d'après les circonstances, des décisions sur lesquelles on ne lui a tracé d'avance aucune règle » — (Instruct. du 29 sept. 1791).

L'article 2, tit. 3, chap. 2 de la loi de 1791 portait ; « Le Président du Tribunal Criminel peut prendre sur lui de faire ce qu'il croira utile pour découvrir la vérité, et la loi charge son honneur et sa conscience d'employer tous ses efforts pour en favoriser la manifestation ».

165. — Son objet. — L'article 268 C. I. C. définit ainsi le pouvoir discrétionnaire : « Le Président est investi d'un pouvoir discrétionnaire, en vertu duquel il pourra prendre sur lui tout ce qu'il croira utile pour découvrir la vérité ». L'article 269 ajoute : « Il pourra, dans le cours des débats, appeler, même par mandat d'amener, et entendre toutes personnes, ou se faire apporter toutes nouvelles pièces qui lui paraîtraient, d'après les nouveaux développements donnés à l'audience, soit par les accusés, soit par les témoins, pouvoir répandre un jour utile sur le fait contesté. — Les témoins ainsi appelés ne prêteront point serment et leurs déclarations ne seront considérées que comme simples renseignements ».

166. — Son but. — Le but du pouvoir discrétionnaire est de rendre l'instruction orale complète et de suppléer à l'insuffisance des pouvoirs ordinaires attribués par le droit commun aux cours et tribunaux. (C. 12 mars 1857. B. 170. — N. 3. 559).

167. — Son application. — Le pouvoir discrétionnaire ne se limite pas à l'apport de nouvelles pièces et à l'audition de nouveaux témoins.

Ainsi le Président peut : — Ordonner, après l'interrogatoire d'accusés d'un même crime, qu'ils seront séparés dans la maison d'arrêt sans pouvoir communiquer. (C. 11 mars 1844. B. 119), — empêcher qu'une personne non citée, et qu'il compte faire entendre plus tard, assiste à la déposition des témoins (C. 23 janv. 1828. D. V. *instruct. crim.* N° 2193), — défendre, pendant une suspension d'audience, toute communication entre les accusés et leur conseil (l'accusé, dans l'espèce, avait obtenu deux remises d'audience, et avait pu communiquer pendant 17 jours avec son conseil) — (C. 5 mars 1812. J. P. 1812. 1. 176), — refuser de faire apporter à l'audience le linge et les vêtements portés par l'accusé lors de l'arrestation (C. 29 juin 1854. B. 356), — ordonner qu'on essaie à l'accusé des vêtements ou chaussures saisis (C. 6 avril 1837. — D. 1839. 1. 518).

168. — Limite du pouvoir discrétionnaire. — Le pouvoir discrétionnaire est facultatif et n'a pour règles que l'honneur et la conscience du magistrat. Le ministère public et l'accusé (C. 16 janv. 1836. — S. 1836. 1.224), pas plus que la Cour (C. 31 mars 1842. B. 117), ne peuvent en limiter l'étendue ni en déterminer l'application (C. 23 juil. 1863. B. 343). — Le pouvoir discrétionnaire n'a d'autre limite que ce que la loi défend (N. 3.567).

169. — Absence de contrôle. — Le Président l'exerce sans contrôle et sans partage, et il est incommunicable (*ibid*). Mais le Président peut consulter ses assesseurs et écouter les demandes de parties (C. 30 août 1844. B. 433).

170. — Actes complexes. — Certains de ses actes ne résultent pas seulement du pouvoir discrétionnaire, mais aussi, comme les expertises, les transports, les vérifications, du *pouvoir d'instruction*. S'il s'agit d'actes de cette nature, il peut les exercer en partage avec la Cour d'assises (N. 3.585), et, en cas de contestation par les parties, la Cour statue *au fond*.

171. — Opposition de l'accusé. — Si la défense s'oppose à un acte du pouvoir discrétionnaire et pose des conclusions, il y a une question contentieuse sur la nature même de l'acte, et alors la Cour doit statuer par arrêt et départager (C. 29 juin 1854. B. 356. — 2 janv. 1851. B.1.). — Dans une espèce où le Président avait lue une pièce malgré l'opposition de la défense, *sans avoir consulté la Cour*, on a cassé par le motif « qu'il existait un contentieux sur lequel la Cour d'assises devait statuer par un arrêt rendu en due forme, quelque dût être le résultat de cette décision ». (C. 5 févr. 1847. B. 32). Mais, en ce cas, la Cour d'assises n'intervient que pour proclamer le droit du Président, et pour déclarer qu'à raison de la nature même de la mesure ordonnée ou refusée elle n'a pas à s'immiscer dans l'exercice du pouvoir discrétionnaire (N. 3. 578).

172. — Durée du pouvoir discrétionnaire. — Le pouvoir discrétionnaire s'exerce seulement à l'audience. Le Président ne peut introduire dans le débat un acte auquel il a procédé au dehors. Toutefois, il peut assigner à l'avance un témoin qu'il se propose d'entendre à l'audience en vertu de son pouvoir discrétionnaire (C. 14 juil. 1853. B. 387). Le Président conserve son pouvoir jusqu'à la clôture des débats qui a lieu après les plaidoiries (C. 14 oct. 1851. D. 1851. 5. 511), postérieurement il peut encore l'exercer, mais seulement à condition que l'accusé soit mis en demeure de s'expliquer sur chaque fait ou chaque acte nouveau. (C. 9 avril 1835. B. 173).

173. — Dans quelle forme s'exerce le pouvoir discrétionnaire. — Il n'y a pas de forme spéciale pour l'exercice de ce pouvoir. Pour le Président, procéder c'est ordonner. Par conséquent, s'il rend une ordonnance, elle n'a pas besoin d'être écrite (C. 23 mars 1855. B. 178), ni motivée (C. 16 janv. 1836. B. 20), même s'il rejette une demande des parties (C. 23 mars 1855. B. 178.). Il n'est pas tenu de déclarer, avant chaque acte, qu'il agit en vertu de son pouvoir discrétionnaire (C. 8 déc. 1860. B. 524).

174. — Retrait d'une mesure prise. — Le président peut revenir sur une mesure déjà prise pour la modifier ou la retirer (C. 17 avril 1851. B. 321).

175. — Audition de témoins — Nous avons vu que l'article 269, C. I. C. porte que « toutes personnes » peuvent être appelées ou entendues par le président. Il n'y a d'exception que pour les magistrats de la Cour, le greffier, les jurés, l'avocat, l'avoué, le notaire, le médecin, et généralement les personnes astreintes au secret professionnel.

176. — Quelles personnes peuvent être entendues. — Le président peut entendre les personnes qui ne peuvent déposer sous serment (Art. 34, 42 et 79, C. pén.). — (C. 13 oct. 1842. B. 421), celles qui, comme témoins, pourraient être reprochées (C. 25 août 1864. B. 397), celles qui auraient assisté à l'audition des témoins (v. 3 sep. 1863. B. 410), celles dont la Cour a ordonné la radiation de la liste des témoins, même s'il a été déjà donné lecture de leur déposition écrite (C. 14 juil. 1853. B. 387. – V. 334), celle qui a déjà été entendue sous serment (C. 26 févr. 1848. — N. 3. 603). Si l'accusé s'opposait à l'audition, par conclusions, la Cour devrait, par arrêt, donner acte et reconnaître le droit du président (C. 27 avril 1838. B. 165).

177. — Époque de l'audition. — Les témoins appelés en vertu du pouvoir du président peuvent être entendus depuis le commencement des débats jusqu'au moment où le jury se retire pour délibérer (N. 3. 605). Il peut les faire appeler au dehors et par qui il veut. (C. 28 avril 1838. B. 169). D'ordinaire l'appel a lieu par l'huissier.

178. — Peut-il y avoir prestation de serment ? — Le témoin ne doit pas prêter serment, mais il n'y a nullité que si l'une des parties s'est opposée à la prestation de serment (C. 3 déc. 1857. B. 608). Le président peut dire au témoin : Vous *promettez* de parler sans haine et sans crainte, et de dire toute la vérité, rien que la vérité : ce n'est pas là assermenter le témoin (C. 22 déc. 1825. N. 3. 609).

Avis a donner aux jurés. — Le président doit avertir les jurés que les déclarations du témoin ne constituent que de *simples renseignements*, pour éviter toute confusion dans leur esprit, mais l'omission de cette formalité n'entraîne pas de nullité (C. 13 sep. 1866. B. 376).

179. — Lecture de pièces. — Le président peut donner ou autoriser lecture des dépositions, interrogatoires et autres pièces du dossier et de celles dont l'apport a été ordonné.

180. — Lecture des dépositions et interrogatoires. — Le président peut lire, faire lire ou laisser lire (C. 20 sept. 1851. B. 616).
Cependant il ne peut * lire la déclaration d'un témoin, insérée au *procès-verbal* de débats antérieurs, annulés par un arrêt de la Cour de cassation (C. 10 juin 1844. B. 277).

181. — Déposition d'un témoin comparant. — Le président ne peut lire la déposition d'un témoin comparant, *avant que celui-ci ait fait sa déposition*. (C. 23 janv. 1862. B. 38)

182. — Interrogatoires. — Le président peut lire les interrogatoires des accusés présents (C. 22 juin 1820. B. 262), d'un co-prévenu décédé (C. 24 nov. 1830. B. 550), acquitté, ou ayant obtenu une ordonnance de non-lieu (C. 30 juil. 1829. — J. P. 1829. 1298.), mis hors de prévention fut-il parent ou allié de l'accusé au degré prohibé (C. S. 10 avril 1828. — 1828. 1. 382), ou les interrogatoires d'individus autres que les accusés présents, dans des procédures dont il aurait ordonné l'apport (C. 12 déc. 1856. B. 620).

Lecture des pièces du dossier — Le président peut lire toutes les pièces de l'instruction et de l'instruction supplémentaire. Un registre qu'il a fait apporter ou l'extrait qu'il en a fait faire (C. 16 nov. 1844. B. 544); — les renseignements produits avant l'audience, que le procureur général a fait recueillir par un juge de paix ou par la gendarmerie; — des lettres même anonymes adressées au procureur général sur l'accusé ou les témoins; — de lettres, pièces ou notes dont seraient porteurs les témoins à charge ou à décharge; — celles dont les experts se seraient aidés pour préparer leur rapport; — celles que l'accusé aurait produites pour qu'un témoin pût en reconnaître l'écriture; — celles qui, sans avoir été contrôlées, sont considérées comme émanant de l'accusé; — les lettres écrites par l'accusé à son père, et réciproquement; — celles que l'accusé a écrites de la prison à des tiers et qui ont été interceptées; — en un mot toutes pièces même étrangères à l'affaire. (N. 3. 639).

183. — Formalité pour la lecture de certaines pièces. — S'il s'agit d'actes radicalement nuls, par exemple, des pièces d'une instruction supplémentaire faite par un magistrat incompétent, le président, pour pouvoir lire les pièces devra, par ordonnance spéciale, joindre ces pièces au dossier à titre de renseignement, ou bien, avant d'en donner lecture, faire connaître aux jurés qu'elles sont dénuées de caractère légal et authentique et n'ont que la valeur de simples renseignements (N. 3. 645).

184. — Jonction au dossier des pièces lues. — D'ordinaire toute pièce lue à l'audience est, à la suite, jointe au dossier, surtout si l'une des parties le demande (N. 3. 646).

185. Communication de pièces aux jurés. — Le Président peut faire distribuer aux jurés et aux parties une copie imprimée de l'acte d'accusation (C. 12 août 1858. B. 371).

186. — Dépôt de pièces produites. — Il peut ordonner le dépôt dans les mains du greffier des pièces produites par l'accusé, sauf à les examiner ultérieurement s'il y a lieu. (C. 1 oct. 1857. B. 555).

187. — Refus de communication ou de lecture de pièces. — Le président peut refuser à l'accusé communication d'une lettre anonyme dénonçant les faits incriminés, qui ne fait pas partie de la procédure et n'est pas produite au débat (C. 14 janv. 1851. B. 37); — refuser de lire le procès-verbal constatant le délit (C. 29 mai 1813. B. 117), un procès-verbal constatant les résultats d'une visite domiciliaire (C. 4 nov. 1830. — S. 1831 1. 366), un certificat que le défenseur voulait produire au milieu des débats (C. 1 oct. 1857. B. 555), une lettre de la femme de l'accusé (C. 18 juil. 1844. — *J. du dr. crim.* t. 16. p. 302).

188. — **Expertise.** — Le président peut ordonner des expertises (C. 8 août 1873. B. 223).

189. — Serment de l'expert. — L'expert appelé en vertu du pouvoir discrétionnaire ne doit pas prêter le serment de l'article 44, C. I. C., ni celui de l'article 317, C. I. C. (C. 24 janv. 1860. B. 22.). Il y a nullité si le serment a été prêté malgré l'opposition de l'accusé (C. 2 janv. 1868. B. 1).

190. — L'expert chargé par la Cour ou par le président de compléter par de nouvelles opérations *l'expertise que lui avait confié le juge d'instruction*, doit * renouveler le serment de l'article 44. C. I. C. (C. 27 déc. 1878. — D. 1880. 1, 190).

191. — Expertise ordonnée par la Cour. — S'il y a des conclusions, la Cour peut ordonner une expertise et par suite l'audition des experts (C. 12 mars 1857. B. 110), lesquels alors prêtent serment * (C. 17 févr. 1858. B. 43). — En tout état de cause le droit d'ordonner expertise appartient à la Cour d'assises, comme au président, mais avec prestation de serment (C. 17 mars 1864. B. 71), même en l'absence de tout incident contentieux, et l'expert peut être choisi parmi les témoins dont la déposition a été régulièrement reçue (C. 29 nov. 1872. B. 296).

192. — Si le défenseur et le ministère public proposent chacun un expert différent, la Cour prononce sur l'incident (C. 27 avril 1832. B. 147).

193. — Règles de l'expertise. — Un juré de jugement ne peut * faire une expertise, article 392, C. I. C. (C. 22 mai 1819. B. 62).

194. — Les experts peuvent communiquer avec les témoins (C. 3 févr. 1852. B. 24.).

195. — Le président peut refuser d'admettre à une expertise qu'il a ordonnée les fondés de pouvoirs des accusés (C. 30 août 1844. B. 305).

196. — L'expertise ordonnée à l'audience n'est pas soumise aux règles et formalités ordinaires exigées en matière de vérification d'écriture (C. 12 janv. 1833. B. 13).

Le rapport d'expert n'est qu'un simple document destiné à éclairer la religion du jury (C. 2 avril 1831. B. 72.).

197. — Est une cause de nullité la remise aux jurés d'une expertise, ordonnée depuis l'arrêt de renvoi, et nulle parce que le procès-verbal de prestation de serment n'est pas signé par le magistrat instructeur (C. 8 août 1867. B. 181).

198. — Taxe des experts. — Les médecins et experts appelés pour s'expliquer sur les travaux qui leur ont été confiés sont taxés, non comme témoins, mais comme experts (Déc. 18 juin 1811. — Circul. 7 déc. 1861).

199. — **Transport.** — Le président peut ordonner le transport de la Cour d'assises sur le lieu du crime (C. 20 sept. 1845. — S. 1846. 1. 94).

200. — Plan des lieux. — Il peut communiquer ou distribuer aux jurés ou aux parties un plan dressé par le juge d'instruction (C. 17 sept. 1857. B. 530), par un expert (C. 13 nov. 1856. B. 552), ou par lui-même (C. 26 juin 1828. — J. P. 1828. 1. 597).

201. — **Suspension de l'audience.** — Le président a le pouvoir discrétionnaire de fixer le délai de suspension des débats nécessaire au repos des juges, des jurés, des témoins et de l'accusé (Art. 358. C. I. C. — C. 1 avril 1830. — S. 1830. 1. 319).

202. — Durée de la suspension. — Les débats peuvent être suspendus pendant une journée (C. 12 août 1858. B. 227), et même pendant plus d'un jour, par exemple, pour faire chercher un témoin (C. 5 avril 1832. — D. 1832. 1. 345).

203. — Motifs de suspension. — Les débats peuvent être suspendus pour permettre au défenseur de prendre communication d'un document (C. 4 août 1843. B. 192), ou pour procéder à la recherche de pièces à conviction (C. 16 déc. 1850. D. 1850. 1. 101).

204. — Les juges peuvent-ils siéger ailleurs pendant la suspension ? — Pendant une suspension d'audience, les membres de la Cour peuvent siéger à une audience de la Chambre dont ils font partie. (C. 31 janv. 1867. B. 21).

HUIS CLOS

---

205. — Arrêt ordonnant le huis-clos. — La Cour peut ordonner que les débats auront lieu à huis-clos, en vertu de l'article 81 de la Constitution de 1848, ainsi conçu : « Les débats seront publics à moins que la publicité ne soit dangereuse pour l'ordre et les mœurs, et dans ce cas le tribunal le déclare par jugement. »

206. — L'arrêt doit constater que la publicité peut devenir « dangereuse pour l'ordre et les mœurs ». (C. 28 janv. 1858. B. 38), ou se servir de termes équivalents (C. 23 fév. 1821. B. 13.). L'arrêt doit être rendu publiquement * (C. 8 juil. 1832. B. 408). Il est suffisamment constaté par le procès-verbal, sans qu'il soit besoin de minute spéciale (C. 16 janv. 1845. B. 22.).

207. — Observations de l'accusé. — L'accusé doit être reçu à présenter des observations en réponse au réquisitoire à fin de huis-clos (C. 5 juil. 1866. B. 273).

Si l'accusé demande la *levée du huis-clos*, l'arrêt statuant sur cet incident peut n'être pas rendu publiquement. (C. 29 avril 1826. — J. P. 1826. 435).

208. — **Commencement du huis-clos.** — Le huis-clos peut être prononcé aussitôt après le serment des jurés, si l'arrêt porte que la lecture de l'arrêt de renvoi et de l'acte d'accusation est dangereux pour l'ordre public (C. 22 déc. 1842. B. 529, et 1 oct. 1857. B. 553).

209. — Huis-clos partiel. — Le huis-clos peut être partiel et ne porter que sur une certaine partie des débats (C. 22 janv. 1852. B. 47).

210. — **Cessation du huis-clos.** — Le huis-clos ne peut s'étendre à la position des questions, ni aux formalités qui suivent * (C. 19 déc. 1822. B. 537, et 21 avril 1820. B. 161).

211. — Présence des tiers. — Le huis-clos étant une mesure d'ordre, et le président ayant la police de l'audience, il peut admettre dans la salle des personnes étrangères au barreau, s'il n'y a pas de réclamation de l'accusé et de son conseil (C. 19 fév. 1841. B. 82).

212. — **Réouverture des débats.** — Si après la clôture des débats, le président croit devoir les rouvrir, la Cour peut ordonner une *seconde fois* le huis-clos pour ces nouveaux débats (N. 4. 814). — V. 485.

213. — Publicité des ordonnances du président. — Les ordonnances rendues par le président, en vertu de son pouvoir discrétionnaire, pendant le huis-clos, par exemple, pour ordonner une expertise, le serment de l'expert, le dépôt de son rapport, peuvent être prononcées sans publicité (C. 6 avril 1854. B. 169).

214. — Publicité des arrêts incidents. — Les arrêts incidents survenus, pendant les débats à huis-clos, doivent être rendus publiquement, * par exemple, — ceux statuant sur la dispense de serment des témoins (C. 22 juil. 1844. B. 320). — sur la demande du défenseur pour faire entendre de nouveaux témoins (C. 1 avril 1837. B. 125), — sur l'opposition de l'accusé ou du ministère public à l'audition des témoins (C. 5 oct. 1854. B. 485). — sur le *passé outre* aux débats malgré l'absence d'un témoin (C. 3 juil. 1859. B. 237), — sur l'admission contestée de la partie civile (C. 22 juil. 1847. B. 282), — sur la demande d'une nouvelle expertise (C. 28 déc. 1859. B. 654), — sur l'opposition du défenseur à la lecture de pièces relatives à une poursuite antérieure (C. 16 juin 1853. B. 321), — sur la demande du défenseur de constater au procès-verbal les additions d'un témoin à ses précédentes déclarations, et l'arrestation du témoin pour faux témoignage. (C. 26 août 1858. B. 388).

215. — **Retrait d'un arrêt illégal.** — La Cour, après un arrêt incident rendu sans publicité, peut rétracter cet arrêt illégal, par un arrêt rendu publiquement et annulant ce qui s'en est suivi, et procéder ensuite à de nouveaux débats.

216. — Le juge doit veiller à l'accomplissement des formalités légales : « Attendu, porte un arrêt de la Cour de Cassation, du 26 janvier 1844, (B. 35), que s'il lui arrive d'omettre une formalité substantielle, cette irrégularité ne constitue pas un droit acquis, lequel ne se forme qu'à la suite d'un litige sur des prétentions contraires; le retour à l'observation de la loi étant toujours favorable, tant que la mission du juge n'est pas terminée, et qu'il n'a pas définitivement statué sur l'affaire au jugement de laquelle il procède, il est encore temps de réparer l'erreur commise et de rentrer dans les voies légales. »

Interdiction de rendre compte des débats.

217. — Publication d'actes d'accusation et de procédure. — Il est interdit de publier les actes d'accusation et tout autres actes de procédure * criminelle avant qu'ils aient été lus en audience publique, et ce, sous peine d'une amende de 50 à 1000 francs (Loi du 29 juil. 1881, Art. 38).

218. — Cette interdiction s'applique à toute espèce de publication, — à la reproduction dans un mémoire distribué (Lyon, 24 févr. 1858. D. 1858. 3. 40), — à la reproduction partielle et par extraits (C. 31 mars 1854. — D. 1854. 1. 166). — même avec l'autorisation de l'accusé.

219. — Procès en diffamation. — Il est interdit de rendre compte des procès en diffamation où la preuve des faits diffamatoires n'est pas autorisée, la plainte seule pourra être publiée par le plaignant. Ces interdictions ne s'appliquent pas aux jugements qui pourront toujours être publiés. (L. du 29 juill. 1881, Art. 39).

220. — Délibérations du jury. — Il est également interdit de rendre compte des délibérations intérieures, soit des jurys, soit des Cours et Tribunaux. Toute infraction à ces dispositions sera punie d'une amende de 100 à 200 francs (L. du 29 juil. 1881, Art. 39).

RENVOI DE L'AFFAIRE

221. — Avant l'ouverture des débats, le renvoi à un autre jour de la session ou à une autre session peut être ordonné par le président. A partir de l'ouverture des débats, c'est-à-dire après la formation du jury de jugement, le renvoi ne peut plus être ordonné que par arrêt de la Cour * (C. 10 nov. 1839. — S. 1839. 1. 955).

§ 1. — *Renvoi ordonné avant l'ouverture des Débats.*

222. — **Renvoi requis.** — L'article 306, C. I. C. porte que « si le procureur général ou l'accusé ont des motifs pour demander que l'affaire ne soit pas portée à la première Assemblée du jury, ils présenteront au président de la Cour d'assises une requête en prorogation de délai. Le président décidera si cette prorogation doit être accordée : il pourra aussi d'office proroger le délai. »

223. — Compétence du président. — La compétence du président des Assises est donc indiscutable (N. 2. 329), tant que la Cour d'assises n'est pas *saisie du fait*, c'est-à-dire tant que le tirage du jury de jugement n'est pas terminé (C. 27 avril 1850. — S. 1850. 1. 811).

224. — Mode de procéder. — Il peut procéder soit sur réquisition du ministère public ou sur la demande de l'accusé, soit *d'office*.

225. — Ordonnance attaquée. — S'il refuse la prorogation demandée, cette ordonnance peut être attaquée ensuite devant la Cour d'assises (C. 4 oct. 1832. — D. V° Instr. crim. N° 2001).

226. — Ajournement de droit. — L'ajournement de l'affaire est obligé, en cas de demande en nullité contre l'arrêt de mise en accusation, — d'une demande de renvoi pour cause de sûreté publique ou de suspicion légale. — d'une demande en règlement de juges.

Si la Cour passait outre, la procédure serait nulle (N. 2. 347).

227. — **Motifs d'ajournement.** — Les motifs d'ajournement peuvent être : — la maladie de l'accusé ; — l'absence des témoins principaux : — l'empêchement subit du défenseur ; — les modifications apportées aux éléments essentiels du débat oral, par des révélations ou des rétractations inattendues, — la nécessité d'une instruction supplémentaire (C. d'assises du Rhône, 12 juin 1860. — Gaz. trib. 14 juin) ; — la constatation d'une irrégularité grave entachant l'un des actes essentiels de la procédure intermédiaire, le cas où, après un arrêt de cassation et devant la Cour d'assises de renvoi, l'accusé se trouve privé de la copie des pièces qu'aurait conservée son co-accusé acquitté (C. d'assises du Tarn, 10 mai 1828. — J. P. 1828. 1452), — ou si au moment de la formation du jury de jugement, un des douze jurés avait manifesté publiquement son opinion (C. d'assises du Gard, 19 mai 1838. — D. V° Instr. crim. N° 2008), — ou la durée d'une affaire aurait dépassé le temps prévu, et pris la place réservée à une autre (N. 2. 347.), etc.

228. — Appréciation des motifs. — L'appréciation des motifs est laissée à la conscience du président (C. 27 avril 1850. — S. 1850. 1. 811).

229. — Durée de l'ajournement. — Le président peut ajourner alors même que le jour du jugement est fixé et que l'affaire est sur le rôle. (C. 16 avril 1818. B. 159). Il peut renvoyer à la prochaine session, ou à l'un des jours subséquents de la session commencée (C. 6 févr. 1834. — J. P. 140), ou même à une Assise extraordinaire de cette session (C. 26 avril 1844. B. 218).

230. — Notification de l'ordonnance. — La notification de l'ordonnance à l'accusé n'est pas nécessaire (C. 21 juil. 1859. — B. 312).

231. — Interrogatoire de l'accusé. — Il n'est pas nécessaire de renouveler l'interrogatoire de l'accusé après un renvoi à une autre session, ni d'interpeller de nouveau l'accusé sur le choix d'un défenseur (C. 28 avril 1838. — B. 169).

§ 2. — *Renvoi ordonné après l'ouverture des Débats.*

232. — Compétence de la Cour. — Après l'ouverture des débats, c'est la Cour seule qui peut ordonner le renvoi de l'affaire à une autre session.

233. — Consentement de l'accusé. — Après la formation du jury de jugement, la Cour d'assises ne peut * renvoyer l'affaire à un autre jour de la même session, si l'accusé ou le ministère public refusent de consentir à cette remise, la composition du jury étant acquise (C. 12 déc. 1850. — B. 612). Il peut être prononcé, avec le consentement des parties, plusieurs renvois successifs dans la même session. (C. 11 juil. 1839. — B. 344).

234. — Arrêt rapporté. — La Cour d'assises encore réunie peut rapporter l'arrêt de renvoi à une autre session, lorsque les motifs qui l'ont déterminé ont cessé d'exister, par exemple, l'absence de témoins (C. 11 oct. 1821. — B. 487). De même elle peut rapporter l'arrêt décidant de passer outre, si, par exemple, elle reconnaît la déposition du témoin absent indispensable (C. 26 nov. 1829. — N. 4. 822).

235. — Refus de renvoi. — L'arrêt refusant le renvoi n'a pas besoin d'être motivé (C. 2 juin 1831. — B. 225). S'il était illégalement motivé, par exemple, sur ce que des réquisitions conformes du ministère public sont nécessaires (C. 12 janv. 1832. — B. 12), ou sur une irrégularité dans la notification aux accusés de la liste du jury (C. 28 févr. 1833. — B. 110), l'arrêt pourrait être cassé.

236. — Signification de l'arrêt. — Il n'est pas nécessaire de signifier l'arrêt de renvoi à l'accusé en présence de qui il a été prononcé (N. 4. 823).

237. — Forme de l'arrêt. — L'arrêt de renvoi est suffisamment constaté par son insertion au procès-verbal de la séance (C. 2 févr. 1837. D. 1837. 1. 509).

238. — Pourvoi contre l'arrêt. — Le pourvoi en cassation formé contre l'arrêt refusant le renvoi n'est recevable qu'après l'arrêt définitif. (N. 4. 823).

239. — Frais occasionnés par le renvoi. — Lorsque les débats sont interrompus et renvoyés à une autre session sur la demande de l'accusé (par exemple, pour justifier un alibi), les frais de ce renvoi doivent être mis à sa charge, *quelle que soit l'issue de l'accusation* (C. 6 juil. 1815. — S. 1816. 1. 141).

§ 3. — *Diverses causes de Renvoi.*

240. — **Causes spéciales de renvoi**. — Deux causes spéciales de renvoi sont indiquées, dans les articles 330 et 354, C. I. C. Nous allons les examiner.

241. — 1o **Faux témoignage.** — L'article 318. C. I. C. indique les mesures à prendre lorsque la déposition d'un témoin paraît fausse : « Le président fera tenir note, par le greffier, des additions, changements ou variations qui pourraient exister entre la déposition d'un témoin et ses précédentes déclarations. — Le procureur général et l'accusé pourront requérir le président de faire tenir les notes de ces changements, additions et variations. » Ces notes sont un moyen d'arriver à la découverte de la vérité.

242. — Compétence de la Cour. — Si le procureur général ou l'accusé prennent des conclusions formelles la Cour ne peut refuser de statuer * (Art. 408, C. I. C.).

243. — **Variations des témoins**. — Droits de l'accusé. — Les accusés peuvent relever les changements et variations des témoins. La Cour ou le président ne peuvent interdire au défenseur la lecture des dépositions antérieures du témoin suspect (C. 19 août 1819. — B. 280).

244. — Droit du président. — Le président peut d'office, à défaut de réquisition. faire tenir note des variations du témoin qui dépose.

245. — Témoin entendu en vertu du pouvoir discrétionnaire. — Les dispositions de l'article 318 ne peuvent s'appliquer au témoin entendu en vertu du pouvoir discrétionnaire, puisqu'il n'y a pas de déposition précédente (N. 4. 828).

246. — **Arrestation du témoin**. — L'article 330, C. I. C. porte : « Si, d'après les débats, la déposition d'un témoin paraît fausse, le président pourra, sur la réquisition soit du procureur général, soit de la partie civile, soit de l'accusé, et même d'office, faire sur le champ mettre le témoin en état d'arrestation. Le procureur général, et le président ou l'un des juges par lui commis, rempliront à son égard, le premier, les fonctions d'officier de police judiciaire; le second, les fonctions attribuées aux juges d'instruction dans les autres cas. — Les pièces d'instruction seront ensuite transmises à la Cour d'appel pour y être statué sur la mise en accusation. »

247. — Compétence du président. — C'est le *président* seul qui, soit sur réquisition, soit d'office, statue sur la mise en arrestation du témoin. La Cour saisie de conclusions à cet effet doit se déclarer incompétente (C. 11 janv. 1867. — B. 8).

248. — Incompétence du ministère public. — Le ministère public ne peut, *au cours des débats*, faire arrêter un témoin assigné à sa requête. La Cour ferait disparaître l'irrégularité en ordonnant que le témoin soit ramené à l'audience et que tout ce qui a été fait en son absence soit recommencé (C. 28 mars 1854. B. 132).

249. — Témoin complice ou co-auteur. — S'il s'élève contre le témoin des présomptions de *participation au crime* poursuivi, il ne s'agit plus de déposition fausse, et ce n'est plus l'article 330 mais l'article 462 C. I. C. qu'il y a lieu d'appliquer. La Cour ne pourrait donc poursuivre une information comme dans le cas de l'article 330 (C. 26 févr. 1847. B. 66).

250. — Mode d'arrestation. — Le président peut ordonner l'arrestation avant la clôture des débats (N. 4. 830), ou mettre le témoin suspect en état de surveillance, dans l'enceinte du palais, pendant les débats (C. 28 mars 1829. — B. 188). — Il doit faire cesser l'arrestation si le témoin se rétracte avant la clôture des débats (C. 1 févr. 1866. — B. 55).

251 — Renvoi de l'affaire. — L'article 331, C. I. C. porte . « Dans le cas de l'article précédent, le procureur général, la partie civile ou l'accusé, pourront immédiatement requérir, et *la Cour* ordonner, même d'office, le renvoi de l'affaire à la prochaine session. »

252. — Compétence de la Cour. — Si la déposition paraît fausse, *la Cour*, quelles que soient les réquisitions des parties, peut surseoir au jugement de l'affaire, et la renvoyer à une autre session, ou passer outre aux débats (C. 10 mai 1839. — B. 225).

253. — Mensonges du témoin. — Le mensonge d'un témoin qui dépose sous un autre nom que le sien n'oblige pas la Cour à refuser son audition ni à renvoyer l'affaire (C. 23 déc. 1847. — S. 1848. 1. 301).

254. — Jugement du faux témoignage. — En cas de fausse déposition, si la Cour ordonne le renvoi, elle doit juger d'abord et séparément l'accusation de faux témoignage (C. 20 déc. 1855. — B. 77).

255. — 2o **Absence d'un témoin**. — L'article 354, C. I. C. prévoit en ces termes le cas d'absence d'un témoin : « Lorsqu'un témoin qui aura été cité ne comparaîtra pas, la Cour pourra, sur la réquisition du procureur général, et avant que les débats soient ouverts par la déposition du premier témoin inscrit sur la liste, renvoyer l'affaire à la prochaine session. »

256. — Mode de procéder. — L'accusé n'a plus compétence, comme en cas de faux témoignage, pour requérir le renvoi de l'affaire, mais il peut prendre des conclusions, sauf à la Cour à les rejeter si l'audition ne paraît pas nécessaire (C. 15 déc. 1853. — B. 690). La Cour n'est donc pas tenue de consulter l'accusé ou son conseil (C. 22 févr. 1855. — B. 105). Le ministère public, au contraire, doit toujours être entendu, * mais la Cour n'est pas liée par sa réquisition (C. 26 nov. 1829. — S. 1830. 1. 113).

257. — Condamnation du témoin. — L'article 355, C. I. C. porte : « Si, à raison de la non-comparution du témoin, l'affaire est renvoyée à la session suivante, tous les frais de citation, actes, voyages de témoins, et autres, ayant pour objet de faire juger l'affaire, seront à la charge de ce témoin, et il y sera contraint, même par corps, sur la réquisition du procureur général, par l'arrêt qui renverra les débats à la session suivante. — Le même arrêt ordonnera, de plus, que ce témoin sera amené par la force publique devant la Cour pour être entendu. — Et, néanmoins, dans tous les cas, le témoin qui ne comparaîtra pas, ou qui refusera soit de prêter serment, soit de faire sa déposition, sera condamné à la peine portée en l'article 80. »

258. — Conséquences des dispositions précédentes. — Il résulte de cet article : — que le témoin non comparant est condamné seulement en cas de renvoi de l'affaire ; — que, s'il est passé outre, il n'encourt que la peine d'amende ; — que la condamnation aux frais doit être prononcée par l'arrêt même de renvoi ; — que cet arrêt doit ordonner en outre qu'à la session suivante le témoin sera amené par la force publique devant la Cour ; — que la condamnation aux frais et à la contrainte corporelle ne sont pas exclusives de l'application de l'amende ; — que celle-ci s'applique aussi bien au témoin comparant qui refuse le serment qu'au témoin non comparant ; — que, par suite, le même témoin peut être condamné, une première fois, pour défaut de comparution, et une seconde, pour refus de déposer (N. 4. 836).

259. — Condamnation à l'amende. — La condamnation à l'amende du témoin non comparant n'est pas obligatoire (C. 14 sept. 1821. — J. P. 900).

260. — **Opposition.** — Les règles relatives à l'opposition sont déterminées par l'article 356, ainsi conçu : « La voie de l'opposition sera ouverte contre ces condamnations, dans les dix jours de la signification qui en aura été faite au témoin condamné ou à son domicile, outre un jour par cinq myriamètres ; et l'opposition sera reçue s'il prouve qu'il a été légitimement empêché, ou que l'amende contre lui prononcée doit être modérée. »

261. — **Mode d'opposition.** — L'opposition doit être formée dans les dix jours de la signification faite à personne ou à domicile. Le témoin doit présenter ses excuses à la Cour, pendant la session ou à la session suivante. Il n'y a lieu à opposition que si l'arrêt a été rendu par défaut.

262. — **Arrêt.** — La *Cour* statue, par arrêt motivé, en audience publique (C. 20 août 1829. — J. P. 1837).

263. — 3₀ **Autres causes de renvoi.** — Les causes de renvoi indiquées dans les articles 350 et 354 ne sont pas limitatives. L'article 406 porte en effet que : « Si, par quelque événement, l'examen des accusés sur les délits ou sur quelques-uns des délits compris dans l'acte ou dans les actes d'accusation est renvoyé à la session suivante, il sera fait une autre liste ; il sera procédé à de nouvelles récusations, et à la formation d'un nouveau tableau de douze jurés, d'après les règles prescrites ci-dessus, à peine de nullité. »

264. — **Compétence de la Cour.** — La Cour d'assises est seule juge de la gravité des incidents de cette nature et les renvois par elle prononcés ne peuvent donner ouverture à Cassation (C. 11 juil. 1839. — S. 1840. 1. 830 ; — C. 14 sept. 1837. — S. 1839. 1. 420). Elle a à cet égard un pouvoir discrétionnaire (C. 16 mars 1866. — B. 121).

265. — **Principales causes de renvoi.** — Les principales causes de renvoi sont : la *maladie subite de l'accusé ou de son conseil*, ou l'*arrestation inopinée d'un co-accusé* compris dans le même arrêt et dans le même acte d'accusation (Art. 406, C. I. C.) — (N. 4. 840).

266. — **Maladie d'un Juré.** — En cas de *maladie d'un juré*, la Cour statue sur son remplacement par un juré suppléant (C. 10 oct. 1839 — S. 1839. 1. 955). — S'il n'y a pas eu de juré adjoint au jury, la Cour peut renvoyer l'affaire (Art. 405 et 406, C. I. C.), ou, si l'accusé ne s'y oppose pas, annuler le tirage du premier jury et ce qui s'en est suivi, puis, procéder au tirage d'un nouveau jury et recommencer l'affaire immédiatement. (C. 22 nov. 1838. — B. 364).

267. — **Empêchement d'un Assesseur.** — Si, pendant les débats on s'aperçoit qu'*un des assesseurs a voté sur l'accusation*, ou si un assesseur tombe *malade*, la Cour doit pourvoir à son remplacement avant d'ordonner que les débats soient annulés et recommencés devant le même jury (C. 28 déc. 1860. B. 306). Il n'est pas besoin du consentement de l'accusé (C. 23 janv. 1841. — B. 23).

268. — 4₀ **Autres diverses causes de renvoi.** — Il y a lieu à sursis : — lorsqu'un individu, accusé de *suppression d'état*, est renvoyé devant les Assises avant que la question d'état ait été jugée, conformément à l'art. 327 C. civ. (C. 22 juin 1820. — J. P.) ; — lorsqu'un *comptable public* est traduit devant les Assises, avant que ses écritures aient été vérifiées par l'administration (C. août 30 1855. — B. 275).

269. — Il y a encore lieu à renvoi, si *un juré manifeste son opinion* (N. 4. 839), ou si *un des témoins se trouve être prévenu de complicité* (C. 12 févr. 1818. — J. P. 640.)

270. — La Cour peut renvoyer l'affaire à une autre session, pour être procédé à une *instruction supplémentaire*, pour découvrir la participation d'un présumé complice de l'accusé (C. 28 déc. 1865. — B. 389), — la Cour ne fait en ce cas qu'user des pouvoirs que lui confèrent les articles 331, 354 et 406, C. I. C. ; — ou simplement pour des motifs d'*ordre public* (C. 7 févr. 1833. — J. P. 137).

271. — Si, même après la formation du jury de jugement, le procureur général transmet à la Cour un arrêt de *soit communiqué* d'une requête présentée par les accusés, en renvoi, pour cause de *suspicion légitime*, cette demande emporte de droit sursis au jugement (articles 531 et 551, C. I. C.), et la Cour doit * renvoyer l'affaire à une autre session (C. 14 juin 1833. — B. 298).

272. — **Motifs de l'arrêt de renvoi.** — La Cour ne peut baser le renvoi de l'affaire que sur des *faits postérieurs à l'ouverture des débats*. Ainsi, elle ne peut réparer les vices irréparables de la procédure préliminaire, en renvoyant, au cours des débats, pour cause d'erreur commise dans la notification des jurés, malgré l'opposition de l'accusé (C. 28 févr. 1833. — B. 110. — N. 4. 841).

273. — **Renvoi demandé par l'accusé.** — L'accusé peut demander le renvoi pour : — *défaut de remise de copie de pièces* (Art. 305, C. I. C. — C. 13 janv. 1827. — B. 4), — *défaut de la notification de l'arrêt et de l'acte d'accusation* (Art. 242, C. I. C. — C. 7 févr. 1834. B. 46), — *défaut de signification de la liste des témoins* (Art. 315, C. I. C. — C. 30 sept. 1841. — B. 293), — *omissions, dans la copie de l'acte d'accusation*, de nature à préjudicier à la défense (Art. 242, C. I. C. — C. 23 déc. 1852. — B. 413), — *défaut de connaissance d'une ordonnance de jonction*, avant les débats (C. 20 sept. 1855. — B. 324).

EXPOSÉ DES FAITS ET APPEL DES TÉMOINS

— **Second avertissement à l'accusé**

Après la lecture de l'arrêt de renvoi et de l'acte d'accusation, le Président dit :

D'après les actes dont lecture vient d'être donnée, vous êtes accusé… (Résumé des divers chefs d'accusation.)

Vous allez entendre les charges qui seront produites contre vous.

— **Exposé des faits.**

L'exposé du sujet de l'accusation par le Ministère public (Art. 315, C. I. C.) a été abandonné, dans la pratique, comme surabondant (C. 3 mai 1834. — S. 1835. 1. 779).

— **Appel des témoins.**

Huissier, veuillez faire l'appel nominal de tous les témoins cités, et indiquez ceux qui ne sont pas présents.

Faites retirer les témoins dans leur chambre.

274. — Lecture non obligatoire. — La lecture de l'arrêt de renvoi et de l'acte d'accusation (Art. 313, C. I. C.) n'est pas obligatoire, si les accusés ne la demandent pas (C. 10 nov. 1849. — B. 435.). S'ils la demandent, aux termes des Art. 313 et 408 combinés, la nullité résulterait du *rejet de la demande de l'accusé tendant à user d'une faculté ou d'un droit accordé par la loi.* C'est là un principe général (N. 3. 88).

275. — Par qui elle doit être faite. — La lecture doit être faite à haute voix par le Greffier (N. 3. 90). Elle pourrait l'être par l'huissier de service (Cf. C. 23 mars 1843. — S. 1843. 1. 544).

276. — Présence des témoins. — Il n'est pas nécessaire que les témoins assistent à cette lecture (C. 7 janv. 1842. — S. 1842. 1. 882).

277. — Lectures complémentaires. — Il est d'usage de faire lire en même temps et à la suite : — au cas de jonction, l'ordonnance qui l'a opérée; — au cas d'annulation d'une première procédure, l'arrêt de la Chambre criminelle qui a prononcé cette annulation et saisi la nouvelle Cour d'assises; — au cas de renvoi pour cause de suspicion légitime ou de sûreté publique, l'arrêt de la Chambre criminelle qui l'a ordonné (N. 3. 95).

278. — Lecture de pièces du dossier. — Le Président peut faire lire en outre certaines pièces de la procédure qu'il juge utiles à la manifestation de la vérité, (Interrogatoires, procès-verbal, rapport médico-légal) — (C. 20 janv. 1848. — B. 29).

EXPOSÉ DES FAITS

279. — Nature de l'exposé. — Le Procureur général peut faire l'exposé des faits, c'est-à-dire l'analyse des faits de la procédure et des charges, et la loi s'en rapporte entièrement, pour l'exercice de cette faculté, sur sa loyauté et sa conscience. (C. 22 juin 1843. — D. V° Instr. crim. N° 2228).

280. — Droit de réponse. — Cependant, s'il faisait un réquisitoire, l'accusé pourrait être autorisé à lui répondre, pour que les intérêts généraux de la défense ne soient pas lésés. (C. 8 juin 1850. — D. 1850. 1. 173).

281. — Présence des témoins. — Les témoins peuvent être présents, pendant l'exposé, mais leur présence n'est pas nécessaire avant l'appel des témoins à charge et à décharge (C. 7 janv. 1842. — S. 1842. 1. 882).

APPEL DES TÉMOINS

282. — Liste des témoins. — Après son exposé, le Procureur général présente la liste des témoins qui devront être entendus à sa requête et à celle de la partie civile et de l'accusé. L'art. 315, C. I. C., dit que cette liste ne devra contenir que les noms des témoins notifiés, mais les prescriptions de cet article ne sont pas obligatoires et il est préférable, au contraire, d'appeler tous les témoins même ceux non assignés et non notifiés (N. 3. 113.)

283. — Lecture de la liste. — La liste est lue, à haute voix, par le greffier (Art. 315, C. I. C.), et le Président s'assure de la présence des témoins en les interpellant au fur et à mesure de l'appel de leur nom (N. 3. 115). La présence de tous les témoins au moment de la lecture de la liste, n'est pas prescrite à peine de nullité (*ibid*). Il n'est pas nécessaire d'appeler séparément les témoins spéciaux à chaque accusé. (C. 4 sept. 1841. — D. V° témoin n° 484).

284. — Témoin défaillant. — A l'égard des jurés défaillants la Cour peut admettre leurs excuses ou les condamner à l'amende, ou ne pas statuer sur leur absence sans que l'accusé ait à s'immiscer dans ces décisions (C. 22 avril 1841. — D. V° Instr. crim. n° 2092) — V. 252.

285. — Renvoi ou passé outre. — La Cour peut renvoyer l'affaire à une autre session (Art. 354, C. I. C.), ou passer outre aux débats, et en cas de contestation, par un arrêt constatant que « la déposition du témoin absent n'est pas indispensable à la manifestation de la vérité ». (N. 3. 119). — S'il n'y a pas de contestation, l'ordonnance de *passé outre* peut-être rendue par la Cour d'assises ou par le Président seul (C. 24 août 1827. — J. P. 766) sans qu'il soit besoin d'interpeller les parties (N. 3. 119), car il s'agit d'une simple mesure d'ordre. — V. 255.

286. — Ordonnance attaquée. — Si l'accusé demande, par conclusions écrites, le renvoi à une autre session, la Cour peut, le Ministère public entendu, annuler l'ordonnance du Président et prononcer le renvoi, ou rejeter la demande et passer outre. — Si l'accusé se bornait à demander acte du refus du Président, la Cour ne pourrait que lui donner acte sans statuer au fond. (N. 3. 122).

Retraite des Témoins dans leur Chambre.

287. — L'article 316 C, I. C. porte que « le Président ordonnera aux témoins de se retirer dans la chambre qui leur est destinée et d'où ils ne sortiront que pour déposer. »

288. — Caractère de ces dispositions. — Ces dispositions ne sont pas substantielles et il n'y aurait pas nullité si des témoins étaient restés à l'audience ou ressortis de leur chambre et avaient assisté aux débats (C. 5 juil. 1866. — B. 273).

289. — Communication des témoins. — L'article 316, C. I. C. ajoute : « Le Président prendra des précautions, s'il en est besoin, pour empêcher les témoins de conférer entre eux du délit et de l'accusation avant leur déposition. » D'ordinaire, les témoins de l'accusation et ceux de la défense sont placés dans deux chambres séparées. — Le Président peut, pendant une suspension d'audience, tenir des témoins enfermés dans une chambre particulière, s'il ne s'en plaignent pas (C. 23 avril 1840. — B. 158). Il peut autoriser un témoin, dont le témoignage paraît faux, à conférer avec un tiers, avant de renouveler sa déposition ou d'y faire des modifications. Il n'y a pas dans ce fait atteinte à la liberté et à la spontanéité des témoignages (C. 29 janv. 1841. — D. 1841. 1. 400).

INTERROGATOIRE DES ACCUSÉS

290. — Rang des accusés. — « Le Président déterminera celui des accusés qui devra être soumis le premier aux débats, en commençant par le principal accusé, s'il y en a un. Il fera ensuite un débat particulier sur chacun des accusés. » — (Art. 334, C. I. C.).

291. — Cette disposition est facultative. — Cette disposition n'ayant pour but qu'une mesure d'ordre est toute facultative pour le Président (C. 28 sept. 1865. — B. 314). Le Président pourrait même, en cas de délit connexe à un crime, interroger le prévenu du délit avant l'accusé du crime, s'il juge cet ordre utile à la manifestation de la vérité (C. 3 déc. 1836. — S. 1838. 1. 82). Il lui apartient d'apprécier s'il est utile ou non de soumettre chaque accusé ou l'un d'eux à des débats particuliers (C. 26 juil. 1832. — J. P. 1332).

292. — Mode de procéder. — Il est d'usage de s'abstenir d'ordonnance et de constatation au sujet de ces formalités, comme de n'en pas faire mention dans le procès-verbal (C. 19 juin 1823. — D. Vº Instr. crim. Nº 2219).

293. — Interrogatoire. — L'article 405, C. I. C. porte : « L'examen de l'accusé commencera immédiatement après la formation du tableau (du jury de jugement) ».

294. — But de l'interrogatoire. — L'interrogatoire a pour but de mettre en relief la série des actes et des faits sur lesquels va porter le débat, ainsi que les réponses de l'accusé.

295. — Caractère facultatif. — L'interrogatoire n'est pas obligatoire pour le Président qui en apprécie l'utilité (C. 7 janv. 1847. B. 5). L'accusé, de son côté, n'est pas obligé d'y répondre (N. 3. 145). Le Président n'est pas tenu de commencer par l'interrogatoire, il peut n'y procéder qu'après l'audition d'un ou de plusieurs témoins (C. 4 sept. 1841. — D. 1841. 1. 436) — V. 179 et suiv.

296. — Qui peut interroger l'accusé. — C'est au Président qu'il appartient d'interroger l'accusé (N. 3. 150). Mais il peut déléguer ce droit, dans une certaine mesure, par exemple, en cas de fatigue, à un assesseur, pourvu qu'il conserve toujours la direction des débats (N. 3. 152). Les juges, le procureur général, et les jurés, peuvent adresser *directement* des questions à l'accusé (Art. 319, C. civ.). Il suffit qu'ils demandent la parole au Président, mais seulement pour qu'il détermine l'ordre entre ceux qui demandent la parole (Art. 267, C. I C.). La partie civile le peut aussi, *mais par l'organe du Président* (Art. 319, C. I. C.).

Publicité de l'interrogatoire. — L'interrogatoire doit être public ★ (N. 3. 163).

297. — Intervention du défenseur. — L'accusé est seul admis à répondre. Son conseil ne peut le faire en son nom (N. 3. 163).

298. — Lecture des réponses. — L'accusé ne peut être admis qu'exceptionnellement à lire des notes, par exemple, en matière de banqueroute frauduleuse. Il doit réserver ses lectures pour le moment des plaidoiries (N. 3. 164).

299. — Interrogatoires séparés. — L'article 327 C. I. C. porte : « Le président pourra, avant, pendant ou après l'audition d'un témoin, faire retirer un ou plusieurs accusés, et les examiner séparément sur quelques circonstances du procès ; mais il aura soin de ne reprendre la suite des débats généraux qu'après avoir instruit chaque accusé de ce qui se serait fait en son absence, et de ce qui en sera résulté ».

— Interrogatoire.

Accusé, levez-vous... (Suit l'interrogatoire).

Après l'interrogatoire de chaque accusé, le Président dit :

Messieurs les Jurés, Monsieur le Procureur général, avez vous quelque question à adresser à l'accusé ?

La partie civile a-t-elle quelque question à adresser à l'accusé ?

Accusé, asseyez-vous.

Huissier, faites approcher le premier témoin. (1)

— *Pour la représentation des pièces à conviction à l'accusé,* — v. 452 et suiv.
— *Pour la lecture des pièces et interrogatoires,* — v. 179 et suiv.
— *Pour les expertises,* — v. 188 et suiv.
— *Pour les interprètes,* — v. 102 et 307.
— *Pour les suspensions d'audience,* — v. 201.
— *Pour les troubles d'audience,* — v. 148 et 320.

(1) V. Suite, après : nomination d'un interprète, refus de l'accusé de comparaître, Expulsion de l'accusé, Reconnaissance d'identité.

6

300. — **Droit du Président.** — Le *Président* seul peut ordonner des interrogatoires séparés. Nul ne peut l'y contraindre, et la Cour, saisie de conclusions à cet effet, devrait * se borner à reconnaître son droit (C. 2 juil. 1841. — D. 1841. 1.421).

301. — **Mode de procéder.** — Le Président peut entendre séparément ou cumulativement les accusés (C. 12 août 1825. — B. 426). Il peut faire retirer un ou plusieurs accusés, pour entendre, en leur absence, un ou plusieurs témoins (C. 28 mars 1829. — J. P. 857), mais il ne pourrait en même temps faire sortir le conseil (C. 28 janv. 1830. — B. 48).

302. — **Interdiction de communiquer.** — Cependant, dans l'intervalle d'une séance à l'autre, le Président peut empêcher l'accusé de communiquer avec son conseil (C. 5 mars 1812. — J. P. 176).

303. — **Compte-rendu du Président a l'accusé.** — Après la rentrée de l'accusé, et avant de reprendre les débats, le Président doit l'instruire de ce qui s'est fait en son absence et de ce qui en est résulté *. (C. 21 janv. 1841. — B. 27). Mais le Président n'est pas tenu de lui rendre ce compte avant de l'interroger, ce qui rendrait inutile et dérisoire la mesure prise (C. 3 oct. 1844. — B. 482). Il pourrait même ne le faire qu'après avoir interrogé un ou plusieurs autres accusés. (C. 6 févr. 1840. — N. 3. 179).

304. — **Ommission de cette formalité.** — Si le Président avait omis cette formalité, la Cour pourrait annuler le débat, à partir de l'omission, et ordonner qu'il sera recommencé après que le Président aura informé l'accusé de ce qui s'est passé en son absence. (C. 10 janv. 1833. — D. 1834. 1. 434) « Une semblable mesure, porte cet arrêt, est régulière, et son exécution assure la validité des débats ».

305. — **Compte-rendu facultatif.** — Au lieu de rendre compte à l'accusé de ce qui s'est passé, le Président peut faire recommencer cette partie des débats en sa présence (C. 16 mai 1863. — B. 238. — N. 3. 180).

306. — **Mention au procès-verbal.** — Le procès-verbal doit contenir mention de l'accomplissement de celles de ces formalités qui sont substantielles (N. 3. 186).

NOMINATION D'UN INTERPRÈTE

307. — Règles relatives a l'interprète. — Les règles relatives à cette question sont tracées dans les articles suivants (C. I. C.) : Art. 332. — « Dans le cas où l'accusé, les témoins, ou l'un d'eux, ne parleraient pas la même langue ou le même idiome, le Président nommera d'office, à peine de nullité, un interprète, âgé de vingt-un ans au moins et lui fera, sous la même peine, prêter serment de traduire fidèlement les discours à transmettre entre ceux qui parlent des langages différents. — L'accusé et le Procureur général pourront récuser l'interprète, en motivant leur récusation. — La Cour prononcera. — L'interprète ne pourra, à peine de nullité, même du consentement de l'accusé ni du Procureur général, être pris parmi les témoins, les juges et les jurés. »

— Art. 333. — « Si l'accusé est sourd-muet et ne sait pas écrire, le Président nommera d'office pour son interprète la personne qui aura le plus d'habitude de converser avec lui. — Il en sera de même à l'égard du *témoin* sourd-muet. — Le surplus des dispositions du précédent article sera exécuté. — Dans le cas ou le sourd-muet saurait écrire, le greffier écrira les questions et observations qui lui seront faites ; elle seront remises à l'accusé ou au témoin, qui donneront par écrit leurs réponses ou déclarations. Il sera fait lecture du tout par le greffier ». — V. 102 à 113.

308. — Connaissance présumée de la langue française. — L'ignorance ou l'inintelligence de la langue française ne se présument pas : il faut qu'elles soient établies (C. 12 mai 1855. B. 258). Il n'y aurait pas nullité si l'accusé ne réclamait pas (C. 23 mai 1839. — B. 249) et surtout s'il avait répondu aux questions du Président (C. 13 juin 1835. J. P. 306).

309. — Nécessité de plusieurs interprètes. — S'il y a diversité de langage étranger entre l'accusé et les témoins, il faut nommer deux interprètes, à moins qu'on en trouve un connaissant à la fois ces deux idiomes et la langue française (C. 11 juillet 1850, — D. 1850. 1. 296).

310. — Langage inintelligible. — Le concours d'un interprète peut être utile lorsqu'un témoin ne s'exprime qu'en *patois* (C. 5 avril 1861. B. 118), qu'il est atteint d'*idiotisme* et ne s'exprime que par sons inarticulés (C. 16 déc. 1859. B. 445), ou dans un *langage inintelligible pour ceux qui ne conversent pas ordinairement avec lui* (C. 22 nov. 1855. — B. 580).

311. — Surdité incomplète. — Si l'accusé n'est atteint que d'une légère surdité, un des gendarmes de service peut lui répéter à haute voix, les déclarations des témoins, sans être astreint au serment (C. 19 janv. 1862. — B. 229).

312. — Timidité d'une enfant. — De même, le père d'une jeune enfant peut-être appelé près d'elle pendant sa déposition pour la défendre contre un excès de timidité (C. 25 janv. 1828. — D. Vo. Instr. crim. no 2332).

313. — Sourd-muet. — Il n'est dû d'interprète à l'accusé sourd-muet que si cette infirmité est réelle et si elle n'est pas simulée dans le but de ne répondre que par écrit et d'entraver les débats (C. 30 juil. 1835. — B. 365).

Le sourd-muet qui sait écrire peut être néanmoins assisté d'un interprète.

Les règles de l'article 383 s'appliquent à l'accusé qui est seulement sourd ou muet et selon qu'il sait ou non écrire. — V. 114 à 117.

314. — Époque de la nomination de l'interprète. — L'interprète doit être nommé dès que le besoin s'en fait sentir ou qu'il s'élève une réclamation de l'accusé, d'un témoin ou d'un juré.

315. — Condition d'aptitude. — Il n'y a pas d'autre condition d'aptitude, pour être interprète, que d'être âgé de 21 ans.

316. — Serment. — Le serment prêté suffit pour toute la durée de l'affaire et ne doit pas être renouvelé à chaque séance de la même cause (C. 24 août 1827. — J. P. 766).

317. — Mission. — La mission de l'interprète s'applique aux parties du débat où l'accusé ne peut être suppléé par son conseil. (C. 24 juil. 1841. B. 356).

318. — **Traductions obligatoires.** — L'interprète doit traduire à l'accusé :

La formule du serment prêté par le témoin (Art. 317. C. I. C., — C. 4 juin 1863. — B. 253). V. *contra* 108.

La déclaration du témoin en réponse à une interpellation du Président sur un fait contesté (C. 8 févr. 1838. — B. 54).

Les dépositions des témoins lues à l'audience, en vertu du pouvoir discrétionnaire (C. 3 mars 1836. — B. 69).

La déclaration du jury (C. 12 déc. 1850. — B. 613).

La réquisition du ministère public pour l'application de la peine (C. 29 févr. 1844. — B. 100).

La réquisition de la partie civile à fin de restitution ou dommages-intérêts (N. 3. 218).

L'interpellation du président à l'accusé s'il a quelque chose à dire sur l'application de la peine (C. 24 juil. 1841. — B. 356).

L'arrêt de condamnation (C. 14 nov. 1850. — D. 1850. S. 295).

L'avertissement du Président à l'accusé sur la faculté et le délai relatif au pourvoi en Cassation.

319. — **Traductions facultatives.** — Il n'est pas nécesaire de traduire à l'accusé :

L'arrêt de renvoi et l'acte d'accusation (C. 4 déc. 1862. — B. 442).

Les paroles du Président qui en suivent la lecture : « voilà ce dont vous êtes accusé, etc. » — L'exposé du ministère public.

Un arrêt ordonnant la radiation de la liste d'un témoin décédé.

Un avertissement du Président relatif à l'interpellation à adresser aux témoins sur les pièces à conviction (C. 14 nov. 1850. — D. 1850. S. 295).

Le développement des moyens de l'accusation (C. 13 nov. 1862. — B. 409). — La plaidoirie du défenseur (C. 24 juil. 1841. — B. 356).

Les questions (C. 5 juin 1851. — B. 350). Il est bon cependant de faire traduire les modifications essentielles apportées aux questions originaires, et les questions posées comme résultant des débats (N. 3. 222), surtout si l'accusé le demande.

Par prudence, le Président peut faire dire par l'interprète à l'accusé : « La partie civile vient de parler contre vous ; — le ministère public a déclaré persister dans l'accusation et il vient de la soutenir ; — votre conseil vient de vous défendre en demandant au jury soit l'acquittement, soit l'admission des circonstances atténuantes » (N. 3. 224).

Mentions au procès-verbal. — Le procès-verbal doit mentionner la prestation de serment de l'interprète (N. 3. 227) et constater que, pendant la séance, il a prêté son ministère toutes les fois qu'il a été utile (*ibid*).

REFUS DE L'ACCUSÉ DE COMPARAITRE ET EXPULSION DE L'AUDIENCE

320. — Sommation a l'accusé. — Au jour indiqué pour la comparution à l'audience, si les prévenus ou quelques uns d'entre eux refusent de comparaître, sommation d'obéir à la justice leur est faite, au nom de la loi, par un huissier, commis à cet effet par le Président, et assisté de la force publique. Cet huissier dressera procès-verbal de la sommation et de la réponse du récalcitrant. (Art. 8, loi du 9 sept. 1835).

321. — Mode de procéder. — Si les prévenus n'obtempèrent point à cette sommation, *le Président* ordonnera qu'ils soient amenés par la force devant la Cour. — *Le Président* pourra également, après la lecture faite à l'audience du procès-verbal constatant leur résistance, ordonner que, nonobstant leur absence, il soit passé outre aux débats. — *Après chaque audience*, il sera par le greffier de la Cour d'assises, donné *lecture* aux prévenus qui n'auront point comparu, du *procès-verbal des débats*, — et il leur sera signifié copie des réquisitions du ministère public ainsi que des arrêts rendus par la Cour, qui seront tous réputés contradictoires (*ibid.* Art. 9).

322. — Il n'est pas nécessaire de notifier à l'accusé les réquisitions tendant à l'application de la loi de 1835 (C. 12 sept. 1840. — B. 350).

323. — Impossibilité de comparaître. — Si l'accusé se trouve seulement dans *l'impossibilité*, par suite de maladie ou autrement, d'assister aux débats, la Cour, après avoir fait constater cette impossibilité, doit surseoir au jugement et renvoyer l'affaire à une autre session (Haute Cour de justice. 19 mars 1849. aff. Raspail. — D. 1849. 1. 76).

324. — Refus de reparaitre a l'audience. — Mais si, après avoir assisté à une première séance, l'accusé alléguait faussement l'impossibilité de comparaître, la Cour, après avoir fait vérifier la sincérité de l'allégation, pourrait passer outre aux débats, — en vertu de la loi de 1835 (C. 12 déc. 1840. — B. 498). — Si l'accusé refuse de rentrer à l'audience, par exemple, pour entendre la déclaration du Jury, le Président déclare formellement, après l'accomplissement des formalités ci-dessus, qu'il y a refus de comparaître, et il est passé outre (C. 4 juil. 1850. — B. 317). Si le ministère public ou le défenseur déposaient des conclusions ce serait la Cour et non le président qui devrait statuer (Art. 408, §2, C. I. C.)

325. — *Si l'accusé demande à reparaître à l'audience*, il y sera admis, mais il n'y a pas lieu de recommencer les débats. Il est tenu de les prendre où ils se trouveront (N. 4. 855. — V. 129).

326. — Clameurs de l'accusé. — « La Cour pourra faire retirer de l'audience et reconduire en prison tout prévenu qui, par des clameurs ou tout autre moyen propre à causer du tumulte, *mettrait* obstacle au libre cours de la justice, et, dans ce cas, il sera procédé aux débats et au jugement comme il est dit aux deux articles précédents » (Art. 10, *ibid.*) — Il n'est pas nécessaire de le sommer de comparaître pour entendre la déclaration du jury et l'arrêt de condamnation (C. 19 janv. 1857. B. 37). — V. 148 à 162.

327. — Tumulte à l'audience. — « Tout prévenu ou *toute personne* présente à l'audience d'une Cour d'assises, qui causerait du *tumulte* pour empêcher le cours de la justice sera, audience tenante, déclaré coupable de rebellion et puni d'un emprisonnement qui n'excédera pas 2 ans, sans préjudice des peines portées au code pénal pour les outrages et violences envers les magistrats. » (ibid. Art. 11). — Dans ce cas le prévenu, doit être entendu avant d'être condamné et le fait de rebellion doit être réprimé en sa présence, avant son expulsion de l'audience (N. 4. 857). — V. 150.

RECONNAISSANCE DE L'IDENTITÉ DE L'ACCUSÉ

A la suite d'un arrêt de contumace

328. — Règle pour la reconnaissance d'identité. — Lorsqu'un accusé condamné par contumace et repris, conteste son identité avec celui qui fait l'objet de l'acte d'accusation, il y a lieu de procéder conformément aux articles 518 et 519, C. I. C. ainsi conçus :

Article 518. « La reconnaissance de l'identité d'un individu condamné, évadé et repris, sera faite par la Cour qui aura prononcé sa condamnation. — Il en sera de même de l'identité d'un individu condamné à la déportation ou au banissement, qui aura enfreint son ban et sera repris; et la Cour en prononçant l'identité, lui appliquera de plus la peine attachée par la loi à son infraction. »

Article 519. « Tous ces jugements seront rendus sans assistance de jurés, après que la Cour aura entendu les témoins appelés tant à la requête du procureur général qu'à celle de l'individu repris, si ce dernier en a fait citer. — L'audience sera publique, et l'individu repris sera présent, à peine de nullité. »

329. — Mode de procéder. — La Cour doit procéder, en audience publique *, en présence de l'individu repris *, sans assistance des jurés, * et entendre les témoins appelés tant à la requête du procureur général qu'à celle de l'individu repris, s'il en a fait citer (C. 20 juin 1851. — B. 373).

330. — Non-identité reconnue. — S'il est reconnu que l'individu arrêté n'est pas l'accusé, il ne peut * être amené devant le jury et soumis aux débats (C. 15 déc. 1827. — B. 942).

331. — Identité reconnue et de nouveau contestée. — Quand au contraire l'identité a été reconnue par la Cour, l'accusé dont on purge la contumace, n'en peut pas moins soutenir et prouver devant le jury qu'il n'est pas l'auteur des faits incriminés (C. 8 janv. 1841. — B. 8).

332. — Identité de l'accusé non contumace. — De même l'identité de l'accusé non contumace peut toujours contester son identité avec celui qui fait l'objet de l'acte d'accusation. C'est là un moyen de défense que le jury juge en disant si l'accusé est ou n'est pas coupable. La Cour ne pourrait, en ce cas, prononcer un arrêt spécial sur l'identité de l'accusé en dehors de l'assistance du jury. (N. 4. 799). — V. 131.

AUDITION DES TÉMOINS

—— Serment des témoins.

L'Huissier ayant conduit le témoin à la place qu'il doit occuper, le Président dit :

« TÉMOIN, LEVEZ LA MAIN DROITE :

« Vous jurez de parler sans haine et sans crainte, de dire toute la vérité et rien que la vérité ? »

RÉPONDEZ : JE LE JURE, PUIS BAISSEZ LA MAIN.

« Quels sont vos nom, prénoms, âge, profession et domicile ?

Etes-vous parent, allié ou attaché au service de l'accusé (ou de la partie civile?) — à quel degré ?

L'accusé est-il attaché à votre service ?

Connaissiez-vous l'accusé avant les faits mentionnés dans l'acte d'accusation. ? «

S'il y a lieu de présenter au témoin les pièces à conviction. — V. 452 et suiv.

Après la déposition :

« Est-ce bien de l'accusé présent que vous avez entendu parler ? »

A l'accusé :

« Qu'avez-vous à répondre à ce qui vient d'être dit par le témoin ? «

Aux parties :

« Messieurs les Jurés, Monsieur le Procureur général et la partie civile ont-ils quelque question à adresser au témoin ? »

« Témoin, allez-vous asseoir. Huissier, appelez un autre témoin. »

Retraite du témoin (V. 449) :

« L'accusé, la partie civile ou M. le Procureur général s'opposent-ils à ce que le témoin se retire ? »

En cas de réponse négative.

« Témoin, vous pouvez vous retirer. »

333. — **Audition obligatoire.** — Tous les témoins produits, par le Ministère public, l'accusé ou la partie civile, s'ils ne portent en eux aucune cause d'exclusion, doivent être entendus, et le Président n'en pourrait refuser l'audition par le motif que l'article 270, C. I. C. lui permet de « rejeter tout ce qui tend à prolonger les débats, sans donner lieu d'espérer plus de certitude dans les résultats ». S'il y a abus dans le nombre des témoins la Cour peut y couper court en déclarant, dès la première question posée, la question inutile et le témoin entendu. (N. 3. 253).

334. — **Témoins cités et notifiés** — Les témoins régulièrement cités et notifiés doivent * être entendus *sous serment*. (C. 11 juil. 1846. — B. 282). — En cas de seconde déposition, par suite de l'annulation de la première, le témoin doit * être entendu de nouveau, *sous serment*, et non en vertu du pouvoir discrétionnaire (C. 17 oct. 1836. — B. 393). — Il en est de même si le témoin n'était pas présent au moment de la lecture de la liste et à l'appel de son nom (C. 25 févr. 1836. — B. 64), ou ne s'était pas retiré dans la chambre et avait assisté aux débats (C. 22 sept. 1864. — B. 416), ou si le Président, ensuite de l'absence du témoin à l'appel de son nom, avait donné lecture de sa déposition écrite (C. 28 févr. 1857. —B. 135).

335. — **Témoins notifiés mais non cités.** — L'article 324, C. I. C. établit une identité parfaite entre les témoins cités et notifiés, et ceux qui ont été notifiés, sans avoir reçu assignation. Ces derniers doivent également prêter serment et le Président ne pourrait les y soustraire, par exemple, par le motif qu'ils ne sont pas porteurs, à l'audience, de la citation à eux donnée (C. 31 déc. 1866.—B. 446). En l'absence d'opposition du Ministère public et de l'accusé il faut les admettre tous au serment, si l'on ne veut pas violer les dispositions combinées des articles 317 et 324.

336. — **Témoins cités, mais non notifiés.** — Ce qui fait le témoin, c'est moins la citation que la notification. Cependant tant qu'il n'y a pas opposition des parties à l'audition, la qualité de témoin que la citation lui a attribuée rend son serment obligatoire. (C. 6 oct. 1864. — B. 421).

337. — Cette doctrine s'étend aux témoins à décharge aussi bien qu'aux témoins à charge. (C. 16 sept. 1830. — B. 485).

338. — Elle s'applique aussi à la notification tardive (C. 3 août 1854. — B. 415), ou irrégulière (C. 13 mai 1852. — B. 285).

339. — **Opposition de l'accusé à l'audition.** — Il n'en serait plus de même si, en vertu de l'Art. 315, C. I. C., l'accusé s'opposait à l'audition d'un témoin en s'appuyant sur l'irrégularité de la notification (C. 24 déc. 1852. — B. 692). — V. 365 et suiv.

340. — S'il n'y a qu'insuffisance dans la désignation du témoin, la difficulté repose sur une question de fait qu'il appartient à la Cour de résoudre (Art. 315, C. I. C. § 4 et 5 — C. 23 avril 1835. — B. 186).

341. — L'opposition à l'audition d'un témoin n'est recevable qu'avant la prestation de serment. (C. 2 avril 1831. — B. 144).

342. — S'il y a plusieurs accusés il suffit que l'opposition de l'un d'eux soit accueillie pour que le témoin ne puisse être entendu. (C. 29 déc. 1854. — B. 592).

343. — OPPOSITION DE LA PARTIE CIVILE. — La partie civile, à laquelle aucune notification n'est due, n'a pas qualité pour former opposition à l'audition d'un témoin (N. 3. 275).

344. — LIMITE DU DROIT D'OPPOSITION. — La faculté d'opposition appartient au ministère public et à l'accusé, mais seulement à la partie qui a dû recevoir la notification et nullement à celle qui a dû la faire (N. 3. 275).

345. — COMPÉTENCE DU PRÉSIDENT. — Si l'opposition est acceptée par l'autre partie, le Président seul peut prononcer l'élimination du témoin. Si elle est contestée, il y a incident contentieux et par suite intervention nécessaire de la Cour pour statuer (N. 3. 278). Cependant la Cour de cassation a décidé que c'est toujours à la Cour à statuer et qu'il n'appartient pas au Président de dépouiller un témoin de son caractère légal, même du consentement des parties (C. 9 déc. 1830. — B. 581), et de recevoir ainsi sa déposition à titre de simple renseignement.

346. — **Renonciation à l'audition.** — Les parties peuvent renoncer à l'audition des témoins (C. 5 mai 1854. — D. 1854. 3. 739).

347. — EFFET DE LA RENONCIATION. — Cette renonciation a pour effet, — le pouvoir discrétionnaire expressément réservé, — de faire disparaître du débat le témoin, alors même qu'elle serait fondée sur une erreur de droit, par exemple, sur une incapacité supposée (C. 22 nov. 1855. — B. 581). — V. 175.

348. — Droit de renonciation. — La renonciation doit émaner de toutes les parties en cause, c'est-à-dire, de la partie civile, du ministère public et de l'accusé, quand il s'agit de témoins appelés par la partie civile; — du ministère public et de l'accusé, quand il s'agit de témoins appelés par l'un ou par l'autre (N. 3. 287).

349. — Renonciation tacite. — La renonciation peut ne pas être expresse et s'inférer, par exemple, de la déclaration de l'une des parties et du silence de l'autre (C. 15 juin 1854. — B. 314), ou du défaut d'inscription du nom du témoin sur les listes, produites à l'audience, et de l'absence de toute réclamation, à ce sujet (*ibid.*), ou de l'audition du témoin par le Président, en vertu du pouvoir discrétionnaire, lorsque toutes les parties en cause ont déclaré ne pas s'y opposer (C. 26 déc. 1856. — B. 642).

350. — Constatation de la renonciation. — La renonciation ne valant que lorsque toutes les parties en cause sont d'accord, un arrêt n'est point nécessaire pour la constater. Il suffit, pour cela, d'une mention au procès-verbal (C. 24 sept. 1840. — D. Vᵒ Instr. crim. Nᵒ 2092).

351. — **Prohibition de témoignage.** — Les prohibitions portées par la loi contre certaines personnes ont pour cause : 1ᵒ l'incapacité; 2ᵒ une sorte d'infériorité relative résultant de l'âge ou d'infirmités; 3ᵉ une présomption de partialité; 4ᵒ une raison d'incompatibilité; 5ᵒ une cause de dispense.

352. — **Incapacité.** — Aux termes de l'article 34 du Code pénal la dégradation civique entraine « l'incapacité de déposer en justice autrement que pour y donner des renseignements. »

353. — Or, les condamnations à des *peines afflictives perpétuelles* (Art. 2, loi du 31 mai 1854), et les condamnations aux *travaux forcés à temps,* à la *détention*, à la *réclusion* et au *bannissement* (Art. 28, C. pén.) emportent la dégradation civique.

354. — De plus, les tribunaux correctionnels peuvent, en certain cas, interdire en tout ou en partie, l'exercice du droit de témoigner en justice, autrement que pour y faire de simples déclarations (Art. 42, C. pén.).

355. — Condamnation. — La loi n'atteint que les *condamnés.* Les inculpés de faux témoignage dans la même affaire (C. 20 juin 1839. — J. P. 1839. 2. 489), les co-prévenus ayant été l'objet d'une ordonnance ou d'un arrêt de non lieu (C. 27 juin 1828. — J. P. 1. 605), ne peuvent être pour ce fait déclaré déchus du droit de témoigner.

356. — Condamnation irrévocable. — Il faut que la condamnation soit devenue irrévocable. La *dégradation civique* en effet est encourue (Art. 28, § 2. C. pén.) du jour où la condamnation est devenue irrévocable et, en cas de condamnation par contumace, du jour de l'exécution par effigie, c'est-à-dire de l'affichage prescrit par la loi du 2 janv. 1850 qui a remplacé l'article 472, C. I. C.

357. — En cas de *condamnation correctionnelle*, l'incapacité produit ses effets dès la condamnation, alors même que les délais d'appel et de pourvoi ne sont pas expirés, si le condamné n'a formé ni appel ni pourvoi. (N. 3. 309).

358. — Dans tous les cas l'incapacité, soit qu'elle résulte de la loi (Art. 28, C. pén. et loi du 31 mai 1854) ou d'un jugement, dépend exclusivement de la *peine prononcée*, quelqu'aient été l'objet et le caractère de l'accusation (C. 26 déc. 1844. — N. 3. 314).

359. — Preuve. — La preuve peut résulter de l'extrait du casier judiciaire, des sommiers de la Préfecture de Police, d'un certificat du greffe, etc.

360. — Erreur. — Si le témoin déclare, sans contestation des parties, avoir été condamné à une peine afflictive et infamante, cette déclaration suffit pour justifier son élimination. Si l'on vient à découvrir que cette déclaration repose sur une erreur, et que la déposition n'a été reçue qu'à titre de simple renseignement, le Président annulera cette déposition et la fera *réitérer avec serment* (C. 25 févr. 1838. — D. Vᵒ témoin, Nᵒ 86).

361. — Cessation de l'incapacité. — Les incapacités résultant d'une *condamnation criminelle sont perpétuelles*, celles résultant d'une *condamnation correctionnelle* ont une durée déterminée par le jugement.

362. — Les incapacités résultant d'une condamnation soit criminelle soit correctionnelle cessent par la *réhabilitation* (Art. 634, C. I. C.) ou par l'*amnistie* (C. 20 juin 1829. — B. 362). *La grâce* ne fait disparaître l'incapacité que si elle a été prononcée comme peine spéciale (V. 404 et 405 C. pén.) et elle la laisse subsister quand elle n'est qu'une conséquence légale de la condamnation, par exemple, en matière criminelle (C. 6 juil. 1827. — J. P. 586).

363. — Audition d'un témoin incapable. — Malgré l'incapacité résultant d'une condamnation le témoin peut être entendu, sous serment, *si aucune des parties ne s'y oppose.* (C. 14 sept. 1865. — B. 305); Le Président n'est pas tenu de les interpeller à ce sujet (C. 11 déc. 1851. — B. 783).

364. — Refus d'audition. — D'un autre côté, le Président ou la Cour peuvent refuser de recevoir la déposition d'un incapable sous serment, bien que les parties y consentent (C. 10 oct. 1839. — J. P. 1840. 14). Il peut y avoir lieu de procéder ainsi pour satisfaire au sentiment d'honnêteté publique.

365. — **Opposition des parties à l'audition d'un incapable.** — Si l'opposition est notoire on ne peu t* passer outre (C. 8 mai 1862. — B. 188). Ce droit d'opposition appartient au **Ministère** public, à l'accusé et à la partie civile (Art. 322, C. I. C.), et il s'exerce contre tous les témoins indistinctement (C. 13 janv. 1853. — B. 21), quelle que soit la partie qui les ait cités. — V. 339 et suiv.

366. — Refus du témoin lui-même. — Le témoin incapable peut même user de cette faculté contre lui-même et refuser de prêter serment. Mais il ne peut refuser de faire sa déclaration à titre de renseignement. (C. 13 janv. 1. 838 — B. 25).

367. — Moment de l'opposition. — Si le témoin a déjà prêté serment l'opposition est encore valable*, s'il n'a pas commencé sa déposition (C. 5 déc. 1850. — B. 598), à moins qu'elle ne se fonde sur l'absence ou l'irrégularité de la notification, auquel cas l'opposition ne peut plus être admise après la prestation du serment. (C. 2 avril 1831. — B. 144). — La Cour annule le serment prêté et retire à la personne appelée la qualité de témoin (N. 3. 330).

368. — Si l'opposition ne se produit qu'au cours ou à la fin de la déposition elle est tardive et sans valeur. La Cour n'est donc pas *tenue* d'y faire droit. Elle pourrait cependant l'acueillir et annuler ce qui a été fait (N. 3. 331).

369. — Si l'incapable après avoir déposé sous serment, sans opposition des parties, est rappelé plus tard par le Président pour faire une déposition complémentaire, les parties peuvent encore former leur opposition, mais celle-ci ne rétroagit pas sur la première déposition qui demeure acquise. Elle ne produit effet que sur la seconde déposition qui ne peut plus dès lors être faite qu'à titre de renseignement (C. 16 avril 1840. — D. 1840. 1. 412).

370. — Compétence du Président. — Quand l'opposition se fonde sur l'absence ou l'irrégularité de notification ou sur une cause d'incapacité, et qu'il l'accueille, le *Président* peut procéder seul, par ordonnance, dispensée de motifs (C. 5 févr. 1856. — B. 50) de publicité (C. 28 févr. 1835. — B. 91.) Il peut ainsi annuler le serment qui vient d'être prêté.

371. — Compétence de la Cour. — Si le Président est d'avis de repousser l'opposition, il y a contentieux, c'est la *Cour* qui doit statuer, mais par voie de simple ordonnance, comme il s'agit d'une mesure d'ordre, et dans les conditions ci-dessus. De même lorsque l'accusé et le Ministère public ne sont pas d'accord sur l'opposition faite à l'audition d'un témoin, c'est la Cour qui doit les départager (C. 20 oct. 1852. — B. 559). Il y a là en effet un incident contentieux qui devient un obstacle à la continuation des débats. Il doit être résolu par une décision qui étant un véritable jugement est soumise aux règles des Art. 7 et 17 de la loi du 20 avril 1810, et doit être motivée et rendue publiquement.

372. — **Minorité de 15 ans.** — L'Art. 79, C. I. C. porte : « Les enfants de l'un et de l'autre sexe, au-dessous de l'âge de 15 ans, pourront être entendus, par forme de déclaration et sans prestation de serment. » Bien que cet article soit placé dans la section relative aux témoins entendus dans l'instruction, il s'applique aussi aux témoins produits au cours des débats (C. 4 juin 1864. — B. 263). Le mineur de 15 ans *peut* être entendu sous serment (C. 6 sept. 1851. — B. 586.) *pourvu* que les parties ne s'y opposent pas (N. 3. 344).

Au-dessus de 15 ans les mineurs ne peuvent * être entendus sans prêter serment. (C, 3 déc. 1852. — B. 646).

373. — Erreur commune. — Cependant la dispense de serment accordé à ces derniers n'est point une cause de nullité, quand elle est le résultat d'une erreur commune, et qu'elle n'a été contredite, devant la Cour d'assises, ni par les parties, ni par les pièces du procès (C. 19 févr. 1857. — B. 142).

374. — Quand même elle est contredite, elle n'est point une cause de nullité, si, vérification faite, devant la Cour de cassation, de l'âge réel, il est constaté que le témoin était âgé de moins de 15 ans (N. 3. 348).

375. — **Infirmités.** — Aliénation mentale. — L'aliénation pas plus que l'interdiction prononcée par jugement ne crée l'incapacité légale de témoigner en justice. Le Président ne peut donc qu'obtenir des parties une renonciation, ou demander à la *Cour* de prononcer l'exclusion du témoin par arrêt (C. 13 déc. 1867), sauf, au besoin, à l'appeler à donner de simples renseignements (C. 30 mars 1854. — D. 1854. 1. 740).

376. — Sourd-muet. — Rien n'empêche le sourd-muet de témoigner à l'aide d'un interprète. Il doit donc être entendu sous serment, à moins d'une infirmité intellectuelle manifeste (N. 3. 352. — V. 114. 307).

377. — **Présomption de partialité.** — **Parenté.** — Père, mère ou ascendant. — Aveugle. — La cécité n'est pas non plus un obstacle au témoignage (N. 3. 355). — La déposition ne peut être reçue aux termes de l'article 322, C. I. C. Cette interdiction s'étend à la parenté naturelle (C. 6 avril 1809. — B. 134). Mais le lien doit être établi sans contestation et sans qu'il y ait lieu à recherche de la paternité ou de la maternité. Toutefois l'effet de la parenté naturelle ne doit pas s'étendre aux ascendants autres que le père et la mère (Cf. Art. 212 et 299, C. pén.)

378. — Fils, fille et descendants. — La solution est la même que pour les ascendants. Il n'y a pas de prohibition de témoignage pour le fils ou la fille adoptifs (N. 3. 361).

379. — Frères et soeurs. — La prohibition s'étend aux frères consanguins et utérins et aux enfants naturels (reconnus) et adoptifs d'une même personne (N. 3. 362).

380. — Mari et femme. — Il ne peut être question que de l'union légale et non de l'union de fait existant entre deux personnes. — Le lien cesse avec le mariage. — La dissolution du mariage par le divorce ferait cesser l'incapacité (C. 28 janv. 1808. — D. V° Témoin, N° 109).

381. — Alliés. — Les alliés, au même dégré que les parents, sont reprochables. Ainsi le *gendre* ou la *belle-fille* qui ont rang de fils ou de fille. De même le fils ou la fille du *premier lit* appelés en témoignage contre le nouveau conjoint (C. 8 mai 1862. — B. 488, l'enfant naturel et même adultérin (C. 6 avril 1809. — B. 434), la belle-sœur et le beau-frère à l'égard du frère et de la sœur. Mais la prohibition ne peut être étendue au mari ou à la femme de la belle-sœur ou du beau-frère (C. 22 nov. 1855. — B. 581), ni aux oncles (C. 4 avril 1833. — B. 457), neveux et nièces (C. 23 janv. 1835. — B. 37), cousins et cousines (C. 15 sept. 1853. — B. 525). — Le lien de l'alliance survit dans toute son intégrité à la dissolution du mariage (C. 10 sept. 1840. — B. 380).

382. — Précision de dégré. — L'élimination des témoins ne peut * être motivée que par une parenté ou une alliance dont le *dégré est précisé* (C. 8 janv. 1859. — B. 16). Si le témoin ou l'accusé ne peuvent dire à *quel dégré* ils sont parents, il faut passer outre.

383. — Témoignage par ouï-dire. — Le témoin qui rapporte les dires des parents et alliés n'est pas reprochable. on ne peut admettre contre le témoignage par ouï dire cette sorte de ricochet (C. 9 juin 1831. — J. P. 1670).

384. — Dénonciateur. — L'article 322, C. I. C. déclare reprochables les « dénonciateurs dont la dénonciation est récompensée pécuniairement par la loi, » et l'article 323 ajoute : « Les dénonciateurs, autres que ceux récompensés pécuniairement par la loi, pourront être entendus en témoignage : mais le jury sera averti de leur qualité de dénonciateur. »

385. — Caractère de la dénonciation. — Le dénonciateur est celui qui a désigné à la justice *à la fois* le délit et le coupable (C. 13 juil. 1832. — D. V° témoin, n° 152), fût-il même la victime du délit (C. 1 sept. 1832. — B. 473), moins qu'il n'ait désigné l'auteur du vol qu'après interpellation du juge d'instruction, car le caractère de la dénonciation est d'être spontanée (C. 26 mai 1826. — J. P. 512).

386. — Si la victime, ou *partie lésée* se borne à se plaindre sans désigner l'auteur du délit, elle est seulement *partie plaignante* , et dans ce cas ne peut être assimilée à un dénonciateur (C. 2 avril 1853. — B. 183). Si elle signale le délit et le coupable, elle est alors assimilée au *dénonciateur.* Elle peut aller plus loin et se constituer *partie civile.*

387. — Le *co-prévenu* qui désigne le coupable n'est pas dénonciateur parcequ'il ne fait que déférer à la justice, et qu'il doit en outre bénéficier des immunités de la défense (C. 27 juin 1828. — J. P. 1605).

388. — Le *Magistrat* qui dirige une inculpation fait un acte de sa fonction qui ne peut être assimilé à une dénonciation. Il n'en est pas de même des autres *officiers de Police judiciaire* et des agents subalternes qui, s'ils ne font pas reposer leurs rapports et procès-verbaux sur les *indications des tiers*, mais *signalent seuls et de leur propre mouvement* l'auteur du délit, peuvent être considérés comme dénonciateurs (C. 8 mars 1821. — B. 78). A part ce cas exceptionnel, les actes faits, en leur qualité, par les officiers de police et leurs auxiliaires ne constituent pas des dénonciations (C. 15 déc. 1845. — B. 569). Cette régle s'applique à l'exécution d'une commission rogatoire (C. 11 déc. 1851. — B. 783), par les médecins ou autres hommes de l'art (C. 18 mars 1826. — D. V. témoin N° 138), et à ceux qui, en dehors de toute délégation, ont prêté aux officiers de police judiciaire un concours officieux (C. 13 mars 1850. — B. 147).

389. — Avertissement au jury. — L'avertissement du Président au jury sur la qualité de dénonciateur du témoin n'est pas substantielle (C. 29 août 1844. — B. 430), et la formule peut être remplacée par des équipollents. (N. 3. 382).

490. — Dénonciateur récompensé. — La *dénonciation récompensée pécuniairement par la loi* doit s'entendre dans un sens étroit et de celle qui est l'objet d'une rémunération spéciale, indemnité, gratification ou prime. Elle ne s'applique pas aux fonctionnaires, officiers de police ou agents rétribués pour leur emploi, parce que le traitement attaché à leur charge est le prix du travail, non de la dénonciation (C. 12 déc. 1845. — B. 569).

391. — Parents des dénonciateurs. — Le reproche n'atteint que les dénonciateurs eux-mêmes et ne peut s'étendre à leurs parents ou alliés. (N. 3. 386).

392. — Partie civile. — Exercice de l'action civile. — Pour qu'un fait donne ouverture à l'action civile, il faut qu'il constitue une *contravention*, un *délit* ou un *crime*, et qu'il en soit résulté un *dommage* ou une *lésion*, c'est-à-dire un dommage direct, immédiat et réel. (Art. 1, § 2, U. 63. — C. I C. — C. 30 juil. 1829. — C. 427. — C. 15 juin 1833. — B. 304. — C. 11 janv. 1841. — J. P. 170).

393. — La réalité du dommage, son importance et celle de la réparation sont des questions de fait que les tribunaux apprécient souverainement (C. 19 juil. 1832. — J. P. 1. 300).

394. — Toute personne lésée par l'infraction peut se porter partie civile, qu'elle soit française ou étrangère (C. 22 juin 1826. — J. P. 502). Il en est de même de ses héritiers, c'est-à-dire de ceux qui succèdent à sa personne et à ses biens, — ayant cause (créanciers et cessionnaires), — représentants conventionnels (porteurs de procuration régulière), — représentants légaux (mari, tuteur, syndic) (C. 19 janv. 1837. — B. 23), etc.

395. — **Mari.** — Le mari n'a d'action personnelle ; que si le crime qui frappe sa femme est de nature à l'atteindre, mais si la femme a seule souffert, le mari est sans action personnelle il ne peut qu'autoriser l'action de celle-ci. L'accusé peut réclamer contre le défaut de qualité du mari intervenant, mais s'il ne le fait pas il ne peut ensuite se pourvoir de ce chef. De même pour le défaut d'autorisation maritale (Art. 215, C. civ. — C. 28 sept. 1838. — B. 463).

396. — **Déclaration expresse.** — Pour pouvoir se porter partie civile il n'est pas nécessaire d'avoir pris la qualité de *partie plaignante*. Il suffit même de se *prétendre lésé* (Art. 63, C. I. C.) mais d'une manière plausible,— sinon l'intervention pourrait être immédiatement rejetée comme dérisoire, — et par déclaration *expresse* (Art. 66 C. I. C.). Cette déclaration peut être faite dans la plainte même ou dans un acte subséquent, par exemple, en déposant des conclusions ou en demandant acte de sa constitution. Le Président ou la Cour en donne acte sans autre formalité (C. 7 avril 1854. — B. 172). S'il y a contestation un arrêt est nécessaire.

397. — **Mode d'intervention.** — La partie civile peut intervenir par mandataire, ou assistée, ou seule, en même temps et devant les mêmes juges que l'action publique (Art. 3, C. I. C.).

398. — **Époque de l'intervention.** — Elle peut se constituer en tout état de cause *jusqu'à la clôture des débats* c'est-à-dire jusqu'à ce que le Président dise : les débats sont terminés. Si elle s'est constituée pendant cette période, elle peut, même après la déclaration du jury (C. 6 oct. 1853. — B. 377), et, en cas d'acquittement, après l'ordonnance de mise en liberté (C. 22 avril 1836. — B. 134), déposer des conclusions définitives. Il n'y a pas violation des termes de l'Art. 359, C. I. C. qui prescrit à la partie civile de former sa demande *avant le jugement*. — V. 343. 400 et suiv.

399.—**Désistement.** — La partie civile peut renoncer à cette qualité par un désistement signifié dans les vingt-quatre heures de la constitution ou par des équivalents, par exemple, des conclusions dont il est donné acte à l'audience, en présence des parties (N. 3. 401). Si le désistement était tardif il n'en serait pas moins recouvrer à la partie le droit d'être entendue comme témoin (N. 3. 402).

400. — **Témoignage de la partie civile.** — La partie civile ne peut revendiquer le droit de témoigner, en raison de son caractère de dénonciateur ou d'*accusateur privé* (N. 3. 405). En effet, elle cite et notifie des témoins (Art. 315), — elle peut s'opposer à leur audition (Art. 322) et, s'ils sont entendus, les faire interpeller (Art. 319), — elle développe, par elle ou par son Conseil, les moyens qui appuient l'accusation et elle réplique à la défense (Art. 335), — elle requiert la condamnation aux dommages-intérêts (Art. 359). — Le Président doit demander aux témoins s'ils sont parents, alliés ou au service de la partie civile (Art. 317, § 2). — V. 343. 392.

401. — **Action civile antérieure.** — Mais la partie lésée, qui a intenté devant les Tribunaux civils une action en dommages-intérêts fondée sur les faits qui servent de base à la poursuite criminelle, ne serait pas déchue du droit de témoigner. (C. 27 janv. 1853. — B. 51. — C. 13 juill. 1861. — B. 261. — N. 3. 407). Cependant la Cour d'Angers a décidé le contraire, en matière correctionnelle, par un arrêt, en date du 2 juillet 1883 portant : « Considérant que par jugement du tribunal de Saumur, en date du 1er juin 1883, passé en force de chose jugée, il est constaté qu'antérieurement à la citation du 28 mai dernier qui a saisi le tribunal correctionnel de Saumur, R... avait, le 3 mars précédent, saisi le tribunal civil d'une demande en résiliation de bail et en dommages intérêts, à raison de trois des faits déférés par le Ministère public au juge de répression (vol de récoltes et mutilations d'arbres) ; — que, dans ces conditions, le plaignant a les mêmes intérêts qu'une partie civile et doit lui être assimilé ; qu'au surplus, il a, comme le dénonciateur dont l'audition est prohibée par l'art. 322, C. I. C., un intérêt personnel et direct à la condamnation du prévenu ; — que R... ne saurait donc être entendu sur les faits qui font l'objet de son action civile ».

402. — **Action civile postérieure.** — La partie lésée doit * être entendue comme témoin tant qu'elle ne s'est pas constituée partie civile. Sa constitution *postérieure* (Art. 67, C. I. C.) n'infirme en rien la valeur *légale* de son témoignage (C. 4 août 1864. — B. 375).

403. — **Mode d'audition des témoins reprochables.** — Le témoin reprochable, soit comme parent ou allié (C. 13 juil. 1866. — B. 300), soit comme dénonciateur (C. 14 mai 1847. — B. 167), soit comme partie civile (C. 12 nov. 1846. — B. 442), peut être entendu, sous serment si aucune des parties en cause ne s'y oppose. Il peut être écarté d'office du débat par le juge en l'absence d'opposition. Il doit * l'être dès qu'il y a opposition (N. 3. 415). Chacune des parties en cause à droit d'opposition à l'égard de *tous* les témoins reprochables sans distinction.

404. — **Opposition a l'audition.** — L'opposition doit précéder le témoignage. Si elle se produit après, le juge *peut* l'accueillir ou la repousser. La compétence pour statuer se règle comme pour les témoins incapables.

405. — **Audition a titre de renseignement.** — Le président peut entendre, à titre de renseignement, le témoin à l'audition duquel la défense s'est opposée (C. 7 mars 1872. — B. 318).

406. — **Incompatibilité.** — Ne peuvent être entendus comme témoins :

Le *Juge* qui fait partie de la Cour qui *juge* l'affaire, mais non celui, juge d'instruction, (C. 8 août 1851. — B. 527) juge de paix ou officier de police judiciaire (C. 11 déc. 1851. —

B. 783), qui a seulement procédé à *l'instruction* du procès, ou le juge-commissaire de la faillite d'un commerçant accusé de banqueroute (C. 3 déc. 1836. — S. 1838. 1. 82).

Quand un membre de la Cour d'Assises est cité comme témoin, si la citation est sérieuse et utile, il doit quitter son siège pendant le jugement de l'affaire et comparaître comme témoin (N. 3. 425). Si la citation n'a pour but que de le paralyser dans l'exercice de ses fonctions ou tout autre motif de fraude, le Président, et en cas de conclusion, la Cour, composée du magistrat cité, statue pour déclarer qu'il ne sera pas entendu et conservera ses fonctions (N. 3. 425).

Les officiers du parquet qui font partie de la Cour qui procède au jugement de l'affaire. Tout autre membre du parquet, eut-il requis les poursuites (C. 23 janv. 1835. — B. 37), doit * être entendu.

Le greffier de la Cour d'Assises, mais non celui qui n'a fait qu'assister le juge d'instruction (C. 3 oct. 1844. — B. 482).

L'huissier audiencier doit être entendu (C. 18 mars 1864. — B. 124). Cependant il est plus prudent, quand l'huissier audiencier est cité comme témoin, de le faire remplacer pour la séance (N. 3. 433).

L'interprète (Art. 332, C. I. C.). Sauf toutefois l'interprète nommé, en vertu de l'art. 333, C. I. C., au sourd-muet ne sachant pas écrire (C. 22 sept. 1864. — B. 419).

Le conseil de l'accusé doit * être entendu (C. 30 avril 1835. — J. P. 1835. 119). Il y a lieu, pendant la déposition de faire assister l'accusé par un second défenseur nommé d'office.

Les jurés de jugement dans l'affaire (C. 10 sept. 1813. — D. V° témoin 198). Si un juré a été *cité comme témoin avant la formation du tableau* du jury de jugement, il faut, selon les cas, ou retrancher son nom de la liste de tirage et procéder à son remplacement, ou, si son nom a été mis légalement dans l'urne, et qu'il soit désigné par le sort, le récuser.

S'il est *cité après la formation du tableau* et s'il en fait partie, il ne peut descendre de son siège et la citation doit demeurer sans effet. S'il n'en fait pas partie, la citation est valable, alors même que la liste, sur laquelle a été opéré le tirage, aurait été composée de trente jurés seulement, (puisqu'*au moment* du tirage ces trente jurés étaient idoines) et il doit être entendu (C. 10 oct. 1839. — S. 1839. 955).

407. — Citation frauduleuse de jurés. — En Corse, un accusé avait cité comme témoin, les 32 jurés restant libres sur les 50 dont se compose la liste spéciale des jurés suppléants, et il prétendit que leur témoignage lui étant acquis aucun d'eux ne pouvait être juré. La Cour déclara nulles ces citations faites dans un but frauduleux pour paralyser l'action de la justice, et la Cour de cassation approuva (C. 18 avril 1861. — B. 142).

408. — **Causes de dispense.** — Obligation de témoigner. — L'art. 355 * C. I. C. porte que « le *témoin qui ne comparaîtra pas, ou qui refusera, soit de prêter serment, soit de faire sa déposition, sera condamné à la peine portée en l'art. 80, C. I. C.* »

409. — **Secret professionnel.** — Cependant le témoin n'est pas tenu de révéler à la justice les faits qui lui ont été confiés sous le sceau du *secret professionnel.* L'art. 378, C. pén. lui en interdit même la révélation. — V. 175.

410. — Caractère du secret. — Mais les révélations faites sous le sceau du secret ne dispensent le témoin de déposer que si elles ont eu lieu sous la *nécessité de fonctions,* c'est-à-dire par un *dépositaire par état ou par profession.* (C. 30 nov. 1820. — J. P. 1820. 209. — C. 8 mai 1828. — B. 352).

411. — Objet de ce privilège. — Le privilège du secret professionnel ne résulte pas de l'Art. 378, C. pén. qui n'interdit que les révélations indiscrètes ou méchantes, mais de la nécessité de garantir le droit de défense (N. 3. 444). Son exercice est soumis à une double condition :

412. — Conditions de son exercice :

1° Il faut qu'il y ait un *secret confié.* — Les confidences faites à l'avocat sont réputées faites sous le sceau du secret; pour le médecin, ce caractère ne résulte que des circonstances (C. 26 juil. 1845. — B. 402).

2° Que ce secret ait été confié à une des personnes que la loi appelle *dépositaires par état ou par profession,* savoir :

413. — *L'avocat,* en ce qui concerne les révélations reçues à raison de ses fonctions (C. 24 mai 1862. — B. 209). Mais il peut, selon qu'il le juge convenable, révéler ou refuser de révéler à la justice ce qu'il a ainsi appris (C. 11 mai 1844. — B. 241), ou ne déposer que sur quelques circonstances seulement (C. 14 sept. 1827. — S. 1828. 391).

414. — *L'avoué* est placé sur le même rang que l'avocat par identité de position (C. 6 janv. 1855. — B. 9). — Il faut lui assimiler l'agréé. (C. de Rouen, 17 sept. 1858. — D. 1859. 2. 163. — N. 3. 456).

Toutefois le témoin cité doit se présenter, s'il ne veut être condamné comme témoin défaillant, et il est convenable qu'il fasse connaître, avant de prêter serment, les motifs qui ne lui permettent pas de déposer (N. 3. 456).

415. — *Le notaire,* pour les confidences qu'il a reçues dans l'exercice de ses fonctions C. 10 juin 1853. — S. 1853. 379).

416. — Ce privilége ne saurait être étendu au *Ministre d'un Culte*, tout au moins en dehors des secrets reçus en confession. Cependant la Cour de Cassation, par un vieil arrêt (30 nov. 1810. —J. P. 1810. 306), a étendu ce privilége non-seulement aux faits confiés à un prêtre sous le sceau du secret confessionnel, mais encore simplement à raison de son caractère.

Cette décision, contraire à l'arrêt de la Cour de Justice Criminelle (de Jemmape), et vivement combattue par l'illustre procureur général Merlin, peut mener bien loin. C'est ainsi que la Cour d'Angers (31 mars 1841. — J^nl de Dr. crim. t. XIII, p. 116), par voie de conséquence, a décidé qu'un évêque, « saisi de faits se rattachant, en matière de discipline ecclésiastique, à une information canonique, pouvait se dispenser de révéler ces faits à la justice séculière, alors même qu'ils seraient poursuivis comme constituant en même temps, des crimes ou délits de droit commun ». La doctrine de cet arrêt est combattue par M. Nouguier (3. 451) et par M. Faustin Hélie (*Traité de l'instr. crim.* 1re édit., t. V, p. 571). Cependant elle nous paraît parfaitement logique, si une règle canonique interdit la révélation de semblables faits, et si on admet que le Concordat a eu pour effet de donner force légale, en France, aux règles canoniques ? C'est ce même motif d'ailleurs qu'on invoque pour prétendre qu'il est interdit à un officier d'état civil de procéder à la célébration du mariage d'une personne engagée dans les ordres. On peut, du reste, en étudiant les règles canoniques, se faire une idée du vaste champ qu'elles ouvrent à la sanction judiciaire et des conséquences aussi étranges qu'imprévues auxquelles peut conduire une semblable interprétation du Concordat.

417. — Les *médecins* ainsi que les *chirurgiens, officiers de santé, pharmaciens, sages-femmes*. — Le privilége ne s'étend pas du médecin à ceux qui, sous sa direction, sont appelés accidentellement à soigner un malade (C. 8 déc. 1864. — B. 492).

Le médecin ne peut refuser de témoigner par le seul motif que le fait sur lequel on l'interroge est venu à sa connaissance dans l'exercice de sa profession, il faut de plus que le fait lui ait été confié sous le sceau du secret auquel il est astreint à raison de sa profession (C. 26 juil. 1845. — B. 245).

418. — Extension du privilége. — Le privilége ne doit pas être étendu au delà de ces limites, par exemple, — comme l'a jugé la Cour d'Amiens, pour un Président de tribunal, en matière de séparation de corps, — à la révélation en général de faits dont la connaissance a été acquise dans l'exercice d'un pouvoir diciplinaire (N. 3.461) ou purement spirituel.

419. — **Ordre d'audition des témoins.** — Témoins a charge. — L'ordre est ainsi établi par l'article 317, C. I. C. : « *Les témoins déposeront séparément l'un de l'autre dans l'ordre établi par le procureur général* ». Cet ordre peut être interverti, avec ou sans le consentement de l'accusé (C. 23 déc. 1819. — D. V° témoin n° 538), au point d'entendre des témoins après les plaidoiries (C. 9 avril 1835. — B. 173), pourvu qu'ensuite l'accusé soit admis à s'expliquer sur les nouvelles dépositions (N. 3. 465).

420. — Témoins a décharge. — L'article 321, C. I. C. porte : « *Après l'audition des témoins produits par le procureur général et par la partie civile, l'accusé fera entendre ceux dont il aura notifié la liste* ». L'ordre de ces témoins peut aussi être interverti dans l'intérêt de la manifestation de la vérité (C. 4 août 1843. — B. 334).

421. — Audition séparée. — Les témoins doivent déposer séparément l'un de l'autre ; cependant on pourrait leur faire prêter serment au même moment, en masse, et en présence les uns des autres (C. 5 août 1813. — D. V° témoin, N. 527. — N. 3. 467).

422. — **Serment des témoins.** — La prestation de serment est obligatoire * pour les témoins à charge et à décharge et les parties ne peuvent renoncer à l'accomplissement de cette formalité essentielle (C. 15 déc. 1832. — B. 697).

423. — Dispense. — Le Président ne peut dispenser du serment un témoin, sous prétexte d'idiotisme, quand il n'y a pas eu renonciation formelle à son audition et témoignage (C. 13 déc. 1867. — J. Dr. crim., 8. 655).

424. — Refus. — En cas de refus, le témoin, d'après M. Nouguier (3. 472), ne doit pas être entendu à titre de renseignement, mais écarté du débat.

425. — Époque de la prestation. — Le serment doit * être prêté *avant* la déposition (Art. 317, C. I. C.); la nullité ne serait pas couverte par le consentement de l'accusé (C. 30 sept. 1842. — B. 383). Il doit être prêté avant l'interpellation du Président sur ses noms, prénoms, etc., mais il n'y aurait pas nullité si le témoin ne prêtait serment qu'après cette interpellation (C. 26 avril 1838. — B. 158). La déposition ne doit pas avoir lieu nécessairement aussitôt après la prestation de serment. Le Président pourrait la retarder jusqu'à un autre moment du débat, par exemple, à la fin d'une séance, la reporter à l'audience du lendemain (C. 26 juin 1823. — N. 3. 480).

426. — Unité du serment. — Un seul serment suffit même au cas où le témoin est entendu à plusieurs reprises. (C. 11 oct. 1821. — N. 3. 480). Une seconde prestation de serment constituerait une formalité surabondante, mais non une irrégularité (C. 24 avril 1823. N. 3. 480). Il en est de même si le témoin, dans l'intervalle entre deux auditions, a prêté serment comme expert (C. 17 janv. 1851. — B. 46), sans que le Président soit tenu de lui rappeler qu'il dépose en vertu du premier serment (C. 10 janv. 1851. — B. 29).

427. — Formule. — La formule du serment contenue dans l'Art. 317, C. I. C. est sacramentelle, à moins que les règles du culte religieux des témoins ne s'y opposent (C. 9 avril 1812. — B. 156). Ajoutons, — en vertu du principe de la *liberté de conscience* non moins important et

respectable que celui de la *liberté des cultes*, — à moins que les principes des témoins en matière religieuse ne s'y opposent. — V. 134 à 138.

Le témoin peut répondre *oui* au lieu de *je le jure* sans qu'il y ait nullité (C. 2 sept. 1852. — B. 525). Cependant cette pratique est peu régulière.

428. — **Militaire en armes.** — Un militaire en uniforme peut garder son arme pendant sa déposition (C. 16 juin 1836. — J. P. 1836. 1431). Cependant il est d'usage qu'il s'en dépouille en signe de respect pour l'autorité judiciaire.

429. — **Procès-verbal.** — Le procès-verbal doit mentionner que les témoins ont prêté le serment prescrit par l'art. 317, C. I. C. (N. 3. 498).

430. — **Acte d'omission du serment.** — Le procès-verbal fait foi jusqu'à inscription de faux (N. 3. 501). Si donc on demande acte de ce qu'un témoin n'aurait pas prêté serment, la Cour, si ses souvenirs ne sont pas précis sur ce point, peut refuser de donner acte en s'appuyant sur les constatations du procès-verbal lesquelles ne peuvent être combattues par la preuve testimoniale (C. 12 déc. 1851. — B. 785).

431. — **Première interpellation au témoin.** — L'article 317, C. I. C. porte : « Le Président demandera aux témoins leurs noms, prénoms, âge, profession, leur domicile ou résidence, s'ils connaissaient l'accusé avant le fait mentionné dans l'acte d'accusation, s'ils sont parents ou alliés, soit de l'accusé, soit de la partie civile et à quel degré ; il leur demandera encore s'ils ne sont pas toujours attachés au service de l'un ou de l'autre ».

Ces formalités ne sont pas prescrites à peine de nullité (C. 22 nov. 1855. — B. 580).

432. — **Déposition orale des témoins.** — L'art. 317, C. I. C. ajoute : « Cela fait, les *témoins déposeront oralement* », et l'art. 319 porte : « *Le témoin ne pourra être interrompu* ».

433. — **Lecture de notes.** — La déposition doit être orale *, cependant le témoin pourrait s'aider de notes, par exemple, pour fixer sa mémoire sur des dates et des quotités de sommes qui ne pouvaient être précisées autrement (C. 24 sept. 1824. — N. 3. 517), ou donner lecture d'une lettre avec l'autorisation du Président (C. 6 juin 1861. — B. 199).

Dans les accusations portant sur des faits supposant l'existence d'un contrat dont l'intérêt est supérieur à 150 francs l'accusé ne peut, comme devant la juridiction correctionnelle, exiger que le contrat soit préalablement constaté par preuve écrite ou commencement de preuve par écrit. Il ne pourrait que devant la Chambre des mises en accusation. Son arrêt a légalement saisi la Cour d'Assises et, après les débats, il ne doit rester aucune trace sur les éléments des preuves d'après lesquelles s'est formée la conviction du jury (C. 11 déc. 1857. — B. 622).

434. — **Interruption de la déposition.** — Le témoin ne doit pas être interrompu. Cependant s'il s'étendait sur des faits étrangers au procès (C. 18 sept. 1829. — B. 566), ou sur des bruits vagues et des propos n'émanant pas d'une personne spécialement désignée (C. 16 déc. 1831. — B. 544), le Président pourrait l'interrompre en vertu du droit que lui donne l'Art. 270, C. I. C. de « *rejeter tout ce qui tendrait à prolonger les débats sans donner lieu d'espérer plus de certitude dans les résultats* ».

Le Président peut scinder la déposition d'un témoin (C. 31 mai 1867. — B. 161).

435. — **Hauts fonctionnaires.** — Le décret du 4 mai 1812, modifiant les Art. 510 à 517, C. I. C. a réglé les formalités prescrites pour l'audition des grands dignitaires, des ministres, des conseillers d'état, des généraux en chef, des ambassadeurs et agents accrédités près des gouvernements étrangers, et des préfets.

436. — **Dernières interpellations au témoin.** — L'art. 319, C. I. C. porte :

« Après chaque déposition, Le Président demandera au témoin si c'est de l'accusé présent qu'il a entendu parler ; il demandera, ensuite, à l'accusé s'il veut répondre à ce qui vient d'être dit contre lui ».

437. — **Questions au témoin.** — Le même article ajoute : Le témoin ne pourra être interrompu : l'accusé ou son conseil pourront le questionner par l'organe du Président après sa déposition, et dire tant contre lui que contre son témoignage, tout ce qui pourra être utile à la défense de l'accusé.

438. — Le Président pourra également demander au témoin et à l'accusé tous les éclaircissements qu'il croira nécessaires à la manifestation de la vérité.

439. — Les juges, le procureur général et les jurés auront la même faculté, en demandant la parole au Président. La partie civile ne pourra faire de question, soit au témoin, soit à l'accusé, que par l'organe du Président. »

440. — **Observations de l'accusé.** — Ces formalités ne sont pas prescrites à peine de nullité (C. 18 mars 1869. — B. 69). Toutefois on ne peut * refuser de recevoir les observations que l'accusé voudrait faire (*ibid.*) sauf les restrictions suivantes :

441. — **Questions inutiles.** — C'est à la Cour qu'il appartient, *en cas de contestation*, de juger si la question ou l'interpellation que veut faire l'accusé, est ou non utile à sa défense ou à la découverte de la vérité. (C. 18 sept. 1824. — B. 348). — Elle peut aussi écarter les questions injurieuses et étrangères aux faits de l'accusation, pouvant dégénérer en diffamation (C. 22 sept. 1827. — J. P. 1827. 806).

442. — **Refus de questionner un témoin.** — La Cour peut refuser de questionner un témoin sur la moralité d'un autre témoin, par le motif que la question n'est pas de nature à faciliter la manifestation de la vérité (C. 14 avril 1837. — D. 1837. 1. 512), et que ce débat entre témoins pourrait dégénérer en récriminations réciproques et distraire de l'objet de l'accusation (C. 5 oct. 1832. — D. 1834. 1. 383). — Mais les témoins peuvent toujours être questionnés sur la moralité de l'accusé (C. 24 juil. 1841. — B. 356), même à propos de faits poursuivis et suivis d'acquittement (C. 27 avril 1850. — B. 210).

La Cour ne pourrait refuser à l'accusé de poser des questions à des témoins par le motif que ces questions compromettraient d'autres témoins (C. 18 sept. 1824. — B. 116).

443. — **Questions des jurés.** — Les jurés peuvent adresser au témoin toutes les questions qu'ils croient utiles à la manifestation de la vérité, lors même que ces questions ne ressortiraient ni des débats ni de l'instruction écrite (C. 22 mars 1839. — D. 1839. 1. 397).

444. — **Diffamation de la part du témoin.** — L'allégation d'un fait portant atteinte à l'honneur d'un tiers faite par un témoin à l'audience, si elle se rapporte aux faits qui ont donné lieu à la poursuite, ne peut motiver une plainte en diffamation, mais une plainte en faux témoignage (C. 1er juil. 1825. — B. 125).

445. — **Questions et observations du défenseur.** — Le Président apprécie si les observations du défenseur sur le témoignage peuvent être présentées après la déposition ou doivent être ajournées au moment où la défense de l'accusé sera présentée (C. 21 oct. 1835. — J. P. 1835. 654).

Compétence du Président — A défaut de contentieux, c'est le président qui apprécie l'utilité ou l'inutilité des questions au point de vue de la manifestation de la vérité, non en vertu de son pouvoir discrétionnaire, mais en vertu du pouvoir de direction des débats (C. 16 oct. 1850. B. 537). Il peut statuer seul ou faire statuer par la Cour d'assises. Dans les deux cas, c'est une mesure d'ordre prise par simple ordonnance. S'il y a contentieux, c'est-à-dire *décision requise* expressément, et non un simple demandé acte ou des réserves faites, un arrêt est nécessaire et cet arrêt doit être revêtu de toutes les formes de droit. (C. 11 janv. 1817. — B. 13).

446. — **Confrontation des témoins.** — Art. 326, C. I. C. : — « L'accusé pourra demander, après qu'ils auront déposé, que ceux qu'il désignera se retirent de l'auditoire et qu'un ou plusieurs d'entre eux soient introduits et entendus de nouveau, soit séparément, soit en présence les uns des autres. — Le Procureur général aura la même faculté. — Le Président pourra aussi l'ordonner d'office. »

447. — **Compétence du Président.** — C'est au Président qu'il appartient d'apprécier. Il use ici d'une faculté qui lui est attribuée en propre et ses décisions ne sont soumises à aucun recours. La Cour saisie de conclusions ne pourrait que reconnaître le droit appartenant en propre au Président.

448. — **Interpellations entre témoins.** — Art. 325, C. I. C. : « *Les témoins, par quelque partie qu'ils soient produits, ne pourront jamais s'interpeller entre eux.* » Ils ne peuvent davantage s'interpeller avec l'accusé, puisqu'aux termes de l'Art. 319, § 3, l'accusé ou son conseil ne peuvent « *questionner le témoin que par l'organe du Président.* »

449. — **Retraite des témoins.** — Art. 320, C. I. C. : « Chaque témoin après sa déposition restera dans l'auditoire, si le Président n'en a ordonné autrement, jusqu'à ce que les Jurés se soient retirés pour donner leur déclaration. »

450. — Le Président ne doit, par prudence, autoriser un témoin à se retirer que quand les parties y consentent, pour permettre à l'accusé d'user de la faculté que lui donne l'Art. 326. Si un témoin se retirait à l'insu du président, il n'y aurait pas nullité (C. 8 mars 1855. — B. 149). Il appartient au Président de donner à l'huissier de service l'ordre de veiller à la stricte exécution de l'article 320.

451. — **Témoins entendus à titre de renseignement.** — V. 175 à 182.

452. — **Représentation des pièces de conviction.** — L'Art. 133, C. I. C. distingue les *pièces d'instruction*, c'est-à-dire qui forment le dossier de la procédure et doivent être envoyées au procureur général, des *pièces de conviction* qui doivent être envoyées au greffe de la Cour (Art. 291), et qui consistent en armes, (Art. 35), effets et papiers (Art. 37) relatifs au crime et pouvant servir à charge ou à décharge, soit parce qu'ils ont été trouvés au domicile du prévenu, soit parcequ'ils ont servi à commettre le crime, qu'ils étaient destinés à le commettre ou pouvaient en être le produit. Tout ce qui sert à faire connaître les antécédents, les habitudes, les mœurs de l'accusé peut y être compris (C. 20 juil. 1837. — D. 1838. 1. 409).

453. — **Forme.** — Pour assurer l'identité des pièces saisies, les Art. 33, 37, 38 et 39 déterminent les formalités à remplir pour que les pièces soient inventoriées, scellées, etc. Toutefois ces formalités ne sont pas prescrites à peine de nullité (C. 17 sept. 1840. — B. 392). En cas d'omission ou d'irrégularité la réclamation de l'accusé contestant l'identité des pièces aurait tout au plus pour effet d'en affaiblir l'autorité auprès du jury, mais il n'y aurait pas lieu à nullité pour atteinte au droit de défense (C. 29 juin 1865. — B. 243).

9

454. — APPORT DE PIÈCES. — L'art. 329 porte : « *Dans le cours ou à la suite des dépositions, le président fera représenter à l'accusé toutes pièces relatives au délit et pouvant servir de pièces à conviction ; il l'interpellera de répondre personnellement s'il les reconnaît ; le président les fera aussi représenter aux témoins s'il y a lieu.* »

455. — DÉFAUT DE RÉCLAMATION. — Si le débat a eu lieu sans la production et l'examen des pièces à conviction, personne ne peut s'en plaindre s'il n'y a pas eu de réclamation au cours des débats (C. 28 sept. 1865. — B. 314).

456. — APPORT RÉCLAMÉ. — Mais si l'apport en est réclamé par l'une des parties, la Cour peut, sans en être tenue, en ordonner l'apport, et même suspendre les débats ou les continuer au lendemain pour que la transmission des pièces puisse être effectuée (N. 3. 700).

457. — REPRÉSENTATION A L'ACCUSÉ. — Le Président fait apporter les paquets renfermant les pièces à conviction. Il fait représenter les cachets ou scellés à l'accusé, pour qu'il en reconnaisse l'intégrité, les fait briser, et fait représenter, à la suite, chacun des objets qu'ils recèlent, aux jurés, aux témoins, à l'accusé.

458. — DÉFAUT DE REPRÉSENTATION. — Malgré la procédure formellement prescrite pour l'instruction par les Art. 190 et 211, C. I. C. il n'y a pas de nullité dans le défaut de représentation, même des pièces qui constituent le corps du délit, comme, par exemple, des pièces incriminées, en matière de faux (C. 24 déc. 1840. — B. 519). Mais si l'accusé réclame la représentation des pièces qui se trouvent à l'audience, il use d'un de ces droits, d'une de ces facultés dont l'art. 408 réprime la violation à peine de nullité (N. 3. 706).

459. — PLAN DES LIEUX. — Un plan des lieux n'est pas une pièce à conviction, mais une pièce de l'instruction (C. 28 févr. 1857. — N. 88. V. 200).

460. — INTERPELLATION A L'ACCUSÉ. — L'interpellation à l'accusé sur la reconnaissance des pièces n'est pas obligatoire (C. 29 août 1840. — B. 430).

461. — INTERDICTION DE REPRÉSENTER LES PIÈCES A CONVICTION. — La représentation des pièces à conviction au témoin, *avant la prestation de serment*, est interdite à peine de nullité (C. 30 sept. 1842. — B. 383).

RÉQUISITOIRE ET PLAIDOIRIES

— Réquisitoire :

« La parole est à M. le Procureur général, — (ou à l'Avocat de la Partie civile.) »

Plaidoiries :

« La parole est au défenseur de l'accusé. »

462. — **Ordre de discussion.** — Art. 335, C. I. C. : *« A la suite des dépositions des témoins et dires respectifs auxquels elles auront donné lieu, la Partie civile ou son Conseil et le Procureur général seront entendus et développeront les moyens qui appuient l'accusation. L'accusé et son Conseil pourront lui répondre. La réplique sera permise à la Partie civile et au Procureur général ; mais l'accusé ou son Conseil auront toujours la parole les derniers. »*

463. — PARTIE CIVILE. — S'il y a une partie civile en cause, d'après l'ordre fixé par l'Art. 335, c'est elle qui doit avoir d'abord la parole.

464. — PROCUREUR GÉNÉRAL. — Le Procureur général parle ensuite. Il peut se borner à s'en référer à l'argumentation de la partie civile, et ne perd pas, par son silence, le droit de répliquer ensuite à l'accusé pourvu que celui-ci ait la parole le dernier. (C. 13 mai 1852. — B. 285).

465. — INDÉPENDANCE DU MINISTÈRE PUBLIC. — Le ministère public est indépendant dans l'exercice de ses fonctions, et son action ne peut être entravée sans excès de pouvoir. (C. 20 janv. 1848. — B. 23).

466. — **Accusé.** — L'accusé doit * avoir la parole le dernier, même *sur tous les incidents du débat* (C. 5 mai 1826. — B. 261). On ne peut lui refuser l'exercice de cette faculté quand il le requiert. Mais s'il y renonce expressément ou par son silence, le Président n'est pas tenu de le mettre en demeure de présenter des observations. (C. 23 janv. 1841. — B. 39). — V. 129 à 131.

467. — DISTRIBUTION D'ÉCRITS AUX JURÉS. — La distribution d'écrits pour la défense de l'accusé est contraire au principe fondamental du débat (C. 11 août 1820. — N. 113). La cour peut même ordonner le renvoi de l'affaire si dans les écrits les faits de l'accusation sont discuté (Assises de la Seine, 10 juin 1830. — S. 1830. 191).

468. — **Partie civile.** — La Partie civile a les mêmes droits pour soutenir l'accusation que l'accusé pour présenter sa défense (N. 3. 726).

469. — **Avocat.** — L'avocat peut appuyer sa discussion de tous les documents, appartenant ou non à la procédure, qui lui paraissent utiles, pourvu qu'ils aient trait à l'accusation. La Cour ne peut empêcher d'en donner lecture que pour éviter des divagations.

470. — LECTURES INTERDITES. — Si les citations sont empruntées à d'autres procès, ou, en matière de presse, à des écrits étrangers, la Cour peut en interdire la lecture pour éviter des divagations, des lenteurs inutiles, une confusion dans l'esprit des Jurés, un scandale (C. 28 août 1829. — B. 507. — 12 déc. 1845. — B. 567).

471. — DURÉE DES PLAIDOIRIES. — On ne peut mesurer *à l'avance* la durée des plaidoiries sans entraver le droit de la défense, à moins que ce ne soit seulement l'expression d'un désir (C. 3 décembre 1836. — D. 1838. 1. 82).

472. — DÉFENSE EN VERS. — On pourrait interdire une défense *en vers*, comme de nature à compromettre la gravité de l'audience (C. 13 juin 1834. — J. P. 632.)

473. — THÈSES ILLÉGALES. — Si la défense veut élever certaines circonstances de fait, comme l'ivresse, par exemple, au rang d'une excuse légale, le Président peut l'interrompre et la Cour lui interdire ce mode de défense (C. 1er juin 1843. — D. 1843. 1. 375).

474. — ATTAQUES CONTRE LES LOIS. — De même si le défenseur se livre à des attaques injurieuses contre les institutions, les lois, les personnes, la Cour peut l'empêcher de poursuivre ces attaques (C. 20 mai 1831. — B. 209).

475. — ATTAQUES CONTRE LES TÉMOINS. — Il en est de même s'il dirige des imputations diffamatoires contre un témoin, *sans utilité pour la défense* (C. 28 déc. 1837. — D. 1838. 1. 429). Les expressions : « Ce que le témoin vient de dire est une invention et une fausseté », ne dépassent pas les bornes de la défense (C. 5 mars 1858. — N. 78).

476. — REFUS DE CONTINUER UNE PLAIDOIRIE. — Si le Conseil interrompu refuse de continuer sa plaidoirie, il faut, séance tenante, désigner un autre Conseil pour le remplacer, et interpeller l'accusé pour savoir s'il veut ajouter quelque chose à sa défense, le renvoi de l'affaire donnerait aux accusés la faculté de prolonger à leur gré les débats. La Cour après le refus de tous les Avocats présents et des Conseils des autres accusés peut en pareil cas, après avoir interpellé l'accusé, passer outre (C. 22 févr. 1832. — B. 112.) — V. 127. 128. 132.

477. — PEINE DISCIPLINAIRE. — Si le Conseil interrompu ne tient pas compte des observations ni des injonctions, la Cour peut, séance tenante lui faire application d'une peine disciplinaire (C. 25 mars 1836. — S. 1836. 1. 273).

478. — Discipline. — La loi du 29 juil. 1881, Art. 41, porte : *Ne donneront lieu à aucune action en diffamation, injure et outrage,... les discours prononcés ou les écrits produits devant les tribunaux.*

Pourront néanmoins les juges saisis de la cause et statuant sur le fond, prononcer la suppression des discours injurieux, outrageants et diffamatoires, et condamner qui il appartiendra à des dommages-intérêts. — Les juges pourront aussi, dans le même cas, faire des injonctions aux avocats et officiers ministériels et même les suspendre de leurs fonctions. — La durée de cette suspension ne pourra excéder deux mois, et six mois, en cas de récidive dans l'année.

479. — Pourront toutefois les faits diffamatoires étrangers à la cause donner ouverture, soit à l'action publique, soit à l'action civile des parties, lorsque ces actions leur auront été réservées par les tribunaux, et, dans tous les cas, à l'action civile des tiers ».

480. — Offenses au Ministère public. — Si le droit de libre défense permet à l'avocat de discuter les arguments du Ministère public il ne lui permet pas de prendre à partie la personne même du magistrat et de censurer ses actes (C. 7 avril 1860. — J. M. P., t. 3 p. 143).

481. — Ces paroles d'un avocat : « Le Ministère public a fait appel aux passions les plus irritantes, et cela est mauvais, je le regrette, » ont pu donner lieu à l'application d'une peine disciplinaire (interdiction de l'exercice de la profession pendant trois mois), prononcée, séance tenante, par le tribunal, après qu'invité par le Président à retirer ces expressions l'avocat s'y était refusé (C. de Paris, 17 févr. 1860. — J. M. P., t. 3 p. 35).

482. — Paroles non entendues par les juges. — Les paroles offensantes d'un avocat à l'audience peuvent être réprimées, alors même qu'elles ne seraient pas parvenues à l'oreille des juges. Il suffit qu'elles aient pu être entendues d'une partie du public (C. 24 déc. 1836. — S. 1837. 1. 11).

483. — Marques d'approbation ou d'improbation. — La loi de 1881 n'a pas abrogé les articles 89 et 90 C. de procéd. civ. lesquels demeurent applicables à l'avocat qui autrement que par des discours, c'est-à-dire par des signes d'approbation ou d'improbation, troublerait l'audience. Les dispositions de ces articles sont d'ordre public. (Codes annotés de Sirey, Art. 90, N. 1).

Article 89. « Si un ou plusieurs individus, quels qu'ils soient, interrompent le silence, donnent des signes d'approbation ou d'improbation, soit à la défense des parties, soit aux discours des juges ou du ministère public, soit aux interpellations, avertissements ou ordre des président ou procureur de la République, soit aux jugements ou ordonnances, causent ou excitent du tumulte de quelque manière que ce soit, et si après l'avertissement des huissiers, ils ne rentrent pas dans l'ordre sur-le-champ, il leur sera enjoint de se retirer, et les résistants seront saisis et déposés à l'instant dans la maison d'arrêt pour vingt-quatre heures : ils y seront reçus sur l'exhibition de l'ordre du Président, qui sera mentionné au procès-verbal de l'audience. »

Article 90. — « Si le trouble est causé par un individu remplissant une fonction près le tribunal, il pourra, outre la peine ci-dessus, être suspendu de ses fonctions; la suspension, pour la première fois, ne pourra excéder le terme de trois mois. Le jugement sera exécutoire par provision, ainsi, que dans le cas de l'article précédent. »

486. — Faculté de n'appliquer que la suspension. — Dans le cas de l'article 90 les juges ont la faculté de n'appliquer que la suspension seulement (C. d'Orléans, 25 février 1829. — S. 1829. 2. 227).

487. — Nature des peines disciplinaires. — Aux termes de l'ordonnance du 20 nov. 1822 (Art. 18), les peines de discipline sont l'avertissement, la réprimande l'interdiction temporaire, la radiation du tableau. — L'interdiction ne peut excéder le terme d'une année.

CLOTURE DES DÉBATS

488. — **Clôture des Débats.** — Art. 353, C. I. C. : — « L'examen et les débats une fois entamés, doivent être continués, sans interruption, et sans aucune espèce de communication au dehors, jusqu'à la déclaration du jury inclusivement. Le Président ne pourra les suspendre que pendant les intervalles nécessaires pour le repos des juges, des jurés, des témoins et des accusés. »

489. — **Suspension des débats.** — La suspension n'a pour effet que de diviser le débat en plusieurs parties, sans que dans l'intervalle la Cour ni les jurés ne *vaquent à aucune autre affaire* de la session ou autre, si non il y a interruption (C. 16 oct. 1850. — B. 536).

490. — COMMUNICATION DES JURÉS. — La communication au dehors pendant une suspension n'est pas interdite pour les jurés à peine de nullité (C. 3 nov. 1853. — B. 612).

491. — COMPÉTENCE DU PRÉSIDENT. — C'est au Président qu'il appartient de fixer le moment et la durée de la suspension (C. 4 nov. 1836. — B. 410) et même, vu l'heure avancée, de renvoyer l'affaire au lendemain (C. 27 juin 1833. — J. P. 1833. 616).

492. — ÉPOQUE DE LA SUSPENSION. — La séance peut être suspendue à un moment quelconque de l'audience, avant (C. 13 avril 1837. — S. 1837. 1. 1024) ou après (C. 11 avril 1817. — S. 1818. 1. 162) la clôture des débats, c'est-à-dire depuis le tirage du jury de jugement jusqu'à l'arrêt de condamnation.

493. — DURÉE DE LA SUSPENSION. — La suspension peut être de plusieurs heures et même de plusieurs jours, (C. 12 août 1858. — B. 371) à raison, par exemple, du dimanche ou d'une fête nationale.

494. — CAUSE DE LA SUSPENSION. — Elle peut avoir pour cause la fatigue des témoins, des jurés, du ministère public, l'indisposition du défenseur ou de l'accusé, le temps nécessaire pour l'arrivée des pièces à conviction, ou de nouveaux témoins, la vérification de l'authenticité d'une pièce produite, une expertise, en un mot, toute circonstance particulière dont l'appréciation appartient à la Cour (C. 21 mars 1821. — J. P. 1821. 471), par exemple, pour rétablir l'ordre troublé par un homme pris de vin (N. 4. 5).

495. — **Réouverture des débats.** — Malgré que les débats soient déclarés terminés, le Président peut les rouvrir tant que le verdict du jury n'a pas été lu, car ce n'est qu'à ce moment que le jury a consommé son pouvoir (C. 16 juin 1820. — B. 242).

496. — COMPÉTENCE DU PRÉSIDENT. — C'est au Président qu'il appartient d'ordonner la réouverture des débats (C. 22 août 1852. — B. 516). S'il y a contestation, la Cour statue (C. 3 févr. 1853. — B. 74). — Il s'agit ici non pas de pouvoir discrétionnaire, mais d'une prescription légale portant attribution au Président.

497. — CAUSES DE RÉOUVERTURE. — Il peut y avoir lieu à rouvrir les débats : — si un témoin demande à compléter ou à rectifier sa déposition (C. 19 avril 1833. — B. 147), — s'il est nécessaire de provoquer certain témoin à s'expliquer plus catégoriquement (C. 27 mars 1834. — B. 113), — s'il y a lieu de faire préciser certain point du débat par un interprète (C. 6 sept. 1849), — Si l'accusé demande la position d'une question d'excuse et qu'il y a lieu à débat sur la réalité de la cause d'excuse. (C. 8 nov. 1832. — B. 618), — si le Président s'aperçoit pendant la délibération du jury qu'il a commis une erreur dans la rédaction des questions (C. 26 déc. 1856. — B. 640), — s'il se rappelle, après la clôture des débats, qu'il a interrogé séparément les accusés sans leur faire connaître ensuite ce qui s'était passé en leur absence (C. 10 janv. 1833. — J. P. 1833. 1. 25).

Il n'y a pas réouverture des débats dans quelques mots simplement échangés, par exemple, si, sur une observation de l'accusé au sujet de la position des questions, le Président a fait rappeler deux témoins pour leur demander une explication sur cette observation.

FORME. — Il n'est pas nécessaire que le Président proclame la réouverture, il suffit que les débats soient réouverts de fait. Il est désirable que le président avant de rouvrir les débats annule l'ordonnance de clôture.

QUESTIONS A POSER AU JURY

498. — **Position des questions.** — Article 337, C. I. C. : « *La question résultant de l'acte d'accusation sera posée en ces termes : l'accusé est-il coupable d'avoi: commis tel meurtre, tel vol ou tel autre crime, avec toutes les circonstances comprises dans le résumé de l'accusation ?* »

499. — Concours nécessaire du jury. — En principe, la Cour d'assises ne peut procéder sans le concours du jury, sauf pour le réglement des incidents de procédure étrangers au fond. — C'est ainsi qu'en matière de presse, elle ne peut, avant la formation du jury, prendre connaissance des faits imputés au prévenu pour en faire la base d'une déclaration d'incompétence (C. 9 août 1832. — B. 415).

500. — Examen du fait et du droit. — La règle que les jurés prononcent sur le fait et les juges sur le droit ne résulte d'aucune disposition expresse. La jurisprudence l'a fait découler des art. 339, 342, 344, 364 et 365, C. I. C. — En conséquence l'appréciation du caractère juridique des faits déclarés par le jury n'appartient qu'à la Cour (C. 28 déc. 1820. B. 460. — C. 1 avril 1826. B. 157. — C. 6 octobre 1836. B. 375).

501. — Qualification des faits déclarés. — Ainsi, il appartient à la Cour de qualifier de *diffamation et d'outrage* les faits déclarés par le jury (C. 13 mai 1842. — B. 190) ; en matière de *faux*, de décider si les faits déclarés constants par le jury sont constitutifs du crime, et de déterminer quelle espèce de faux ils caractérisent (C. 24 janv. 1856. — B. 60).

502. — **Questions de droit interdites au jury.** — Il est interdit de poser au jury des questions : sur l'état de *récidive* du condamné (C. 18 juin 1829. — B. 352), sur la *complicité* et la *tentative* sans spécifier les faits constitutifs de ces expressions légales génériques (C. 3 déc. 1835. — B 537), sur la *banqueroute frauduleuse*, (C. 11 juil. 1816. — B. 95), la *concussion* ou la *corruption*, sans énoncer les faits déterminés par la loi comme constitutifs de ces crimes (C. 7 avril 1842. — 127), ou dans ces termes : l'accusé est-il coupable de *faux privé* (C. 28 déc. 1820. — B. 460), *en écriture de commerce ou de banque* (C. 20 août 1846. — B. 330), *en écriture publique ou authentique* (C. 5 oct. 1843. — B. 423), — l'accusé est-il de *la classe de ceux qui ont autorité sur la victime* (en matière d'attentat à la pudeur ou de viol) — (C. 7 juin 1860. — B. 230).

503. — Régles sur la position des questions. — En un mot la question ne doit jamais être posée de façon que le jury ait à donner à l'acte sa qualification légale (C. 22 janv. 1830. — B. 42). Elle ne doit comprendre que les éléments du fait relevés par l'arrêt de renvoi et propres à constituer le crime lui-même (C. 11 juin 1830. — B. 378).

504. — **Questions de fait interdites à la Cour.** — C'est au jury seul qu'il appartient de prononcer sur l'existence du fait matériel, sur sa moralité et sur les circonstances qui peuvent lui donner un caractère criminel ou modifier ce caractère (C. 11 oct. 1816. — B. 174) : — en matière d'*empoisonnement*, sur l'effet des substances mêlées dans les aliments et l'intention dans lesquelles on les a employées (C. 11 sept. 1817. — D. V. Instr. crim. n° 2439), en matière de *complots*, etc. (Art. 108, C. p.) si l'accusé a procuré l'arrestation des auteurs ou des complices de ces crimes, — en matière de *cris séditieux*, sur le caractère séditieux des cris proférés (C. 21 sept. 1839. — B. 470), — en matière d'*homicide volontaire*, s'il y a eu homicide par imprudence, sinon la condamnation sur ce chef n'a aucune base légale (C. 7 juil. 1827. — B. 582), — en matière de *banqueroute frauduleuse*, si l'irrégularité dans la tenue des registres indique la fraude, circonstance nécessaire pour l'application de l'art. 402 C. p. (C. 3 nov. 1826. — B. 609), — en matière d'émission de *fausse monnaie*, si la monnaie émise a un cours légal en France (C. 11. janv. 1850. — B. 16), si l'accusé a reçu les pièces pour bonnes (C. 3 mai 1832. — B. 235), — en matière d'*attentat à la pudeur*, si la victime avait moins de 11 ans : la Cour ne peut s'appuyer même sur l'acte de naissance à défaut de déclaration du jury sur ce point (C. 1 oct. 1834. — B. 395), — en matière de *faux*, s'il est de nature à porter préjudice (C. 26 juin 1852. — B. 388) et si la falsification a eu pour objet d'opérer libération d'une obligation à sa charge (C. 26 août 1858. — B. 387), — sur l'*identité* de l'accusé prétendant que ce n'est pas à lui que s'appliquent les faits de l'accusation, car ce n'est là qu'un moyen de défense (C. 29 nov. 1833. — B. 601).

505. — Dès que le verdict de culpabilité a établi l'identité, la Cour ne peut plus statuer seule sur ce point (C. 10 sept. 1846. — B. 365). — Il n'en serait plus de même s'il s'agissait d'un condamné par contumace repris, c'est à la Cour seule, en ce cas (Art 518 et 519, C. I. C.), qu'il appartient de procéder à la reconnaissance de l'identité (C. 5 août 1834. — B. 310).

506. — **Questions de droit permises au jury.** — Qualité de l'accusé. — Quand la qualité est *constitutive du crime*, c'est au juge qu'il appartient de prononcer : — ainsi, en matière de *banqueroute frauduleuse*, sur la qualité de commerçant et de failli, même alors qu'il existe un jugement déclaratif de faillite. (C. 6 mars 1837. — B. 151) ; il est en effet essentiel de savoir si l'accusé a commis ses détournements et ses actes frauduleux étant commerçant failli. Ces deux circonstances étant constitutives et non aggravantes il n'y a pas lieu d'en faire l'objet de questions distinctes. Il suffit de les comprendre dans l'énoncé du fait principal (C. 30 août 1847. — B. 331).

507. — En matière d'*attentat à la pudeur*, si l'accusé avait autorité sur la victime, comme *tuteur*, *beau-père* (C. 3 mai 1832. — J. P. 1832. 1011), *maître*, (C. 26 juin 1846. — B. 252), ou si la victime était la *fille naturelle*, reconnue ou non reconnue de sa femme (C. 7 juin 1860. — B. 230), la *femme de son fils.* (C. 14 sept. 1837. — B. 354), ou sa *fille légitimée* (C. 10 sept. 1846. — J. P. 1849. 410). — Il importe de consigner dans la question les circonstances de fait de nature à constituer l'autorité, car c'est à la Cour qu'il appartient ensuite de décider, en droit, si d'après les circonstances reconnues, l'accusé avait ou non autorité (C. 17 janv. 1850. — B. 35) si, par exemple, le second mari a, sur les enfants mineurs non émancipés issus du premier mariage de sa femme et même après le décès de celle-ci, autorité dans le sens de l'article 333 C. pén. (C. 20 janv. 1853. — B. 35) ;

— En matière d'*avortement*, s'il a été procuré par un *médecin* ou une *sage-femme*, circonstance aggravante devant faire l'objet d'une question distincte (C. 13 janv. 1854. — B. 12) ;

— En matière de *faux*, sur la qualité de commerçant ou la nature commerciale de l'acte, lesquelles sont constitutives du faux en écriture de commerce ou de banque, sur la qualité de fonctionnaire ou d'officier public laquelle est aggravante du faux en écriture publique (C. 12 janv. 1843. — B. 5) ;

— Pour les fonctions publiques, si un *employé au service du départ* d'un chemin de fer est, ou non, agent d'une administration publique (C. 29 sept. 1853. — B. 562), si l'accusé est *garde forestier*, sauf à la Cour à décider ensuite, en droit, si un garde forestier est un agent de la force publique (C. 18 juin 1858. — B. 284).

508. — Question d'État. — Le jury a compétence pour attribuer à l'accusé sa qualité, constitutive ou aggravante du crime, alors même qu'elle constituerait une question d'État dont la solution appartient aux tribunaux civils, comme, par exemple, en matière d'empoisonnement, la question de savoir si la victime était la mère de l'accusé, cette question accessoire appartient comme le fait principal à la juridiction criminelle (C. 19 sept. 1839. — B. 463).

509. — **Nature des choses incendiées.** — En matière d'*incendie de récoltes*, si les choses incendiées sont des récoltes (C. 8 août 1828. — N. 4. 85).

510. — **Réponses du Jury.** — Les jurés doivent se borner à répondre aux questions posées sans pouvoir en ajouter (C. 8 juillet 1836. — B. 243) ni en retrancher. Ils doivent répondre à une question subsidiaire, même si elle leur parait superflue comme étant virtuellement comprise dans une autre (16 avril 1842. — B. 147). Ils ne peuvent répondre : l'accusé est coupable, mais *sans préméditation* (C. 18 juin 1830. — B. 394), par imprudence (C. 9 sept. 1826. — B. 490), par ignorance (C. 14 juil. 1831. — B. 282).

511. — Réponses interdites. — Ils ne peuvent non plus changer le caractère du fait qui leur est déféré et répondre, interrogés sur la culpabilité directe de l'accusé, qu'il est coupable *comme auteur ou comme complice* (C. 4 oct. 1821. — B. 430), ou qu'il n'est *pas coupable comme auteur, mais qu'il l'est comme complice* (C. 15 janv. 1824. — B. 14), — sur un meurtre, qu'il est coupable d'avoir porté des *coups et blessures ayant occasionné la mort sans intention de la donner* (C. 7 nov. 1839. — B. 517), — sur un viol, qu'il est coupable *d'attentat à la pudeur avec violence* (C. 26 oct. 1820. — B. 397), — sur un faux, qu'il est coupable de *tentative de vol et d'escroquerie* (C. 14 mai 1825. — B. 273).

512. — **Pouvoirs de la Cour.** — Le verdict est obligatoire pour la Cour qui peut cependant, s'il lui parait contradictoire ou obscur, renvoyer les jurés dans leur chambre, pour le régulariser en la forme. S'il est erroné au fond, et défavorable à l'accusé elle peut déclarer d'office qu'il est sursis au jugement et renvoyer l'affaire à la session suivante.

513. — **Base des questions.** — La base des questions est l'arrêt de renvoi auquel l'acte d'accusation doit se conformer. Ce n'est pas dans celui-ci, mais dans l'arrêt que le Président doit puiser les éléments des questions (C. 19 sept. 1872. — B. 240).

514. — Modifications permises a l'arrêt de renvoi. — Il peut : — substituer aux expressions de l'arrêt des expressions équivalentes ; — rectifier ou compléter la dénomination et la désignation de l'accusé, comme pourrait le faire l'acte d'accusation; — réparer l'erreur ou l'omission dans la date du crime (C. 15 juil. 1882. — D. 1883. 1. 181); — rétablir un des caractères constitutifs du crime omis dans le dispositif (C. 4 déc. 1873. — B. 296), mais à condition de puiser les éléments de la modification dans les motifs de l'arrêt ou dans l'ordonnance de prise de corps; — remplacer par une qualification nouvelle celle résultant du dispositif de l'arrêt, si elle n'est que le développement et la conclusion des faits retenus dans l'arrêt (N. 4. 151).

515. — Modifications interdites. — Il ne peut : — substituer la qualification de *tentative de viol* à celle d'*attentat à la pudeur consommé ou tenté avec violence* relevée par l'arrêt (C. 17 févr. 1820. B. 66) et réciproquement (C. 7 mai 1829. D. V₀ *attentat aux mœurs* No 68), de *vol commis par un domestique* à celle de *vol commis dans une maison habitée* (C. 20 août 1829. — B. 479), de *meurtre avec préméditation* à celle d'avoir *volontairement et avec préméditation porté des coups et fait des blessures ayant entraîné la mort* (C. 10 févr. 1832. — B. 80), de *complicité par aide et assistance* à celle de *complicité par recel* (C. 22 juin 1832. B. 318), — de *participation à un attentat ayant pour but d'exciter la guerre civile* à celle de *provocation à la guerre civile* (C. 12 avril 1833. — B. 109), — de *coups portés volontairement* avec préméditation et guet-apens ayant donné la mort à celle de *meurtre avec préméditation* et guet-apens (C. 18 juillet 1833. — B. 354), — d'*usage d'obligations revêtues d'endossements* à celle d'*usage de fausses lettres de change* (C. 9 sept. 1837. B. 348).

— Ni retrancher un chef d'accusation, à moins qu'il ne s'agisse que d'une circonstance secondaire et étrangère à la criminalité du fait principal (C. 19 avril 1850. — B. 202. — N. 4. 174).

— Ni ajouter un nouveau chef d'accusation, par exemple, relever dans les questions deux vols qualifiés quand l'arrêt de renvoi n'en relève qu'un (C. 29 novembre 1834. — B. 465).

— Ni considérer les accusés comme *complices* alors que l'arrêt les *renvoie comme ayant commis de complicité* le crime et que par suite ils sont réputés *co-auteurs* (C. 8 avril 1826. — B. 189).

516. — Exception. — Il peut cependant relever un fait connexe au crime, — dans une accusation d'extorsion de signatures *avec violence* poser une question spéciale de *coups et blessures volontaires avec préméditation*, les coups et blessures étant implicitement compris dans l'accusation (C. 19 juin 1845. — P. 329).

Quand le Président s'en rapporte fidèlement au dispositif de l'arrêt de renvoi pour la rédaction des questions, les irrégularités de l'acte d'accusation ne peuvent entraîner nullité (C. 18 déc. 1858. — B. 513).

517. — Questions irrégulières. — L'*Accusé* n'est pas recevable à se plaindre de l'irrégularité des questions posées, si elle lui a été favorable en lui procurant un adoucissement même illégal (C. 7 août 1852. — B. 463), ou si elle ne lui a pas nui, par suite d'une réponse négative du Jury (C. 19 avril 1850. — B. 202). — Il n'en est pas de même du *ministère public* qui peut toujours se plaindre. — D'ailleurs les *omissions sont réparables* si on s'en aperçoit avant la lecture du verdict (C. 19 nov. 1835. B. 528).

518. — Adhésion de l'accusé. — L'adhésion de l'accusé à des questions illégalement posées au Jury ne peut les valider (C. 9 septembre 1830. — B. 480).

519. — **Circonstances constitutives.** — Toutes les circonstances constitutives du crime retenues par l'arrêt de renvoi doivent être comprises dans la question :

520. — En matière de *bigamie*, l'existence d'un premier mariage (C. 17 déc. 1812. — J. P. 1812. 896);

521. — En matière de *faux témoignage*, la circonstance qu'il a été émis (soit en faveur de l'accusé soit contre lui) (C. 23 avril 1853. — B. 209), qu'il a été porté en matière criminelle (C. 30 janv. 1823. — B. 35). — *L'incapacité du témoin* par suite de condamnation ne le met pas à l'abri d'une condamnation pour faux témoignage, son serment bien qu'indûment prêté l'engageant comme les autres témoins (C. 10 mai 1861. — B. 173). — La *subornation* de témoins étant définie suffisamment par l'art. 365, C. p. on peut demander si l'accusé a suborné les témoins, si on relève la *provocation* à commettre un faux témoignage par dons, promesses, menaces, etc. (Art. 60, C. p.), il faut alors relever chacune des circonstances de fait qui donnent à la provocation son caractère criminel (C. 18 déc. 1856. — B. 631).

522. — En matière de *détention* et de *séquestration*, il suffit de demander si l'accusé a *séquestré illégalement* (341 C. p.) sans demander si elle a eu lieu « sans ordre des autorités constituées et hors le cas où la loi ordonne de saisir les prévenus. » (C. 19 juin 1828. — J. P. 1828. 1365).

523. — En matière de *coups et blessures*, si les coups ont été portés et les blessures faites volontairement (309 C. p.) (C. 22 juin 1850. — B. 307).

524. — En matière de *meurtre*, si la mort a été donnée *volontairement* (C. 26 déc. 1834. — B. 513), et si l'accusé est un fonctionnaire compris dans l'art. 186 C. p., s'il y a eu ou non *motif légitime* (C. 19 déc. 1850. — B. 633).

525. — En matière de *pillage*, si le fait a été commis en réunion ou bande à force ouverte (Art. 440, C. p.); s'il s'agit de grains et denrées, si les accusés ont été les chefs, instigateurs ou provocateurs du pillage, bien qu'ils n'y aient pas personnellement coopéré (Art. 442, C. p.). Sauf pour ce crime spécial, la spécification détaillée des objets pillés n'est pas nécessaire (C. 12 avril 1833. — B. 169).

526. — En matière d'*extorsion*, si la signature ou le titre « contenaient ou opéraient *obligation, disposition* ou *décharge*, » art. 400 C. p. (C. 19 févr. 1825. — B. 83). Ainsi une signature en blanc ne peut donner lieu à l'application de cet article (C. 19 juin 1845. — B. 329). La question peut aussi poser sur les circonstances de violence, force ou contrainte (C. 15 mai 1847. — B. 169).

L'immunité de l'art. 380 est acquise à la femme qui extorque à son mari une signature ou un titre (Art. 400 C. p.). (C. 8 févr. 1840. — B. 69).

527. — En matière de *destruction d'effets* (Art. 439 C. p.), s'ils contenaient ou opéraient *obligation, disposition* ou *décharge* (C. 11 mars 1830. — B. 141), si le fait a été commis *volontairement* (C. 28 nov. 1833. — B. 597), sur les circonstances de fait pouvant permettre de qualifier le titre d'acte de l'autorité publique, ou d'effets de commerce ou de banque (C. 26 août 1846. — B. 339).

528. — En matière de *concussion*, si l'accusé savait que la somme indûment exigée ou reçue n'était pas due ou excédait la somme légitimement réclamée, alors même que cette circonstance ne serait pas explicitement relevée dans l'arrêt du renvoi (C. 15 mars 1821. — B. 133).

529. — En matière de *banqueroute frauduleuse* la qualité de commerçant failli (C. 22 sept. 1864. — B. 418), un ou plusieurs des *faits de fraude* énoncés dans l'art. 591, C. com.

530. — En cas de complicité spéciale (Art. 593 C. com. § 1) la circonstance que les faits de fraude ont été commis *dans l'intérêt du failli*; en cas de complicité ordinaire les circonstances visées par l'art. 60, C. p. — Il n'est pas nécessaire de reproduire la qualité de commerçant failli de l'accusé qui se trouve comprise dans la question relative à l'auteur principal (C. 26 mai 1838. — S. 1838. 1. 562).

Pour le crime prévu par l'art. 593, § 2, C. com. la circonstance qu'il y a eu *état de faillite constaté* et *présentation et affirmation de créances supposées* (C. 15 nov. 1859. — B. 413), sans qu'il soit nécessaire de mentionner la qualité de commerçant failli, ni que l'accusé a agi dans l'intérêt du failli.

531. — Pour la femme commerçante il n'est pas nécessaire de demander si elle a été légalement autorisée par son mari à exercer le commerce (C. 7 mars 1828. — J. P. 1828. 1256).

532. — En matière de *fausse monnaie*, si la monnaie a *cours légal* en France (C. 4 sept. 1862. — B. 380), et pour la monnaie étrangère, si la monnaie ou le papier assimilé ont, dans les pays étrangers, cours légal et forcé (C. 22 juil. 1858. — B. 341).

Il n'est pas nécessaire de mentionner la valeur des pièces contrefaites, ni le millésime et le type qui y était empreint (C. 11 janv. 1850. — B. 16).

533. — En matière de *corruption de fonctionnaire*, par promesse d'un don, si le fait qui a été l'objet de la promesse concernait l'administration à laquelle appartenait l'accusé, et si, à l'occasion de ce fait, l'accusé a enfreint ses devoirs d'agent (C. 23 oct. 1840. — B. 32).

534. — En matière d'*infanticide*, la circonstance qu'il s'agit d'un *enfant nouveau-né* (C. 13 mars 1845. — B. 151).

Il y aurait contradiction si la question constatait que l'enfant était âgé de 30 jours (C. 24 déc. 1835. — B. 564) ou même de 8 jours (C. 14 avril 1837. — B. 145).

535. — En matière de *suppression d'enfant*, que l'enfant *ait eu vie*. Il n'y a pas suppression quand l'enfant est mort-né puisqu'il n'a pu avoir d'état (C. 4 juil. 1840. — B. 273). D'un autre côté, il n'est pas nécessaire que l'enfant soit nouveau-né, car l'art. 345, C. p. s'applique à tout enlèvement ou recélé d'un enfant mineur (C. 18 nov. 1824. — J. P. 1824. 1113).

536. — En matière d'*attentat à la pudeur sans violence*, l'âge de *moins de 13 ans* de la victime doit être relevé dans la question principale ou au moins dans une question distincte mais principale (C. 1 déc. 1866. — B. 433). L'acte de naissance ne peut suppléer au défaut de question sur l'âge de l'enfant (C. 1 oct. 1831. — B. 395). Il suffit pour que le crime existe que la personne de l'enfant ait été mise en jeu dans l'accomplissement de l'acte coupable soit activement soit passivement (C. 27 sep. 1860. — B. 383).

537. — En matière d'*attentat à la pudeur* sur un enfant âgé de plus de 13 ans, la circonstance de la *violence* (C. 20 janv. 1848. — B. 26), et la constatation de l'attentat *à la pudeur* sans qu'il soit besoin de spécifier autrement les actes (C. 24 mars 1853. — B. 160).

538. — En matière d'*incendie*, le fait matériel d'avoir *mis le feu*, de l'avoir mis *volontairement* (C. 13 juin 1850. — B. 291), le préjudice réalisé ou possible pour autrui, et spécialement si la maison incendiée *appartient à autrui* (C. 28 janv. 1841. — B. 45) ou, au cas où elle appartient à l'accusé, si elle est assurée (C. 13 oct. 1853. — B. 586).

L'incendie d'une maison par le fils ou la femme du propriétaire ne permet pas à l'accusé d'invoquer, comme en cas de vol, le bénéfice de l'art. 380 C. p. (C. 2 juin 1853. — B. 302).

Les expressions de l'art. 434, § 1, C. p. : *quand ils sont habités ou servant d'habitation* s'applique à tous les édifices qui *en dépendent* et qui y sont enfermés (C. 14 août 1856. — B. 464).

S'il y a incendie par communication, il n'y a pas lieu d'indiquer la *volonté de communiquer le feu*, il suffit de demander si le feu a été mis volontairement aux objets *qui l'ont communiqué* (C. 5 avril 1855. — B. 202).

539. — En matière de *détournement de mineur*, si, au moment du détournement, l'enfant était confié aux soins ou à la direction de la personne qui l'avait placé dans les lieux d'où il a été détourné (C. 9 mai 1844. — B. 233), s'il était mineur de 21 ans (C. 30 mars 1850. — B. 182), s'il y a eu fraude ou violence (Art. 354 et 355 C. p.), à moins que le ravisseur fût âgé de plus de 21 ans, Art. 356 C. p. (C. 26 mars 1857. — B. 193) et fut un homme (C. 12 avril 1861. — B. 129).

540. — En matière d'*abus de confiance* par un serviteur à gages le mot *détournement* indique suffisamment la fraude (C. 12 janv. 1855. — B. 46); s'il s'agit de meubles, il n'est pas nécessaire de détailler les meubles détournés (C. 18 juil. 1852. — B. 300); s'il s'agit d'écrits il faut indiquer s'ils constituent soit des billets, soit des quittances ou s'ils contiennent ou opèrent obligation ou décharge (C. 21 août 1840. — N. 4. 131).

541. — En matière de *faux*, le faux matériel, en indiquant en quoi il y a faux (C. 3 déc. 1847. — B. 473), l'intention de nuire qu'il est bon d'indiquer par ce mot : frauduleusement (C. 20 mai 1853. — B. 272), le préjudice réalisé ou possible, matériel ou moral (C. 3 déc. 1859. — B. 432) qu'il faut spécifier s'il ne ressort pas de la nature même de l'acte (C. 3 janv. 1857. — B. 10).

542. — S'il s'agit de faux par *des fonctionnaires ou officiers publics*, on doit indiquer la qualité de fonctionnaire ou d'officier public, et si celui-ci a agi dans l'exercice de ses fonctions (C. 24 avr. 1851. — B. 240), si le faux a été commis par un des modes prévus par l'art. 145 C. p.

(par signatures, altérations d'actes, écritures ou signatures, supposition de personnes, écritures faites ou intercalées sur des registres ou actes publics), ou si l'accusé, en redigeant des actes de son ministère (Art. 146, C. p.) en a frauduleusement dénaturé là substance ou les circonstances, etc.

543. — S'il s'agit de faux *en écriture authentique et publique*, si l'acte est une écriture authentique et publique, et s'il a été commis par un des modes indiqués dans l'art. 147, C. p. (contrefaçon ou altération, fabrication de convention, dispositions, obligations ou décharges, ou leur insertion après coup dans ces actes, addition ou altération de clauses, de déclarations ou de faits que ces actes avaient pour but de recevoir et de constater (N. 4. 136).

S'il s'agit de faux en *écriture de commerce ou de banque*, le caractère commercial de la pièce fausse (N. 4. 142).

544. — S'il s'agit *d'usage de faux*, la circonstance que l'usage a été fait *sciemment* c'est-à-dire sachant que la pièce était fausse (C. 27 févr. 1845. — B. 118). Il est inutile de spécifier en quoi l'usage a consisté (C. 10 juil. 1828. — J. P. 1828. 55) ni de dire qu'il a été fait méchamment (C. 17 déc. 1812. J. P. 1812. — 896). Il doit y avoir une question distincte pour chaque pièce dont il a été fait usage (C. 13 sept. 1866. — B. 375) et pour chaque époque à laquelle il en a été fait usage (C. 30 mars 1839. — B. 162). Mais il faut spécifier les caractères de fausseté déterminés par l'Art. 147, C. p. si l'auteur de l'usage est seul poursuivi, puisque le caractère de fausseté doit être reconnu pour que le crime existe (C. 12 avril 1849. — B. 124).

545. — **Circonstances aggravantes**. — Ce sont celles qui accroissent la gravité et par suite la pénalité de l'acte criminel. Le Président, dans la position des questions doit comprendre toutes les circonstances aggravantes : en matière de vol sur un *chemin public*, la publicité du chemin (C. 18 juil. 1844. — N. 4. 158). — *d'avortement*, la qualité d'officier de santé de l'accusé (C. 10 déc. 1835. — B. 545), — *de coups et blessures*, si la violence a été exercée par un fils envers son père, Art. 312. C. p., — si elle a été exercée contre un fonctionnaire public, quelle était la nature des fonctions (C. 12 juin 1851. — B. 312).

546. — Les circonstances aggravantes doivent comprendre tous les éléments qui les caractérisent légalement : *l'effraction extérieure*, les circonstances relevées dans les Art. 381 § 4, 384 et 335 C. p., — *l'effraction intérieure* celles des Art. 393 et 396, — *l'escalade* celles des Art. 381 § 4, 384 et 397, — l'emploi de *fausses clefs*, celles de l'Art. 398, — le *détournement de mineur*, la minorité de 16 ans de la fille enlevée ou détournée (C. 30 mars 1850. — B. 182).

547. — **Délits connexes**. — Les questions doivent aussi porter sur les délits connexes Art. 226, C. I. C. dont l'arrêt de renvoi a saisi la Cour d'assises (N. 4. 172). Si une question de droit s'élevait à l'occasion d'un délit connexe, par exemple, en matière *d'adultère*, la fin de non recevoir opposée par la femme et tirée de sa réconciliation avec son mari, c'est à la Cour seule qu'il appartient de la résoudre (C. d'assises de la Seine. 16 févr. 1834. — N. 4. 172).

548. — **Faits nouveaux résultant des débats**. — Si le fait nouveau constitue un crime, il y a lieu à une nouvelle information ordonnée par le Président sur les réquisitions du Ministère public (Art. 361 et 271. C. I. C.). Le fait nouveau est celui qui indépendant du fait de l'accusation, n'exerce sur lui aucune influence soit pour l'aggraver soit pour l'atténuer. Ainsi on ne peut ajouter à une accusation *d'infanticide* (C. 30 janv. 1851. — B. 59) une question *d'avortement* (C. 30 janv. 1851. — B. 59), ni une question de *suppression d'enfant* (C. 28 juin 1853. — B. 324), à moins que l'infanticide ne soit fondé sur la disparition de l'enfant (C. 7 juil. 1817. — B. 264), — à une accusation de *fabrication de faux billets* (C. 1er févr. 1844. — B. 39) ou de *fausse monnaie* (C. 7 mai 1851. — B. 267) la question subsidiaire *d'escroquerie*.

549. — Il en est ainsi même alors que le fait nouveau, révélé par les débats, est connexe au crime relevé par l'accusation (C. 14 nov. 1822. — B. 480), à moins que le crime ou le délit connexe ne constituent des circonstances aggravantes du fait principal, ainsi le meurtre ayant suivi un vol (C. 22 juin 1853. — B. 366), l'attentat à la pudeur ayant précédé l'homicide (C. 20 mars 1812. — N. 4. 202)

550. — **Circonstances nouvelles résultant des débats**. — Circonstances aggravantes. — Article 338, C. I. C. « *S'il résulte des débats une ou plusieurs circonstances aggravantes, non mentionnées dans l'acte d'accusation, le président ajoutera la question suivante : l'accusé a-t-il commis le crime avec telle ou telle circonstance ?* »

551. — Exemples. — Le Président peut ainsi ajouter à une accusation de *vol* : la circonstance de *violences* (C. 2 oct. 1823. — N. 4. 200), de l'emploi de *fausses clefs* (C. 19 août 1830. — N. 4. 200), la circonstance qu'il a été commis sur un *chemin public* (C. 18 juil. 1844. — D. 1844. — 1. 330)

552. — Circonstances atténuantes. — En matière *d'homicide* on peut poser la question subsidiaire *d'imprudence* (N. 4. 203), en matière de *faux* celle *d'escroquerie* (C. 23 août 1811. — J. P. 1811. — 580). — et en bien que les circonstances relevées transforment le crime en délit. De même encore on peut faire dégénérer la banqueroute frauduleuse en *banqueroute simple* (N. 4. 204), *l'infanticide* en *homicide par imprudence* (ibidem), le *meurtre* en *coups et blessures ayant occasionné une incapacité de travail* (C. 23 avril 1812. — B. 156), *l'attentat à la pudeur* avec violence en *outrage public à la pudeur* (C. 14 oct. 1826. — B. 596).

553. — Circonstances modifiant la qualification. — Le Président peut aussi poser des questions sur des circonstances résultant des débats qui, sans changer la pénalité, ont pour effet de modifier le caractère du fait de l'accusation et sa qualification (C. 14 mai 1813. — B. 257).

554. — C'est ainsi que le vol, l'attentat à la pudeur, le viol, l'incendie, l'empoisonnement (C. 31 mai 1866. — B. 228) etc., peuvent être transformés en *tentative* des mêmes crimes, que *l'accusé de tentative* peut être considéré comme *auteur principal ou co-auteur*, l'auteur principal comme *complice* (C. 27 janv. 1863. — B. 31). *L'usage de faux* peut être ajouté à la *fabrication de faux* (C. 9 juil. 1835. — B. 317), *l'attentat à la pudeur avec violence* au *viol* consommé (C. 18 déc. 1838. — B. 514), *l'émission des pièces fausses* à la *fabrication* (C. 19 avril 1832. — J. P. 1832 — 932), *l'abus de confiance* à la *banqueroute frauduleuse* (C. 11 mai 1838. — B. 184), ou au *vol domestique* (C. 9 mars 1843. — S. 1843. — 1. 355).

555. — Circonstances modifiant le fait et ses accessoires. — En matière *d'incendie* le Président peut poser la question de *menace d'incendie* (C. 23 juil. 1813. — J. P. 1813. — 574), en matière de *vol avec violence*, celle de *coups et blessures volontaires* (C. 22 avril 1812. — B. 155), — de *vol par recélé*, celle de *complicité par aide et assistance* (N. 4. 211), — *d'attentat à la pudeur avec violence*, celle *d'outrage public à la pudeur* C. 14 oct. 1826. — B. 596), — de *banqueroute simple*, celle de *tenue de livres irréguliers* (C. 12 sept. 1833. — B. 484).

556. — **Le Président pose les questions nouvelles**. — Elles sont posées par le Président soit d'office, soit à la demande du Ministère public, de l'accusé, de la partie civile, des assesseurs ou des Jurés (C. 19 juin 1829. — B. 356). S'il y a contestation, la Cour statue par un arrêt inscrit au procès-verbal signé du Président et du Greffier (C. 14 janv. 1841. — B. 14). L'arrêt n'est susceptible de cassation que s'il statue en droit (C. 26 déc. 1823. — B. 470).

557. — La Cour peut soumettre au Jury des circonstances aggravantes comme résultant des débats, alors qu'elles seraient en contradiction avec l'arrêt de renvoi et auraient même été écartées par cet arrêt (C. 10 déc. 1812. — B. 532), en fait ou en droit, mais sur ce dernier point il y a doute en raison du principe de l'autorité de la chose jugée (N. 4. 219).

558. — Le Président n'est pas tenu de poser une question subsidiaire s'il n'y a pas eu de conclusions expressément prises à cet effet. (C. 23 juil. 1852. — B. 425)

559. — COMMENT SONT POSÉES LES QUESTIONS NOUVELLES. — La question doit être ajoutée mais non substituée à la question principale qui subsiste toujours intégralement (N. 4. 226), sous peine de complexité (C. 3 févr. 1826. — B. 68), à moins qu'il s'agisse d'une circonstance simplement modificative du fait primitif.

560. — CONSTATATION QUE LES QUESTIONS RÉSULTENT DES DÉBATS. — En l'absence de réclamation la question est présumée de droit être résultée des débats (C. 23 juin 1831. — J. P. 1831. — 1731). Mais il est bon d'en faire mention au procès-verbal ou de l'indiquer sur la feuille même des questions, ce qui satisfait aux prescriptions de l'art. 338, C. I. C. (C. 18 mai 1865. — B. 204), et ce qui, dans ce dernier cas, permet à l'accusé de saisir la Cour et de demander la réouverture des débats pour présenter ses moyens contre la position de la question (C. 23 avril 1859. — B. 165).

561. — Mais il n'est pas nécessaire de le prévenir avant la clôture des débats et la lecture des questions (C. 18 mai 1865. — B. 204). En le faisant le Président facilite la défense et l'on ne peut lui en faire grief (C. 29 déc. 1832. — B. 724).

562. — QUESTIONS SUR LA CULPABILITÉ. — L'expression *l'accusé est-il coupable ?* n'est pas sacramentelle et ne pourrait être remplacée par des équivalents pourvu qu'ils impliquent comme elle l'existence de la matérialité du fait et de l'intention criminelle. (N. 4. 285).

Il est néanmoins nécessaire d'énoncer en outre, en matière de vol. l'intention *frauduleuse*, Art. 379, C. p. (C. 19 avril 1816. — B. 48), en matière de complicité par assistance, la *connaissance*, Art. 60, C. p. (C. 4 janv. 1839. — B. 9), en matière de coups et blessures qu'ils ont été *volontairement* portés ou faits. (C. 18 juil. 1840. — B. 295), en matière de banqueroute frauduleuse que les actes ont été commis *frauduleusement* (C. 28 mars 1835. — B. 152).

563. — Mais l'indication de la volonté ou de la connaissance n'est pas nécessaire en matière de *fausse monnaie* (C. 12 sept. 1833. — B. 482), d'*homicide* (C. 6 mars 1823. — B. 81), d'*avortement* procuré (C. 9 févr. 1850. — B. 83). La question intentionnelle est suffisamment posée par ces mots : *L'accusé est-il coupable ?*

564. — **Faits justificatifs.** — DÉMENCE. — L'art. 64, C. p. porte : « *Il n'y a ni crime ni délit, lorsque le prévenu était en démence au temps de l'action.* » La question de démence étant implicitement comprise dans la question principale sur la culpabilité, laquelle implique une libre volonté (C. 17 janvier 1817. — B. 17.) Il n'y a pas lieu de la poser comme question subsidiaire. La Cour pourrait donc rejeter les conclusions de l'accusé à cette fin (*ibid.*).

565. — CONTRAINTE IRRÉSISTIBLE. — La même solution doit être adoptée lorsque l'accusé a été contraint par une force à laquelle il n'a pu résister, Art. 64, C. p. (C. 24 nov. 1834. — J. P. 1834. — 10. 64).

566. — LÉGITIME DÉFENSE. — Il en est de même de la légitime défense (Art. 328 et 329, C. p.) sauf toutefois pour le cas où elle n'est qu'une excuse (Art. 322, C. p.), la question est impliquée dans celle de la culpabilité (C. 12 septembre 1850. — B. 456).

567. — NON VIABILITÉ EN MATIÈRE DE SUPPRESSION D'ENFANT. — La question de non viabilité ne peut être une excuse, puisqu'il n'y a suppression que si l'enfant était vivant au moment du crime, mais elle entraîne la non existence du délit. La Cour peut donc refuser de poser une semblable question (C. 26 juil. 1849. — B. 268).

568. — POUVOIRS DE LA COUR. — Cependant la Cour peut toujours soumettre au jury une question sur des faits justificatifs si elle le juge utile N. 4.248). Il n'y aurait pas alors contradiction entre la déclaration affirmative à la fois sur la culpabilité et sur le fait.

569. — CONTRADICTION APPARENTE DU VERDICT. — Si le jury répond oui, à la fois sur le fait principal et sur le fait justificatif (C. 29 août 1829. — B. 508), on doit alors supposer qu'il a entendu limiter le sens du mot culpabilité à l'existence matérielle du fait.

570. — **Question relatives au discernement.** — L'Art. 340, C. I. C. porte : « Si l'accusé a moins de 16 ans, le Président posera, à peine de nullité, cette question : l'accusé a-t-il agi avec discernement ? »

571. — S'il y a doute ou contestation sur l'âge, on doit poser au jury, après la question principale, la question suivante : l'accusé était-il âgé de moins de 16 ans à l'époque du crime ? Puis ensuite cette seconde, question : en ce cas, a-t-il agi avec discernement ?

572. — S'il n'y a ni doute ni contestation sur l'état de minorité, il suffit de poser une seule question ainsi conçue : l'accusé, âgé de moins de 16 ans a-t-il agi avec discernement ?

573. — Si l'accusé n'a pas réclamé au cours de l'instruction ni pendant les débats il ne peut ensuite attaquer l'arrêt par le motif qu'il était âgé de moins de 16 ans, à l'époque du crime (C. 27 févr. 1845. — B. 120).

574. — Si la Cour refuse de poser la question de discernement elle doit * motiver son arrêt (C. 14 oct. 1826. — B. 578). Si la question de discernement a été posée alors que l'accusé était âgé de plus de 16 ans il y a nullité pour violation de l'art. 340, C. p., à moins que, par suite de réponse affirmative, la peine ait été appliquée comme si la question n'avait pas été posée (N. 4. 258).

575. — Si le mineur de 16 ans est accusé de plusieurs crimes la question de discernement doit être posée après chaque chef d'accusation sous peine de complexité (C. 9 févr. 1854. — B. 64).

576. — **Questions relatives aux excuses légales.** — L'Art. 339, C. I. C. porte : « Lorsque l'accusé aura proposé pour excuse un fait admis comme tel par la loi, le Président devra, à peine de nullité, poser la question ainsi qu'il suit : « Tel fait est-il constant ? ». Par suite, dès que le fait allégué à titre d'excuse a réellement ce caractère, ni le Président ni la Cour ne peuvent, pour aucun motif, refuser de poser la question au Jury, même alors qu'elle ne résulterait pas des débats (C. 2 oct. 1862. — B. 391).

577. — COMPÉTENCE DE LA COUR. — Mais la Cour à compétence pour apprécier si la circonstance proposée, rentre dans les termes de la loi et a les caractères de l'excuse légale. Si elle refuse de poser la question, son arrêt doit être motivé (C. 3 févr. 1821. — B. 41).

578. — MINISTÈRE PUBLIC. — Le ministère public a compétence pour demander la position d'une question d'excuse légale (C. 6 juil. 1826. — B. 384).

579. — PRÉSIDENT. — Le Président peut poser d'office une question d'excuse légale. Quand la position est demandée par l'accusé ou le ministère public, le Président seul a compétence pour la poser. La Cour n'intervient que s'il y a contentieux (C. 24 juin 1838. — B. 290).

580. — JURY. — Le Jury ne peut se poser d'office une question d'excuse et la résoudre. (C. 8 déc. 1881. — D. 1882. — 1. 490). En ce cas la Cour doit considérer comme non avenue la partie illégale de la déclaration des jurés et appliquer la peine comme si cette partie n'existait pas (C. 9 mai 1834. — B. 161).

581. — ACCUSÉ. — Au moment de la lecture des questions l'accusé peut demander la position d'une question et la réouverture des débats. Le Président ou la Cour peut alors révoquer l'ordonnance de clôture des débats et autoriser leur réouverture (C. 8 nov. 1832. — B. 618). Mais l'accusé ne pourrait plus réclamer la position d'une question lorsque le jury après avoir délibéré est rentré à l'audience. La Cour ne peut l'y autoriser, le jury ayant consommé ses pouvoirs (C. 12 mars 1813. — B. 118).

582. — Caractères légaux de l'excuse. — L'art. 65, C. p. porte : « Nul crime ou délit ne peut être excusé ni la peine mitigée que dans les cas et dans les circonstances où la loi déclare le fait excusable ou permet de lui appliquer une peine moins rigoureuse. »

583. — Il y a donc deux catégories de faits excusables : 1° ceux déclarés tels pour la loi, 2° ceux pour lesquels elle permet d'appliquer une peine moins rigoureuse (C. 28 juin 1839. — B. 324).

584. — Excuses légales expressément prévues par la loi. — Elles résultent des articles 321, C. p. (meurtres, blessures et coups provoqués par violences graves). Le fait de poursuivre, avec un couteau, quelqu'un en le menaçant est une violence grave servant d'excuse (C. 23 déc. 1880. — D. 1881. 1. 191), — 322, § 1, C. p. (mêmes crimes commis en repoussant de jour l'escalade ou l'effraction d'une maison habitée ou de ses dépendances). — 324, § 1, C. p. (meurtre de l'épouse par l'époux ou de l'époux par l'épouse si la vie du meurtrier a été mise en péril au moment du meurtre). — 324, § 2, C. p. (meurtre de l'épouse et de son complice par l'époux qui les surprend en flagrant délit d'adultère dans la maison conjugale), — 325, C. p. (castration provoquée par outrage à la pudeur).

585. — Excuses légales résultant d'une peine moins rigoureuse, prévues par les articles : — 133, § 2, C. p. (émission d'une fausse monnaie reçue pour bonne). — 343, C. p. (mise en liberté avant le dixième jour de personnes arrêtées, détenues ou séquestrées illégalement).

586. — Excuses péremptoires. — Elles sont assimilables aux faits justificatifs exclusifs de la criminalité, tels que la démence, la légitime défense, la contrainte, l'obéissance à la loi, — en ce sens qu'elles amnistient complètement l'action délictueuse.

587. — Sont ainsi excusables : — ceux qui ayant fait partie de *bandes séditieuses* peuvent invoquer les art. 100 et 213, C. p.,— les révélateurs de *complots* contre la sûreté de l'État, art. 108, C. p., — le fonctionnaire qui a *attenté à la liberté* d'un citoyen en exécutant l'ordre de ses supérieurs, art. 114, C. p., — le ministre qui a par surprise fait *un acte arbitraire* dénonce l'auteur de la surprise, art. 116, C. p., — celui qui a fait *usage d'une pièce fausse* reçue pour bonne, sans en avoir vérifié les vices, art. 135, § 1, C. p ,— ceux qui, en matière de *fausse monnaie*, ont révélé les auteurs du crime ou procuré l'arrestation d'autres coupables, art. 138, C. p., — le fonctionnaire qui a commis un *abus d'autorité* par ordre de ses supérieurs, art. 190, C. p., — les conducteurs et gardiens, en matière d'*évasion de prisonniers* qui peuvent invoquer l'art. 247, C. p., — les *receleurs de criminels* qui peuvent invoquer l'art. 248, C. p.

588. — Dans ces cas la loi ne dit pas qu'il n'y a ni crime ni délit, mais, dans un intérêt public, elle fait remise totale de la peine encourue (C. 24 sept. 1857. — B. 543).

589. — Peines applicables en cas d'excuse légale. — Dans le cas où il y a excuse reconnue par la loi ou résultant d'une diminution de peine prononcée par la loi, l'art. 307, C. I. C. porte : « la Cour prononcera conformément au Code pénal. »

590. — L'art. 326 du Code pénal est ainsi conçu : « Lorsque le fait d'excuse sera prouvé ; — S'il s'agit d'un crime emportant la peine de mort, ou « celle des travaux forcés à perpétuité, ou celle de la déportation, la peine sera réduite à un emprisonnement d'un à cinq ans ; — S'il s'agit de tout « autre crime, elle sera réduite à un emprisonnement de six mois à deux ans. Dans ces deux premiers cas, les coupables pourront de plus être mis « par l'arrêt ou le jugement sous la surveillance de la haute police pendant cinq ans au moins et dix ans au plus. — S'il s'agit d'un délit, la peine « sera réduite à un emprisonnement de six jours à six mois. »

591. — EXCUSE PÉREMPTOIRE. — S'il s'agit d'une des excuses péremptoires, dont il vient d'être parlé, et qui ont pour résultat d'amnistier l'accusé, la Cour doit le déclarer absous.

592. — Faits ne constituant pas des excuses : *l'ivresse* — (C. 23 avril 1824. — B. 175), — l'imputation verbale d'un délit faite à un accusé de *meurtre* (C. 27 févr. 1813), — la non vérification des vices d'une *pièce fausse* cela ne suffit pas si l'accusé ne prétend pas en outre l'avoir reçue pour bonne, art. 135, C. p. (C. 3 mars 1842. — B. 62), — la simple négligence, en matière d'*évasion de détenus*, excepté dans le cas de l'art. 239, C. p. (N. 4.284), — en *cas de meurtre d'un des conjoints par l'autre*, il ne suffit pas d'invoquer les violences graves, il faut alléguer que la vie de l'accusé a été mise en péril (C. 19 janvier 1838. — S. 1838. 1. 126) ; — la circonstance que *le crime a été commis à l'étranger*, ce n'est qu'un moyen d'incompétence ou d'application de la peine (C. 7 mai 1846. — B. 167). — en matière d'*assassinat* la question de coups et blessures n'est pas une question d'excuse, mais une simple modification du fait, et la cour peut refuser de la poser (C. 29 juin 1854. — B. 358). — Il en est de même de l'imprudence ou de la maladresse, en matière de *meurtre* (C. 9 nov. 1848. — B. 397). — La non-viabilité de l'enfant n'est pas une excuse de la *suppression d'enfant* puisqu'elle fait disparaître le crime (C. 26 juillet 1849. — B. 268). — le fait d'avoir été entraîné et sollicité n'est pas une excuse du crime de *pillage* (C. 14 déc. 1850. — B. 617), — une créance de l'accusé n'excuse pas le *faux* dans un mandat (C. 6 oct. 1853. — B. 573), — les violences subies par l'accusée pendant sa grossesse n'excusent pas l'*infanticide* (C. 30 août 1855. — B. 491), — l'excuse de l'art. 100, C. p., n'est pas applicable aux art. 86, 87 et 91, C. p., sur les *crimes contre la sûreté intérieure de l'État*, (il y a doute, (C. 15 nov. 1855. — B. 565), — les *menaces de mort* adressées à un délinquant *par des agents de la force publique* (C. 23 avril 1857. — B. 271), — la crainte de nuire n'excuse pas le *faux témoignage* (C. 15 mars 1866. — B. 119).

593. — QUESTION D'EXCUSE IRRÉGULIÈREMENT PROPOSÉE. — Si l'excuse n'est pas proposée dans les termes légaux ou dans des termes équivalents, si elle est mal caractérisée, la Cour n'est pas tenue de suppléer à l'insuffisance des conclusions et peut les repousser (C. 22 janvier 1852. — B. 54). Le Président doit poser la question au Jury dans les termes où elle est proposée par la défense. — Une modification dans ses éléments essentiels entraînerait nullité. (C. 23 novembre 1872. — J. D. crim. 9. 442).

594. — RÉPONSE DU JURY A LA QUESTION D'EXCUSE. — La réponse du Jury est nulle, lorsque, défavorable à l'accusé, elle ne mentionne pas qu'elle est faite à la majorité (C. 17 octobre 1882. — D. 1883. 1. 280.) A plus forte raison si le Jury a laissé sans solution une question d'excuse non implicitement résolue par les réponses faites aux autres questions (C. 23 avril 1857. — B. 263).

RÉDACTION DES QUESTIONS

595. — **Règle pour la rédaction des questions.** — Dans la rédaction des questions le Président doit se conformer au fond à la formule de la loi et au dispositif de l'arrêt de renvoi. Dans la forme il peut remplacer leurs expressions qui n'ont rien de sacramentel par des équipollents pour plus de clarté ou selon les modifications apportées par les débats (C. 19 sept. 1872. — B. 249).

596. — Les formules des art. 337 et 338, C. I. C. ne sont qu'indicatives (C. 17 sept. 1863. — B. 416). Il en est de même de l'art. 339 relatif à la position des questions sur les excuses légales (N. 4. 293).

597. — Le Président peut intervertir l'ordre et la classification adoptés dans l'arrêt de renvoi, et par exemple, présenter la question de complicité avant celle relative au fait principal (C. 8 avril 1830. — B. 224). — Quand les questions au jury sont conformes au dispositif de l'arrêt de renvoi on ne peut plus attaquer la qualification donnée. On n'aurait pu se pourvoir que contre l'acte d'accusation (C. 26 mars 1874. — B. 97).

598. — Division d'une question unique. — Il peut diviser une question unique en plusieurs portant, par exemple, en matière de *vol*, l'une sur le fait principal, l'autre sur la complicité, (C. 4 mars 1866. — B. 90). — en matière de *viol*, sur les époques principales des viols et des attentats à la pudeur, l'âge et l'état de la victime à ces diverses époques (C. 22 déc. 1842. — B. 523), — en matière d'homicide volontaire sur chacune de ces circonstances : l'accusé est-il coupable d'avoir volontairement porté des coups ? Ces coups ont-ils causé la mort ? Ont-ils été faits dans l'intention de donner la mort ? (C. 24 juil. 1851. — B. 356).

Cependant il ne peut, * en divisant ainsi, changer le caractère de l'accusation, et présenter, par exemple, comme circonstance aggravante ce qui constitue le fait principal (C. 14 janv. 1847. B. 9).

599. — Étendue donnée aux questions. — Il peut donner plus ou moins d'étendue aux questions pourvu qu'il reproduise les faits relevés dans l'arrêt de renvoi substantiellement et avec leur éléments légaux (C. 7 mai 1853. — B. 328). Il suffit qu'il ne dénature pas l'accusation (C. 3 déc. 1836. — J. P. 1838. 37).

600. — Substitution a la définition légale des faits définis. — Un mode d'équipollents autorisé est celui qui consiste à substituer au mot légal c'est-à-dire au terme défini du crime, l'énoncé des circonstances du fait incriminé, dont le mot légal n'est que l'expression générale et abrégée (C. 26 mars 1874. — B. 98). Ce procédé qui permet aux jurés de mieux comprendre la portée et la nature de l'accusation peut entraîner des erreurs et exige beaucoup de prudence. On ne pourrait l'attaquer comme ne reproduisant pas les qualifications de l'acte d'accusation (C. 26 mars 1874. — B. 98). (N. 4. 312).

601. — Substitution de la définition légale aux faits définis. — La méthode inverse qui consiste à substituer le terme défini à la définition elle-même, quoique strictement légale, est cependant quelquefois insuffisante, par exemple, si l'on se bornait à employer les termes *banqueroute frauduleuse, faux en écriture de commerce, corruption, concussion*. Ces expressions, quoiqu'empruntées à la loi, ne contiennent pas une énonciation suffisante des divers caractères qui constituent ces crimes (N. 4. 313).

602. — Contradictions a éviter. — Il importe aussi d'éviter les contradictions, ainsi, dans une accusation de meurtre, d'énoncer ainsi une question subsidiaire : l'accusé est-il coupable d'avoir commis *le meurtre* par maladresse, imprudence, inattention ou négligence ? La maladresse en effet est une circonstance exclusive de la volonté laquelle est l'élément essentiel du crime de meurtre c'est-à-dire de l'homicide volontaire (C. 20 juin 1823. — B. 232).

603. — Désignation de l'accusé. — Les questions doivent mentionner les noms et prénoms de l'accusé de façon qu'il ne subsiste pas de doute sur son identité (N. 4. 320).

604. — Date du crime. — La date du crime, toujours utile à indiquer, est indispensable au point de vue de la prescription, de la question de discernement, de l'âge de la victime en matière d'attentat à la pudeur, etc. Mais la fixation de la date n'est pas substantielle si le jury n'a pu se tromper sur l'époque du crime (C. 4 sept. 1862. — B. 379). — Le Président peut compléter ou rectifier sur ce point le dispositif de l'arrêt de renvoi avec les énonciations de l'exposé de fait et rétablit ainsi dans la position des questions la véritable date du crime (C. 13 juil. 1882. — D. 1883. 1. 181).

605. — Lieu du crime. — La mention du lieu du crime n'est essentielle que lorsqu'on peut tirer un moyen d'incompétence de ce que le fait aurait été commis à l'étranger ou qu'il constitue une circonstance constitutive ou aggravante du crime (N. 4. 323).

606. — Désignation de la victime. — L'indication du nom de la victime n'est pas nécessaire. Il suffit que les jurés soient mis à l'abri de toute erreur et connaissent bien le fait sur lequel ils vont délibérer (C. 6 juin 1843. — B. 316).

607. — **Questions complexes.** — *Cas de nullité.* — La complexité dans les questions est une cause de nullité, — à moins que l'accusé n'ait souffert aucun préjudice de cette irrégularité, la question ayant été résolue, par exemple, en sa faveur, —(C. 23 juin 1855 B. 373) ou qu'il ne puisse y avoir incertitude sur le véritable sens de la réponse du jury, chacun des faits complexes étant frappés de la même peine (C. 8 nov. 1860. — B. 395), — ou que l'élément compris à tort dans une question soit repris à nouveau et mentionné dans une autre question régulière (C. 18 juin 1858. — B. 284), ou que le jury, décomposant la question ait fait une réponse distincte sur chacun des éléments qui s'y trouvent confondus.

608. — Réponses complexes. — A l'inverse la déclaration serait nulle si à des questions distinctes le jury faisait une réponse complexe et cumulative (C. 6 juin 1861. — B. 198).

609. — Chaque chef d'accusation exige une question distincte. — Les faits qui constituent des chefs d'accusation distincts et indépendants sont ceux qui, relevés contre le même accusé, comme faits principaux, sont de nature différente — comme le fait de *fabrication* et celui de simple *usage*, en matière de *faux* (C. 5 oct. 1815. — B. 111) accomplis dans des lieux ou à des époques divers — et au préjudice de diverses personnes, — comme l'attentat à la pudeur commis sur plusieurs personnes différentes. Chaque fait nécessite une question distincte (C. 13 juil. 1843. — B. 301).

610. — Exception a la règle précédente. — On peut cependant comprendre dans une seule question : — deux faits dont l'un est le principal et dont l'autre n'est que la dépendance (C. 14 déc. 1815. — J. P. 1815. 174) — deux faits dont l'un constitue le crime, et l'autre, sans sanction pénale, n'est pas l'objet direct de la question, comme en matière d'assassinat, un vol qui a précédé ou suivi le crime et n'est pas punissable (N. 4. 338) — des faits qui ne constituant pas le crime, n'en sont que les moyens d'exécution, par exemple, la circonstance qu'un homicide a été commis à l'aide d'un coup de feu (N. 4. 339) — un ensemble d'actes successifs pratiqués à l'égard de la même personne, ayant le même caractère, et liés entre eux par la même pensée criminelle, surtout si l'on ne peut préciser les dates de ces différents actes, comme une série de vols successifs au préjudice de la même personne et dans la même maison (C. 6 mai 1864. — R. 224) — un seul et même crime portant sur des choses diverses, comme un vol d'argent commis pour partie dans un meuble et pour partie dans un autre meuble, au même moment, par le même individu, et au préjudice de la même personne (C. 18 déc. 1845. — D. 1846. 4. 143) — il n'en serait pas de même d'un vol d'objet, commis *avec effraction*, dans un meuble, accompagné d'un vol d'objets non renfermés dans ce meuble : ces faits quoique connexes sont, en raison de l'effraction, tout à fait distincts (C. 27 mars 1845. B. 198) — les diverses circonstances constitutives de certains crimes spéciaux, comme dans le parricide, la paternité (C. 11 mai 1866. — B. 222) — dans l'infanticide la qualité d'enfant nouveau-né (C. 13 mars 1836. — B. 176) — le fait d'avoir fabriqué un faux billet et celui d'y avoir apposé une fausse signature (C. 10 févr. 1873. — B. 57) — plusieurs faits d'émargement frauduleux sur des listes électorales (C. 2 janv. 1874. — B. 1).

611. — Circonstances aggravantes — On ne peut réunir aucune circonstance aggravante au fait principal, ni plusieurs circonstances aggravantes entre elles. — Les Jurés votant par scrutins distincts, d'abord sur le fait principal, puis sur chaque circonstance aggravante, cette division est d'ordre public et substantielle (C. 28 mars 1839. — B. 158). — Dans une accusation comprenant trois meurtres concomitants, le Jury doit * être interrogé par des questions distinctes et séparées sur la double circonstance résultant, pour chaque fait principal, de sa concomitance avec chacun des deux autres (C. 27 janv. 1881. — D. 1881. 1. 232).

612. — Circonstances constitutives ou aggravantes selon les cas. — Cependant la même circonstance constitutive dans une espèce, n'est qu'aggravante dans une autre (N. 4. 349). — Ainsi le fait de l'*incendie de la maison d'autrui* est constitutif du crime, la circonstance que la maison était habitée n'est qu'aggravante et doit être posée dans une question distincte (C. 13 avril 1866. — B. 183). — Au contraire le fait de l'*incendie de sa propre maison*, indifférent par lui-même à la loi pénale, ne constitue un crime que si elle est *habitée*, cette circonstance devient alors constitutive du crime (C. 26 févr. 1857. — B. 123), ou si, n'étant pas habitée, elle est simplement *assurée*, cette circonstance devient aussi constitutive du crime (C. 18 août 1842. — B. 328).

Mais si la maison de l'accusé est *à la fois assurée et habitée*, le fait de l'assurance constitue seul le crime, la circonstance de l'habitation n'est plus qu'aggravante (C. 15 mars 1866. — B. 118), à moins qu'elle ne constitue le crime distinct prévu par l'Art. 434, § 1, C. p. (C. 29 sept. 1854. — B. 483), et dans l'un et l'autre cas elle doit être détachée du fait principal constitutif sans elle.

613. — Faits d'excuse. — Chaque fait d'excuse comporte une question particulière. — La question d'excuse doit * être posée sous chacun des chefs, par exemple, en matière d'émission de fausse monnaie, autant de fois qu'il existe de chefs d'émission (C. 29 mai 1857. — B. 331).

614. — Question de discernement. — La question de discernement doit être distincte de toute autre. — Quand le mineur de 16 ans est accusé de plusieurs crimes, le président doit * poser autant de fois la question de discernement qu'il y a de chefs d'accusation. — S'il apparait seulement au cours des débats que l'accusé avait moins de 16 ans le président doit * poser la question de discernement (C. 5 mai 1870. — B. 187).

615. — Question concernant plusieurs accusés. — Les questions relatives à chaque accusé doivent être distinctes et séparées. — On ne peut interroger cumulativement le jury, par une seule question, sur la culpabilité de plusieurs accusés (C. 9 juin 1866. — B. 241). Mais on peut mentionner dans une question relative à un accusé le fait matériel de la coopération d'un autre accusé (C. 24 mars 1833. — B. 165).

616. — Circonstances aggravantes concernant tous les accusés. — Si les circonstances aggravantes reposent sur un fait matériel qui ne peut pas exister à l'égard d'un des accusés sans exister pour les autres, comme le lieu, le moment, la nuit, l'effraction, le concours de plusieurs personnes, le port d'armes apparentes ou cachées par l'un des accusés, une seule question suffit pour tous les accusés (C. 16 févr. 1882. — D. 1882. 1. 280). Mais si elles touchent à des faits de l'ordre moral, propres à chaque individu, il faut une question spéciale pour chaque accusé (C. 7 juin 1877. — B. 132), par exemple la préméditation (C. 13 juin 1844. — B. 294) et le guet-apens (C. 28 juin 1855. — B. 373).

617. — Pluralité des victimes. — De même que le vol de plusieurs objets commis dans le même lieu, la pluralité des victimes atteintes dans le même lieu et au même instant n'est pas exclusive d'une question unique, par exemple, en matière de séquestration, si le crime résulte d'un ensemble de faits identiques, inspirés par les mêmes mobiles, commis dans le même temps, dans le même lieu et par les mêmes moyens (C. 26 janv. 1872. — B. 25), mais il n'en est plus de même si les crimes sont différents par leur nature et leurs conséquences pénales, par exemple le parricide par empoisonnement des père et mère, et l'empoisonnement d'autres parents (C. 4 avril 1845. — B. 214).

618. — **Questions alternatives.** — Cas de nullité. — Les questions dont la forme alternative laisse incertain le sens de la déclaration du jury sont nulles. — Quand la question porte sur le point de savoir si l'accusé a commis tel crime ou tel autre, de telle façon ou de telle autre, et que le jury répond simplement oui, la question est nulle si les divers termes de l'alternative, envisagés ensemble ou séparément n'entraînent pas la même criminalité ni la même sanction pénale, la réponse du jury est obscure et ambiguë, comme dans la question portant que l'accusé a *détruit, dégradé et pillé* une habitation (C. 27 oct. 1845. — B. 126), ou volontairement *porté des coups ou commis d'autres violences* sur la personne de son père (C. 19 mars 1841. — B. 143), ou qu'il est *auteur ou complice* d'un faux (C. 18 nov. 1847. — B. 455).

619. — **Exceptions.** — Mêmes conséquences pénales. — Il n'y a plus nullité si les conséquences pénales dans l'un et l'autre cas sont les mêmes, d'avoir *fabriqué ou fait fabriquer* une pièce fausse (C. 4 septembre 1840. — B. 361), *contrefait ou fait contrefaire, apposer ou fait apposer, contrefaçon ou altération* de monnaie (C. 18 avril 1844. — B. 200).

620. — Faits identiques. — L'alternative ne vicie pas la question si elle réunit deux faits que la loi identifie, l'attentat à la pudeur *consommé ou tenté* (C. 4 août 1853. — B. 422), le fait d'avoir *soustrait ou détourné* une partie de l'actif (C. 9 févr. 1850. — B. 80), le fait de savoir si l'accusé est coupable d'être l'*auteur du crime ou d'y avoir coopéré* (c'est-à-dire d'être co-auteur).

621. — Faits de complicité. — On peut dans une seule question comprendre les divers faits de complicité (C. 19 avril 1860. — B. 166), mais on ne peut y réunir la *complicité ordinaire*, par aide et assistance, etc. (Art. 60, C. p.) avec la complicité spéciale par voie de *recelé* (Art. 62 et 63, C. p.), parce que dans les cas prévus par ce dernier article il y a des distinctions dans l'application de la peine (C. 15 sept. 1864. — B. 412).

622. — La réponse du jury peut faire disparaître la nullité. — Il n'y a plus nullité si le Jury fait disparaître l'ambiguïté en précisant clairement ce qu'il entend déclarer, par exemple, dans la question de savoir si l'accusé est l'auteur d'un vol ou s'il en est complice par voie de recelé avec connaissance si le jury dans sa réponse indique que la culpabilité ne résulte que du recelé avec connaissance. (C. 15 juil. 1813. — N. 4. 386).

623. — Questions relatives a la tentative. — La question pour être régulière doit * comprendre les deux conditions substantielles de la tentative : 1° si elle a été manifestée par un commencement d'exécution, 2° si elle n'a été suspendue ou n'a manqué son effet que par des

circonstances indépendantes de la volonté de son auteur. Cette règle s'applique à tous les crimes, bigamie (C. 28 juill. 1826. — B. 411), avortement (C. 3 mars 1864. — B. 94), viol, faux, etc. Il n'y a d'exception que pour *l'attentat à la pudeur avec violence* pour lequel la tentative est constitutive de la criminalité (C. 4 août 1853. — B. 422).

624. — **Questions relatives à la complicité.** — Les dispositions des Art. 59 et 60, C. p, sur la complicité sont générales et s'appliquent à tous les délits à moins de dispositions contraires (Art. 179, C. p.) Les questions relatives à la complicité doivent * porter sur deux points : les éléments constitutifs de la complicité et ceux constitutif de la criminalité du fait principal.

625. — **Mention des éléments de la complicité.** — Par provocation. — Il faut mentionner que la provocation s'est manifestée par *dons, promesses, menaces, abus d'autorité ou de pouvoir,* ou bien par des *machinations ou artifices coupables* (C. 3 oct. 1857. — B. 359).

626. — Par instruction. — Il n'est pas nécessaire de dire que l'accusé a su que ces instructions devaient servir à commettre le crime puisque la déclaration que l'accusé est coupable ne laisse pas de doute sur l'intention criminelle (C. 19 juin 1857. — B. 365).

627. — Moyens fournis. — Il est nécessaire d'indiquer que l'accusé a procuré ces moyens sachant qu'ils *devaient* (et non pas seulement qu'ils *pouvaient*) servir au crime (C. 18 mai 1844. — B. 248).

628. — Aide ou assistance. — Il faut mentionner que le complice a agi *avec connaissance* ou *sciemment* dans les faits constituant l'aide et l'assistance (C. 23 nov. 1848. — B. 414). Il n'est pas besoin de spécifier en quoi ont consisté l'aide et l'assistance (C. 14 mai 1859. — B. 216).

629. — Complicité par recel. — On doit mentionner que le complice a recélé les objets, détournés ou volés, *sachant qu'ils provenaient de vol ou de détournement* (C. 5 janv. 1871. — B. 138).

630. — Mention des éléments constitutifs du fait principal. — La complicité supposant l'existence d'un fait principal, il est nécessaire de constater celui-ci dans la question (C. 21 mai 1812. — B. 226). Si l'accusé principal et le complice sont jugés ensemble il suffit d'une référence entre les questions de complicité et les questions précédentes, par exemple, en matière de vol, en demandant si l'accusé est complice du vol *ci dessus qualifié et circonstancié* (C. 25 févr. 1843. — B. 88).

631. — En cas de complicité ordinaire. — Si, dans la question sur la complicité on reproduit la question sur le fait principal, il n'y a pas lieu de mentionner les circonstances aggravantes (C. 16 juil. 1857. — B. 412), il pourrait même en résulter une nullité, si le jury, par exemple, répond affirmativement sur les circonstances aggravantes en ce qui concerne l'auteur principal, et négativement à l'égard du complice (C. 21 mai 1857. — B. 186).

632. — En cas de complicité par recel. — Toutefois en matière de recel, la connaissance des circonstances aggravantes justifiant la peine des travaux forcés à perpétuité est nécessaire pour que cette peine puisse être appliquée aux recéleurs, sinon la Cour ne pourrait appliquer que les travaux forcés à temps (C. 12 oct. 1819. — B. 388).

633. — Absence de l'auteur principal. — Si l'auteur principal est inconnu ou en fuite il est nécessaire, pour ce qui concerne le complice, d'énoncer dans les questions de complicité les faits constitutifs du fait principal. Les jurés sont alors interrogés, non sur la culpabilité du contumax, mais sur la matérialité du fait dont il aurait été l'auteur (C. 19 juin 1873. — B. 165).

634. — Acquittement de l'auteur principal. — L'acquittement de l'accusé principal n'est pas un obstacle à la condamnation, en matière de *faux*, par exemple, du complice par *provocation* (C. 9 avril 1818. — B. 154), par *instruction* (C. 8 sept. 1863. — B. 407), par *aide et assistance* (C. 23 avril 1829. — B. 230), ni en matière de *banqueroute frauduleuse* (art 593, C. com) depuis la loi du 28 mai 1838 qui a rétabli en cette matière les règles générales de la complicité outre les causes spécialement déterminées par ledit article (C. 25 juin 1857. — B. 380), ni en matière de *subornation de témoins* (C. 4 sept. 1851. — B. 577). Par exception, il n'en serait plus de même en matière de *faux témoignage* (C. 3 juil. 1851. — B. 413).

635. — Aggravation de peine. — Les complices subissent l'aggravation de peine résultant du caractère personnel dont l'auteur principal est revêtu : domesticité, fonctionnaire public, etc. — Mais si c'est lui qui est investi de ce caractère, comme dans la complicité de vol par un domestique, cette circonstance aggravante ne rejaillit pas sur l'auteur principal, elle ne peut même être relevée contre le complice qui doit toujours être puni de la même peine que l'auteur principal (C. 17 sept. 1847. — B. 383).

636. — **Force matérielle des questions.** — Les questions sont écrites. Il n'est pas besoin qu'elles soient signées par le président. L'assistance du greffier n'est pas nécessaire. La date n'est pas une formalité substantielle. On peut faire aux questions des modifications, pourvu que les renvois, ratures, surcharges, interlignes soient approuvés, l'Article 78, C. I. C. étant applicable à tous les actes de l'Instruction criminelle (C. 2 juil. 1857. — B. 394). Faute d'approbation ils sont réputés nuls et non avenus. (C. 20 mars 1845. — B. 171). — Si les questions sont inscrites sur des feuilles séparées, le Président doit inscrire un numéro sur chacunes d'elles et signer cette mention (C. 20 mars 1873. — J. G. 9. 488).

637. — Surcharge et rature. — Il y a nullité de la question si la surchage ou la rature porte sur un mot substantiel, comme le mot *subornation*, en matière de subornation de témoins. (C. 2 juil. 1857. — B. 391).

638. — **Lecture des questions.** — La lecture publique des questions n'est pas nécessaire, cependant il est indispensable qu'elles soient portées publiquement à la connaissance de l'accusé (C. 1 mars 1860. — B. 105). En cas de fatigue du Président, elles peuvent être lues par un assesseur (C. 12 août 1858. — B. 371), ou même par le Greffier (N. 4. 429).

639. — Réclamations de l'accusé ou du ministère public. — L'accusé et le Ministère public peuvent réclamer contre la position des questions même contre celles posées comme résultant des débats jusqu'à ce que les jurés soient entrés dans leur chambre de délibération.

640. — Compétence du président. — Si la réclamation ne concerne que la forme et n'a pas pour but la disculpation de l'inculpé ou l'atténuation de la peine, la Cour n'intervient pas et le Président passe outre ou fait droit à la réclamation (N. 4. 438.)

641. — Compétence de la cour. — Si la réclamation porte sur le fond, il y a contentieux et la Cour statue. Elle peut, par son arrêt substituer une rédaction nouvelle à la rédaction débattue (C. 25 févr. 1853. — B. 105). — L'arrêt doit être motivé (C. 8 févr. 1850. — B. 77), à moins qu'il ne s'agisse d'une question qui pouvait être posée par le Président seul, comme résultant des débats (C. 17 avril 1834. — B. 128). Dans tous les cas c'est toujours *la Cour* qui doit renvoyer le Jury dans sa chambre des délibérations (C. 11 sept. 1873. — B. 245). Quand il y a contentieux, il est nécessaire d'entendre les parties en leurs explications (C. 11 janv. 1839. — B. 26).

642. — Rectification matérielle. — Si la Cour s'aperçoit, même après la retraite des jurés dans leur chambre qu'il s'est glissé une erreur matérielle dans la position des questions, elle peut rentrer en séance, et après s'être assurée qu'aucune décision n'est encore consignée en marge des questions, opérer la rectification (C. 26 déc. 1856. — B. 640). Le Jury étant rentré à l'audience et sur l'observation de son chef une erreur étant signalée, par exemple la mention d'escalade au lieu d'effraction, la Cour peut renvoyer le Jury dans la chambre de ses délibérations pour rendre une nouvelle déclaration sur une nouvelle position de questions. Mais, dans ce cas, la pièce constatant la première déclaration est acquise aux débats et doit être jointe au dossier pour permettre à la Cour de cassation de contrôler l'irrégularité ou l'erreur (C. 19 nov. 1835. — B. 528).

643. — Déclaration régulière. — Mais lorsque la déclaration du Jury, lue à l'audience, n'est ni incomplète, ni contradictoire, ni obscure, ni équivoque, elle est définitivement acquise et la Cour ne peut renvoyer les jurés pour compléter leur déclaration et répondre à une nouvelle question (C. 23 juil. 1836. — B. 263).

AVERTISSEMENTS AU JURY

Lecture des questions.

Après la clôture des débats, le Président donne publiquement lecture des questions sur lesquelles le jury a à délibérer.

Avertissement aux Jurés.

« MM. les Jurés, votre vote doit avoir lieu au scrutin secret, mais vous avez le droit de délibérer avant de voter.

Vos décisions, tant sur les questions principales que sur les circonstances aggravantes, doivent avoir lieu à la majorité, c'est-à-dire par 7 voix au moins, pour être affirmatives.

S'il y avait 6 voix contre 6 voix, la décision serait négative, c'est-à-dire en faveur de l'accusé.

Si votre réponse est affirmative, vous devez mentionner l'existence de la majorité en ces termes : oui, à la majorité, — sans jamais ajouter à quel nombre de voix, y eût-il unanimité.

Si la réponse est négative, quelque soit le nombre de voix, vous devez toujours répondre à la question par ce seul mot : non. (341. 347).

Toute réponse négative sur un fait principal dispense de statuer sur les circonstances aggravantes.

(Si vous répondez négativement à une question d'excuse, vous devez, par exception, mentionner l'existence de la majorité, et par conséquent formuler votre réponse ainsi : non, à la majorité).

En cas de réponse affirmative sur un des chefs de l'accusation, vous devez ensuite délibérer sur l'admission des circonstances atténuantes. (341).

Si vous les admettez vous devez le déclarer, en ces termes (pour chaque accusé) : à la majorité, il y a des circonstances atténuantes en faveur de l'accusé, — sans rien ajouter (341).

Si vous n'admettez pas les circonstances atténuantes, vous n'avez rien à mentionner, votre silence suffit (347).

644. — **Résumé des débats par le Président.** — La loi du 19 juin 1881 (*Journal Officiel*) 20 juin 1881) porte :

« L'article 336, C. I. C. est modifié comme suit ;

336. — Le Président, après la clôture des débats, ne pourra, à peine de nullité, résumer les moyens de l'accusation et de la défense. Il rappellera aux jurés les fonctions qu'ils auront à remplir, et il posera les questions, ainsi qu'il sera dit ci-après. »

645. — Cette loi interdit tout ce qui peut, directement ou indirectement, sous forme d'explication ou d'appréciation, constituer un résumé, même partiel, des charges ou des moyens de défense. Elle ne permet pas, par exemple, au Président, après la clôture des débats, et sans les rouvrir, d'expliquer aux jurés l'économie de la nouvelle loi sur la Presse (C. 4 mars 1882. — D. 1882. 1. 236).

646. — **Conseils du Président aux jurés.** — Conformément au paragraphe 2 du nouvel article 336, C. I. C. le Président peut prévenir les jurés :

Qu'avant de voter, ils ont le droit de discuter dans le sein de leur assemblée ;

Que, conformément à l'art. 344, C. I. C., ils doivent délibérer d'abord sur le fait principal et ensuite sur chacune des circonstances aggravantes ;

Que leur vote au scrutin secret s'effectue au moyen de bulletins écrits et de scrutins distincts et successifs ;

Que le chef du jury est tenu de poser la question des circonstances atténuantes toutes les fois que la culpabilité de l'accusé est reconnue, mais qu'ils n'y a pas lieu à délibérer à cet égard si l'accusé est déclaré non coupable ; et que le chef du jury doit signer la déclaration portée par les jurés (N. 4. 509).

647. — **Circonstances atténuantes.** — Il ne doit être posé au jury aucune question sur les circonstances atténuantes (C. 17 août 1832. — B. 430). Cependant lorsque le Président a posé une question sur ce point il n'y a pas nullité si le jury a répondu affirmativement (*ibid.*),

648. — POUVOIR DU JURY. — Le jury renvoyé dans sa Chambre pour compléter ou rectifier sa déclaration sur les circonstances atténuantes est entièrement libre, dans sa nouvelle déclaration, de les admettre ou de les rejeter (C. 17 déc. 1857. — B. 629).

649. — DÉLIT CORRECTIONNEL. — Si par suite des réponses du jury le fait ne constitue plus qu'un délit correctionnel, le jury ne doit plus statuer sur les circonstances atténuantes. Si cependant il a statué sur ce point, sa réponse ne lie pas la Cour qui peut cependant s'approprier la réponse du jury en la rappelant dans son arrêt (C. 19 janv. 1833. — B. 28).

Il en est de même pour l'admission d'une question d'excuse (C. 22 juil. 1822. — B. 425).

650. — Mais si le fait conservant le caractère de crime, le jury a admis les circonstances atténuantes, la Cour ne pourrait une seconde fois déclarer l'existence des circonstances atténuantes et appliquer la peine en conséquence (C. 20 juil. 1838. — B. 346). — Il en serait de même si un mineur de 16 ans, reconnu coupable de crime, était déclaré avoir agi avec discernement (C. 28 févr. 1867).

651. — ACCUSÉ CONTUMAX. — Les Cours d'assises procédant au jugement des contumax ne peuvent admettre des circonstances atténuantes en leur faveur (C. 14 sept. 1843. — B. 392).

652. — RÉPONSE COLLECTIVE. — S'il y a plusieurs accusés la déclaration sur les circonstances atténuantes ne peut être collective, elle doit être distincte et spéciale pour chaque accusé (C. 6 mai 1864. — B. 223). Mais les accusés ne pourraient s'en prévaloir que si la Cour ayant renvoyé le jury dans sa Chambre pour rectifier une autre irrégularité ne lui signalait pas en même temps celle-ci : et s'approprierait alors le vice entachant la réponse (C. 3 déc. 1846. — B. 456).

653. — OBLIGATION DU PRÉSIDENT. — Le Président doit * donner l'avertissement aux jurés sur les circonstances atténuantes en toute matière criminelle, même si le crime n'est puni que par deslois spéciales (C. 6 nov. 1863. — B. 430), ou si à raison de son âge l'accusé ne peut être frappé d'aucune peine infamante (C. 27 mais 1852. — B. 329).

EXCEPTION EN MATIÈRE CORRECTIONNELLE. — Il n'y serait pas tenu si, en vertu de lois particulières, de simples délits correctionnels sont déférés au jury, puisqu'en ce cas le jury n'a pas le droit de déclarer les circonstances atténuantes (C. 17 oct. 1832. — B. 588).

654. — DÉCLARATION MULTIPLE POUR UN ACCUSÉ. — Le jury pourrait déclarer l'existence des circonstances atténuantes sur chacun des chefs concernant un accusé au lieu de faire une déclaration unique pour l'ensemble des chefs (C. 16 janv. 1862. — B. 28).

655. — OPINION PERSONNELLE DU PRÉSIDENT. — Le Président ne pourrait, en donnant l'avertissement, ajouter que si le jury répondait affirmativement « aucun des faits de la cause ne lui semble devoir motiver l'admission d'une atténuation. » Toutefois ce procédé n'étant pas contraire à la lettre de la loi, n'entraînerait pas nullité (C. 28 mars 1845. — B. 203).

M. le chef du Jury voudra bien dater et signer la déclaration, avec approbation des renvois, surchages et mots rayés.

Nous joignons aux questions les pièces qui doivent vous être remises (341).

Vous pouvez, maintenant, vous retirer dans la chambre de vos délibérations d'où vous ne pourrez sortir qu'après avoir formé votre déclaration (343).

Nous donnons au chef de la gendarmerie de service l'ordre spécial et par écrit de faire garder les issues de la chambre du jury pendant la durée du délibéré.

Huissier, conduisez MM. les jurés dans la chambre de leurs délibérations.

« Gendarmes, faites retirer l'accusé. »

(La Cour se retire pendant le délibéré).

656. — **Mention de l'avertissement au jury dans le procès-verbal.** — Le procès-verbal doit * constater que l'avertissement a été donné par le Président conformément aux prescriptions des art. 341 et 347, C. I. C. En ces termes, l'énoncé du procès-verbal serait suffisant (C. 29 nov. 1872. — B. 296).

657. — DÉFAUT D'AVERTISSEMENT. — L'accusé ne peut invoquer le défaut d'avertissement s'il a obtenu des circonstances atténuantes parce qu'il n'a subi aucun préjudice (C. 21 déc. 1854. — B. 574).

658. — VOTE AU SCRUTIN SECRET. — Le Président doit * avertir les jurés que leur vote doit avoir lieu au *scrutin* secret (C. 22 mai 1863. — B. 244).

659. — MENTION AU PROCÈS-VERBAL. — Le procès-verbal doit mentionner en ces termes l'avertissement du Président sur le mode de scrutin. (C. 16 juil. 1858. — B. 17).

660. — **Remise des pièces au jury.** — L'article 341, C. I. C. porte : « que le Président devra remettre au chef du jury, avec les questions, l'acte d'accusation, les procès-verbaux qui constatent les délits et les pièces du procès autres que les déclarations écrites des témoins. » Cependant cette formalité n'est pas prescrite à peine de nullité (C. 26 août 1830. — B. 470).

661. — PIÈCES DISTRAITES. — Le Président ne peut distraire des pièces à communiquer au jury des procès-verbaux et des actes qui avaient été régulièrement joints au dossier (C. 8 juil. 1865. — B. 248).

662. — PIÈCES JOINTES. — Il appartient au Président, et en cas de contestation à la Cour, d'apprécier si une pièce a un rapport assez intime avec l'accusation pour être remise au jury. (N. 4. 544).

663. — PIÈCES QUI N'ONT PAS ÉTÉ LUES. — L'accusé ne peut se plaindre qu'on ait communiqué au jury des pièces qui n'ont pas été lues à l'audience (C. 5 févr. 1819. — B. 56), surtout s'il pouvait en demander lecture au cours des débats (C. 3 déc. 1836. — S. 1838. 1. 82).

664. — PIÈCES EN LANGUE ÉTRANGÈRE. — La remise de pièces écrites en langue étrangère ne peut être critiquée par l'accusé s'il n'a pas requis qu'elles fussent accompagnées d'une traduction par un interprète assermenté (N. 4. 550).

665. — DÉCLARATIONS DES TÉMOINS. — Les déclarations écrites des témoins peuvent faire partie des pièces remises sans qu'il y ait nullité (C. 21 juin 1860. — B. 243.)

666. — INFORMATION FAITE PENDANT LES DÉBATS. — Mais une information écrite, faite au cours des débats, ne pourrait * être remise aux jurés, sans avoir été auparavant communiquée à l'accusé (C. 29 avril 1853. — B. 214). — Il en serait de même d'écrits émanant de tiers, apportés postérieurement à l'arrêt de renvoi (C. 30 déc. 1830. — B. 602), mais non d'une liasse de pièces jointes au dossier et par suite présumés avoir été communiqués à la défense (C. 13 janv. 1870. — B. 7).

INTERDICTION AUX JURÉS DE COMMUNIQUER

667. — Communications permises. — Les jurés peuvent communiquer entre eux, titulaires et suppléants (C. 8 janv. 1846. — B. 17).

Ils doivent communiquer avec les membres de la Cour par l'intermédiaire du Président. (N. 4. 567). — De même avec les témoins (C. 20 juin 1833. — B. 309) ou avec le défenseur.

668. — Communications interdites. — Les seules communications interdites sont celles qui portent sur les faits relatifs à l'affaire soumise au jury, ou qui sont de nature à exercer sur l'opinion du juré une influence illégale (C. 28 déc. 1830. — B. 523). — Elles ne s'entendent que de communications volontaire de la part du juré et non des paroles que le juré peut entendre par hasard, sans le vouloir, et même malgré lui (C. 29 nov. 1838. — B. 537).

Il importe peu que les communications interdites aient eu lieu dehors (C. 19 mai 1842. — B. 195) ou pendant une suspension d'audience (C. 30 mars 1854. — B. 153).

669. — Tentative de communication. La tentative de communication n'est pas assimilée à la communication consommée (C. 2 sep. 1852. — B. 523).

670. — Lecture d'un journal. — Le fait par un juré de lire un journal au cours des débats n'entraîne pas nullité et ne peut donner lieu qu'à une observation du président (N. 4574).

671. — Remplacement du juré ayant communiqué. — Le juré qui s'est livré à une communication interdite est tenu pour empêché, et si un juré supplémentaire avait été désigné, celui-ci doit le remplacer (B. 16 juil. 1857. — C. 414).

672. — Acte demandé de la communication. — L'accusé peut demander acte à l'instant même de la communication qui a lieu à l'audience et à la reprise de la séance de celle qui a eu lieu au dehors. — Dans ce dernier cas la Cour peut refuser de donner acte par le motif que le fait s'est passé hors de sa présence, pendant la suspension, c'est-à-dire alors que la loi s'en remet à la conscience des jurés (C. 29 déc. 1853. — B. 748). Si cependant le fait allégué est grave et vraisemblable, la Cour peut interroger les jurés, les témoins, faire venir des témoins nouveaux et statuer. On doit ajouter foi à la déclaration du juré affirmant que les rapports qu'il a eus avec un tiers ne se référaient nullement à l'affaire (C. 25 nov. 1836. — D. 1838. 1.426).

673. — Droit d'appréciation de la Cour. — C'est à la Cour à apprécier si les paroles prononcées, au cours des débats, par un juré constituent la manifestation d'une opinion sur la culpabilité de l'accusé. Il n'y a pas manifestation d'une opinion dans ces mots d'un juré, après une réponse de l'accusé : « Cela m'étonne, car... » s'il n'a pas achevé la phrase sur l'observation du Président l'engage à s'abstenir de réflexions personnelles et si l'accusé n'a pas réclamé au moment même (C. 6 sept. 1851. — B. 583).

674. — Communication de la Cour avec les tiers. — L'interdiction de communiquer ne s'applique pas aux membres de la Cour d'assises qui peuvent correspondre, même avec des témoins, et pendant le délibéré sur l'application de la peine (C. 15 oct. 1847. — B. 425).

SECRET DES DÉLIBÉRATIONS DU JURY

675. — Défense aux jurés de sortir de leur chambre. — L'art. 343, C. I. C. porte : « Les jurés ne pourront sortir de leur « chambre qu'après avoir formé leur déclaration. L'entrée n'en pourra être permise pendant leur délibération, pour quelque « cause que ce soit, que par le Président et par écrit. Le Président est tenu de donner au chef de la gendarmerie de service « l'ordre spécial et par écrit de faire garder les issues de leur chambre : ce chef sera dénommé et qualifié dans l'ordre. La Cour « pourra punir le juré contrevenant, d'une amende de cinq francs au plus . Tout autre qui aura enfreint l'ordre, ou celui qui ne « l'aura pas fait exécuter, pourra être puni d'un emprisonnement de vingt quatre heures. »

676. — Sortie justifiée. — Il n'y a pas nullité si un juré s'est momentanément introduit dans la salle d'audience pour y prendre des notes qu'il y avait oubliées (C. 28 déc. 1832. — J. P. 1832. 1.704), ou des bulletins nécessaires au vote (C. 30 juil. 1840. — B. 310), ou pour prévenir le Président que le jury réclamait son assistance (C. 26 mars 1840. — N. 4. 587), ou pour des motifs légitimes, sous l'escorte d'un gendarme, sans communiquer avec personne (C. 31 janv. 1851. — D. 1851. 1. 135).

677. — Rentrée du jury. — Les jurés ne peuvent rentrer dans la salle d'audience, au cours de leur délibération que si la Cour les y rappelle pour rectifier une erreur matérielle dans les questions posées. (C. 25 déc. 1851. — B. 610).

À la rentrée définitive ils peuvent revenir tous ensemble ou séparément et successivement (C. 12 juin 1851. — B. 313).

678. — Défense d'entrer dans la chambre du jury. — En principe, personne ne peut s'introduire dans la chambre du jury, même un juré suppléant qui n'a pas été appelé à remplacer un juré titulaire (C. 10 juin 1830. — B. 371), sauf les exceptions ci-après.

679. — Droit du Président. — Le président ne peut y pénétrer que s'il y a été *appelé par le jury*. Quand il y rentre il y a présomption de droit que le jury avait demandé des éclaircissements qu'il est venu donner (C. 9 août 1845. — D. 1845. 1. 356).

Le Président peut autoriser, *par écrit*, des tiers à pénétrer dans la chambre du jury. Il a sur ce point un pouvoir discrétionnaire (N. 5. 591).

Il y a encore exception pour les *besoins matériels des jurés* ou les *nécessités imprévues du service*. Ainsi, sans permission écrite du Président, le concierge du palais pourrait porter des aliments aux jurés (C. 22 sept. 1818. — N. 5. 591), le greffier leur remette des pièces qui ne leur ont pas été remises (C. 14 nov. 1817. — N. 4. 591), un garçon de bureau, en l'absence des huissiers de service, se présenter à leur appel, pour les ramener à l'audience (C. 11 janv. 1849. — D. 1849. 5. 84), — un huissier de service entrer pour recevoir un ordre verbal ou une communication relative à son service (C. 4 août 1871. — B. 83).

680. — Ordre de garder les issues. — L'ordre à la gendarmerie de garder les issues n'est pas prescrit à peine de nullité (C. 26 sept. 1843. — B. 379).

681. — Pénalité pour le contrevenant. — La Cour apprécie souverainement la gravité de l'infraction. Le juré contrevenant le tiers qui a pénétré dans la chambre, sans une permission écrite du Président, ainsi que le chef de la gendarmerie qui n'a pas fait exécuter l'ordre de garder les issues, peuvent être punis d'un emprisonnement de vingt-quatre heures.

FONCTIONS DU CHEF DU JURY

682. — Attributions du chef du jury. — C'est à lui que le Président remet les questions écrites et les pièces du procès. — Avant de commencer la délibération, il fait lecture de l'Instruction générale (Art. 342, C. I. C.); — il préside et dirige la discussion qui précède le vote; il lit successivement chacune des questions posées; — il remet à chacun des jurés les bulletins sur lesquels ils devront exprimer leur décision, il les recueille ensuite fermés et il les dépose dans l'urne; — il dépouille chaque scrutin en présence des jurés qui peuvent vérifier les bulletins; — il en consigne le résultat en marge ou à la suite de la question résolue, sans exprimer le nombre des suffrages; — il pose la question des circonstances atténuantes et appelle les jurés à statuer sur leur admission ou leur rejet; — après le dépouillement de chaque scrutin, il brûle les bulletins en présence de ses collègues; — il signe la déclaration du jury; — rentré à l'audience, il se lève et, la main sur son cœur, il lit cette déclaration qu'il remet au Président. (N. 4. 601 et suiv.)

683. — Quel est le chef du jury. — Le chef du jury est le premier juré sorti par le sort (Art. 342 C. I. C.).

684. — Son remplacement. — L'Art. 342 ajoute: « ou celui qui sera désigné par les jurés et du consentement de ce dernier » La majorité du jury peut donc désigner un autre chef du jury que celui indiquer par le sort. Mais, il est besoin à la fois, de l'assentiment de celui-ci, et du consentement de l'élu (C. 25 janv. 1878. — J. *Droit* 19 mai 1878). — (V. *Code manuel du Juré*, par Constant Fenol, 3e édit. p. 93, *note*), il est bon que le juré remplaçant fasse suivre sa signature de ces mots: « ".. remplaçant le premier juré désigné par le sort, sur sa demande, sur la désignation des autres jurés et de mon consentement. »

685. — Époque du remplacement. — Les jurés peuvent y procéder à tout moment, même avant d'avoir prêté serment (C. 27 sept. 1822. — N. 4. 597), dans la salle d'audience ouverte au public (C. 12 janv. 1860. — B. 16), au moment de la lecture à l'audience de la déclaration (C. 12 oct. 1849. — B. 388).

686. — Lecture du verdict. — Le chef du jury, subitement indisposé, pourrait, désigner un de ses collègues pour faire le lecture à sa place, mais *du consentement des autres jurés* (C. 12 avril 1830. — B. 186). Si non la Cour pourrait, surtout en cas da protestation, ordonner aux jurés de rentrer dans leur chambre, et enjoindre au chef du jury d'accomplir la fonction qui lui est dévolue (C. 8 juillet 1824. — J. P. 1824. 870).

687. — Mention au procès-verbal. — Le procès-verbal doit mentionner l'accomplissement des formalités pour le remplacement du chef du jury. Cependant l'irrégularité de cette mention n'entraînerait pas nullité (C. 1 févr. 1866. — B. 55).

FORMALITÉS DE LA DÉLIBÉRATION

688. — **Textes législatifs.** — Décret du 6 mars 1848. — Art. 5 : — « *La discussion dans le sein du jury avant le vote est de droit.* »

689. — Loi du 13 mai 1836, sur le vote du jury. — Art. 1er : — « *Le jury votera par bulletins écrits et par scrutins distincts et successifs sur le fait principal d'abord, et, s'il y a lieu, sur chacune des circonstances aggravantes, sur chacun des faits d'excuse légale, sur la question de discernement et enfin sur la question des circonstances atténuantes que le chef du jury sera tenu de poser, chaque fois que la culpabilité de l'accusé aura été reconnue.* »

Art. 2 : — « *À cet effet, chacun des jurés, appelé par le chef du jury, recevra de lui un bulletin ouvert marqué du timbre de la Cour d'assises et portant ces mots : sur mon honneur et ma conscience, ma déclaration est... Il écrira à la suite ou fera écrire secrètement par un juré de son choix, le mot oui ou le mot non, sur une table disposée de telle sorte que personne ne puisse voir le vote inscrit au bulletin. Il remettra le bulletin écrit et fermé au chef du jury qui le posera dans une urne ou boîte destinée à cet effet.* »

690. — **Loi du 9 juin 1853.** — ART. 3 : — « *Le chef du jury dépouille chaque scrutin en présence des jurés qui peuvent vérifier les bulletins. Il constate sur le champ le résultat du vote en marge et à la suite de la question résolue. La déclaration du jury en ce qui concerne les circonstances atténuantes, n'est exprimée que si le résultat du scrutin est affirmatif.* »

ART. 4 : — « *S'il arrivait que dans le nombre des bulletins il s'en trouvât sur lesquels aucun vote ne fut exprimé. Ils seraient comptés comme portant une réponse favorable à l'accusé. Il en serait de même des bulletins que six jurés au moins auraient déclarés illisibles.* »

ART. 5 : — « *Immédiatement après le dépouillement de chaque scrutin, les bulletins seront brûlés en présence du jury.* »

ART. 6 : — « *La présente loi sera affichée en gros caractères dans la chambre des délibérations du jury.* »

691. — **Vote au scrutin secret.** — Il y a présomption que le vote du jury a eu lieu au scrutin secret (C. 21 déc. 1835. — B. 566).

692. — Scrutins distincts et successifs. — Il y a présomption que le vote a eu lieu par scrutins distincts et successifs. Cependant la preuve contraire résulterait de ce fait que le jury a répondu par une seule affirmation à la fois sur le fait principal et sur les circonstances aggravantes. (C. 4 juil. 1844. — B. 355).

693. — Épreuves douteuses. — Le vote est acquis après le dépouillement des bulletins. Cependant s'il y avait eu erreur ou méprise de la part d'un juré on pourrait recommencer le vote, mais du consentement unanime des jurés (N. 4. 610).

694. — Bulletins illisibles. — Les jurés à la majorité apprécient le sens d'un bulletin illisible. Il devrait être considéré comme favorable à l'accusé dans le cas ou six jurés seraient de cet avis (N. 4. 611).

695. — Constatation de la majorité. — Le partage des voix entraine une réponse négative (C. 33 juin 1814. — B. 60), mais on ne doit pas faire mention du partage dans la réponse. (C. 25 juil. 1833. — B. 378).

En cas de réponse affirmative il est nécessaire * d'ajouter : à la majorité (C. 10 août 1865. — B. 286) et cela aussi bien pour le fait principal que pour les circonstances aggravantes (C. 9 mars 1837. — B. 80).

Il est interdit * dans tous les cas d'indiquer que la réponse est faite à tel nombre de voix (C. 11 janv. 1849. — B. 6.) ou à l'unanimité (C. 15 févr. 1861. — B. 64).

Si le Jury persistait à indiquer le nombre de voix sur certaines questions et qu'il eût répondu régulièrement sur d'autres, la Cour annulerait celles où le nombre de voix serait indiqué, et prononcerait la peine justifiée par les questions régulières (C. 13 janv. 1832. — B. 17). L'accusé ne pourrait s'en plaindre puisqu'il n'éprouve aucun préjudice (C. 21 juil. 1853. — B. 394.)

696. — Question d'excuse. — La réponse négative sur une question d'excuse étant contraire à l'accusé doit * mentionner la majorité (C. 8 juil. 1836. — B. 240).

697. — **Circonstances atténuantes.** — Le Jury peut voter sur les circonstances atténuantes, soit d'une manière générale, soit pour chacun des chefs de l'accusation. Si la déclaration ne mentionnait pas la majorité, l'accusé ne pourrait se plaindre de cette irrégularité. Le ministère public, seul pourrait la relever, mais seulement dans l'intérêt de la loi (C. 27 août 1852. — B. 516).

698. — Procès-verbal. — Le Greffier n'étant pas admis dans la chambre des Jurés, il ne peut être fait mention de l'accomplissement de ces formalités dans le procès-verbal. On ne peut donc arguer du silence du procès-verbal pour prétendre qu'elles (n'ont pas été accomplies 16 sept. 1831. — B. 309).

<hr>

DÉCLARATION DU JURY

§ 1. — *Forme matérielle extrinsèque*

699. — La déclaration doit être écrite. — Cela résulte de la combinaison de l'art. 349, C. I. C. avec l'art. 3 de la loi du 13 mai 1836 et la loi du 9 juin 1853. Il n'y aurait pas nullité à consigner les réponses sur une feuille de papier séparée (C. 10 févr. 1820. — N. 4. 622). — Le chef du jury n'est tenu que de signer la déclaration. Il pourrait donc la faire écrire par un autre juré (C. 24 déc. 1829. — S. 1830. 1. 115).

700. — Elle doit être annexée à la procédure. — Cette formalité est indispensable * pour que l'accusé puisse vérifier la déclaration et la critiquer (C. 6 déc. 1862. — B. 450).

701. — L'original de la déclaration fait foi. — L'original de la déclaration fait loi contre les énonciations contraires ou différentes du procès-verbal (C. 21 mai 1812. — B. 226). — Les ratures ou surcharges faites après coup n'altèrent pas la force d'une déclaration régulière, ainsi régulièrement transcrite sur le procès-verbal (C. 15 févr. 1834. — B. 64).

702. — Date omise. — L'omission, l'erreur (C. 3 janv. 1833. — D. 1834. 1. 434) et la surcharge (C. 28 févr. 1852. — B. 149) de la date n'entraînent pas nullité. En cas d'erreur la Cour peut ordonner la rectification de la date énoncée, laquelle peut être faite sur une simple observation du Président, à l'audience, et sans renvoi des jurés dans la chambre des délibérations (C. 4 avril 1850. — B. 485). — L'indication du lieu de la déclaration n'est pas nécessaire comme étant suffisamment indiqué dans le procès-verbal (C. 25 sept. 1845. — B. 483).

703. — Formule : sur mon honneur. — Il n'est pas nécessaire que cette formule soit transcrite en tête de la déclaration pourvu que le procès-verbal constate qu'elle a été lue (C. 26 avril 1838. — B. 158).

704. — INTERLIGNES, RATURES, RENVOIS ET SURCHARGES. — Les interlignes, ratures, renvois et surcharges doivent être approuvées par la signature du chef du jury conformément aux prescriptions de l'art. 78, C. I. C. qui s'applique à tous les actes de la procédure criminelle (C. 17 févr. 1851. B. 75). — Le simple paraphe pourrait suffire (C. 23 juil. 1824. — B. 289). — Les surcharges rentrent dans les termes généraux de ratures et renvois.

705. — DÉFAUT D'APPROBATION. — En cas d'omission d'approbation, les interlignes et renvois sont réputés non avenus et l'on ne retient pas compte des ratures et surcharges. — Ainsi le mot *minorité* substitué par une *interligne* à un mot raturé serait sans effet et par suite la réponse du jury sans validité (C. 27 mars 1855. — B. 202). Les mots raturés et suchargés au contraire continuent à produire leur effet. Ainsi, dans les mots *oui à la majorité simple*, le mot *simple* rayé sans approbation est réputé maintenu et par suite la déclaration est nulle comme exprimant le nombre de voix formant la majorité (C. 5 janv. 1814. — B. 3).

706. — Les arrêts qui tiendraient compte des surcharges et renvois non approuvés, au lieu de statuer uniquement d'après le texte primitif peuvent être annulés pour ce motif (C. 5 janv. 1844. — B. 3), à moins qu'il n'en résulte aucune modification, au fond, de la déclaration (C. 20 oct. 1831. — B. 455), que le sens des réponses reste clair et précis (C. 10 juin 1832. — B. 353), ou que les énonciations du procès-verbal fassent disparaître toute incertitude, par exemple, en cas de surcharges du mot *oui* (C. 18 juil. 1839. — S. 1840. 1. 817). — Dans tous les cas l'accusé ne pourrait attaquer les déclarations dont l'interprétation lui aurait été favorable (C. 25 mars 1845. — B. 175).

<h3 style="text-align:center">§ 2. — Forme intrinsèque de la Déclaration</h3>

707. — RÉPONSE A TOUTES LES QUESTIONS. — En principe il faut répondre à toutes les questions, à moins qu'une réponse négative sur un fait principal ne dispense de répondre aux questions sur les circonstances aggravantes ou sur un autre fait principal. Par exemple, après réponse affirmative sur la question de meurtre, il est inutile de répondre sur celle d'homicide par imprudence (C. 2 oct. 1843. B. — 493).

Mais le jury doit répondre sur les questions relatives à la complicité, même après une réponse négative en ce qui concerne l'auteur principal (C. 9 mars 1855. — B. 153).

708. — CERTITUDE ET CLARTÉ DE LA RÉPONSE. — La réponse doit être claire et ne pas laisser subsister de doute. Si, par exemple, le jury répondait : oui, *il est constant* que l'accusé A..., ces termes ne portant que sur la matérialité du fait et non sur la culpabilité, il n'y a ni crime ni délit (C. 6 mars 1812. — B. 90). — De même si le jury au lieu de répondre *non*, répond : *oui, l'accusé n'est pas coupable*, il n'est pas douteux qu'il faut voir dans cette expression une déclaration de non-culpabilité (C. 12 janv. 1828. — B. 15).

709. — RÉPONSES DISTINCTES ET SÉPARÉES. — Le jury peut diviser une question unique, pour éviter la complexité, et répondre séparément sur chacun des chefs ou des circonstances. Mais quand des questions distinctes lui ont été posées sur le fait principal et sur les circonstances aggravantes, il est tenu de faire sur chacune des questions une réponse distincte. Il ne peut, par exemple, répondre : *oui, à la majorité pour toutes les questions* (C. 6 juin 1851. — B. 108).

710. — EXPRESSION DE LA MAJORITÉ. — Quand la déclaration doit mentionner qu'elle est faite à la majorité, ce mot doit être écrit en toutes lettres et non par abréviation (C. 17 avril 1832. — B. 170), ni par une simple accolade ou *idem* pour une série de questions (C. 17 janv. 1856. — B. 35).

711. — CIRCONSTANCES ATTÉNUANTES. — La mention dans la déclaration qu'*à la majorité il n'y a pas de circonstances atténuantes*, bien qu'irrégulière, n'entraînerait pas nullité (C. 18 déc. 1858. — B. 516).

DÉCLARATIONS IRRÉGULIÈRES

et renvois pour rectification

712. — Déclarations régulières. — La déclaration du jury, régulière en la forme, lue en audience publique est dès ce moment irréfragable. L'art. 350, C. I. C., porte qu'elle ne peut jamais être soumise à aucun recours, de la part de la Cour, (C. 8 févr. 1862. — B. 65) du ministère public, de l'accusé, ni des jurés eux-mêmes. (C. 15 sept. 1853. — B. 462). Ce qui a été écrit et lu fait foi (C. 26 juin 1846. — B. 252.)

713. — Seul cas où la Cour peut annuler la déclaration régulière. — Malgré la régularité des formes, la Cour peut renvoyer l'affaire à une autre session pour être soumise à un nouveau jury, si elle estime que les jurés se sont trompés au fond, — mais seulement *dans le cas où l'accusé a été reconnu coupable* (Art. 352, C. I. C.).

714. — Déclarations irrégulières. — La déclaration n'est plus irréfragable si elle est illégale, — irrégulière en la forme, — incomplète, — contradictoire, ou équivoque.

715. — Droit de rectification. — Le droit de rectification ou d'interprétation appartient aux jurés seuls qui l'exercent sur l'ordre de la Cour.

Conséquences des irrégularités — Les irrégularités entraînent presque toujours la nullité de la déclaration. Si la Cour n'ordonne pas la rectification, son arrêt sur l'application de la peine participe au vice et peut être annulé (N. 4. 672).

716. — Nullité sur un fait principal. — La nullité de la réponse sur un fait principal affecte les réponses sur les circonstances aggravantes ou atténuantes qui s'y réfèrent (C. 23 juil. 1840. — B. 300). — Elle vicie également un autre fait principal lié au premier d'une manière indivisible : ainsi la nullité d'une réponse défavorable à l'accusé sur une question d'excuse résultant de la provocation ou du défaut de discernement. (C. 28 avril 1836. — B. 142). Mais la nullité n'est prononcée, que *parte in quâ* lorsqu'il s'agit de chefs ou de circonstances distincts : ainsi la réponse sur le fait de vol et la circonstance de nuit étant régulière, n'est pas atteinte par la nullité de la réponse relative à la circonstance de maison habité relevée à propos d'un second vol distinct du premier (C. 10 août 1837. — B. 306).

717. — Il en est de même de l'irrégularité résultant d'une réponse incomplète, ainsi du défaut de réponse sur une accusation de vol jointe à une accusation de faux. La réponse négative sur le faux n'en demeure pas moins acquise à l'accusé (C. 11 févr. 1830. — B. 81). — Il en est de même encore en cas de complexité : ainsi sur quatre réponses du jury, une étant régulière et justifiant l'application de la peine minimum qui a été faite, il importe peu que les trois autres questions soient entachées de complexité. Ce vice inopérant ne peut entraîner la nullité de la condamnation (C. 5 janv. 1865. — B. 1).

718. — Déclaration illégale. — Une déclaration illégale doit être considérée comme n'existant pas et par suite le jury doit être renvoyé dans sa chambre pour délibérer à nouveau (C. 14 sept. 1832. — N. 4. 676).

719. — Déclaration irrégulière en la forme. — Rectification à l'audience d'une erreur matérielle. — Si l'erreur matérielle est évidente et ne touche point au fond, la rectification peut être faite à l'audience, sur la simple invitation du Président, et sans intervention de la Cour (N. 4. 678).

720. — Renvoi au cas d'erreurs touchant au fonds. — Le renvoi doit être ordonné : Si des *circonstances atténuantes ont été accordées collectivement* à plusieurs accusés, — S'il y a *complexité de la réponse*, le jury ayant répondu, par exemple : Sur les trois questions, à la majorité, oui. Il y aurait même nullité si au lieu de renvoyer par arrêt formel, le jury dans sa chambre, la Cour autorisait la rectification à l'audience même (C. 27 juin 1839. — B. 316), — si l'accusé n'est pas déclaré expressément *coupable*, mais seulement atteint et convaincu (C. 24 oct. 1822. — B. 452) ou si le jury déclarait seulement le fait constant (C. 28 févr. 1833. — B. 109) ces expressions ne s'appliquant qu'au fait matériel, — si le *remplaçant du chef du jury* n'a pas fait mention dans la déclaration de la délégation (C. 28 janv. 1848. — B. 38), — si la *majorité* est représentée par une abréviation, — si le jury a indiqué le *nombre de voix* (C. 31 janv. 1845. — B. 65), — si la déclaration contient un non-sens, comme, à la majorité de *Cinq contre sept*, — s'il y a omission de la mention : *à la majorité* (C. 27 janv. 1842. — B. 23), — si en ce qui concerne l'auteur principal le jury répond qu'il est coupable *comme auteur ou comme complice*.

721. — Renvoi au cas de déclaration incomplète ou insuffisante. — Le renvoi doit être ordonné quand la déclaration ne contient pas une réponse à toutes les questions sur le fait principal, sur ses éléments constitutifs, sur les circonstances aggravantes et sur les excuses légales (C. 27 oct. 1815. — B. 126). — On ne pourrait prononcer l'acquittement de l'accusé tant que le jury n'eut purgé tous les chefs d'accusation, art. 358, C. I. C. (C. 20 sept. 1822. — B. 375). — De même avant la condamnation la Cour doit renvoyer le jury compléter ses réponses (C. 4 avril 1842. — B. 144).

722. — Exemples : en matière d'*assassinat*, après une déclaration de non culpabilité comme *auteur*, l'omission de répondre sur la question subsidiaire de savoir s'il est *complice*, — en matière d'*attentat à la pudeur*, répondre que l'accusé n'a pas exercé de violences *physiques ou morales* quand la question porte sur le mot violences en général (C. 28 oct. 1830. — B. 543), — en matière de *banqueroute frauduleuse*, si au lieu de répondre sur les faits matériels constitutifs le jury s'est borné à répondre : oui l'accusé est coupable de banqueroute frauduleuse (C. 16 sept. 1830. — B. 490), — s'il y a omission de répondre sur les *circonstances aggravantes* par exemple, de chemin public (C. 25 mars 1825, — B. 154), de domesticité (C 9 juil. 1812), d'escalade (C. 27 juin 1828). — B. 483), de fonctionnaire public (en matière de faux) (C. 6 mai 1812. — B. 223), de maison habitée (C. 6 juin 1839. — B. 230) en matière de *vol*, l'omission de répondre sur la complicité par recel, après avoir déclaré l'auteur principal non coupable (C. 8 janv. 1835.—B. 4), —l'omission de répondre sur les caractères constitutifs de la complicité (C. 27 juin 1835.—B. 311v.)—l'omission de répondre sur une question d'excuse en matière de fausse monnaie (C. 31 janv. 1857. — B. 67), — si, en matière de vol, le jury répond : *oui l'accusé est coupable de soustraction*, sans parler de la fraude (C. 18 avril 1816. — B. 44).

723. — **Renvoi en cas de réponses contradictoires.** — Lorsque les réponses sont contradictoires elles demeurent sans effet (C. 17 nov. 1870. — B. 183), et il y a lieu à renvoi (C. 12 avril 1861. — B. 129). Ainsi, pour l'assassinat, l'affirmation du crime et la dénégation de la volonté, du guet-à-pens ou de la préméditation (C. 2 juil. 1813. — B. 353), — si l'accusé est déclaré à la fois auteur et complice (C. 27 août 1831. — B. 353), cependant chacun des accusés peut être déclaré auteur et complice par recélé du même vol commis par son co-accusé (C. 3 juil. 1856. — B. 398), — si des circonstances aggravantes matérielles. déclarées pour un accusé, sont déniées pour un co-accusé (C. 24 juin 1830. — B. 303), ou déclarées pour l'auteur principal, et déniées pour le complice (C. 1 févr. 1836. — B. 65), ou s'il y a vol avec effraction, et dans une *maison non servant à l'habitation* (C. 30 avril 1852. — B. 264), — ou si le vol *n'a pas été commis dans les dépendances d'une maison habitée* et qu'il a été commis avec une *fausse clef pour pénétrer dans les dépendances d'une maison habitée* (C. 26 juil. 1860. — B. 312), — en matière de coups et blessures, s'il y a à la fois volonté ou imprudence (C. 9 sept. 1826. — B. 490), en matière d'empoisonnement, *dessein* et *d'empoisonnement* ou si les substances étaient *de nature à donner la mort* et seulement *nuisibles à la santé* (C. 21 juin 1850.— D. 1850. 5. 122), la conivence et l'absence d'intention criminelle en matière de faux, — faux en écriture privée, écriture de commerce et pour les mêmes billets (C. 8 oct. 1835. — B. 464), — en matière d'homicide, la déclaration de culpabilité, et qu'il n'y a pas eu volonté ou dessein de nuire (C. déc. 1826. — B. 725), — sur le point de savoir, d'une part, si le feu a été mis *dans le but de porter préjudice* à une compagnie d'assurances, et d'autre part, si cet incendie a *causé un préjudice* à la compagnie d'assurance, la réponse affirmative sur la première question et celle négative sur la seconde se contredisent, car ces questions ne diffèrent pas substantiellement l'une de l'autre (C. 24 sept. 1857. — B. 517), — de même quand il résulte des réponses que la maison est non habitée quant à l'auteur principal, et habitée quant au complice (C. 21 juin 1855). — B. 306), — en cas de guet-apens affirmé et de préméditation repoussée (C. 15 sept. 1853. — B. 521); la préméditation au contraire peut exister sans guet-apens. — s'il existe deux réponses, oui et non, dont l'une n'est pas raturée (C. 20 déc. 1855. — B. 635), — en cas de négation du concours de plusieurs personnes, et d'un accusé déclaré coupable comme complice, comme en matière de vol en réunion (C. 10 nov. 1830. — B. 556),—en cas de déclaration que l'accusé est auteur ou recéleur, — en cas de circonstance de domesticité affirmée quant à l'auteur principal et repoussée quant au complice (C. 14 sept. 1837. — B. 352).

724. — **Renvoi en cas de réponses obscures ou équivoques.** — Exemple : — la seule réponse oui, ou non, à une question alternative (C. 1 avril 1821.—B. 137). — en cas d'association de malfaiteurs, la réponse : oui, sans circonstances aggravantes, — en cas de doute sur celui des accusés auquel s'appliquent les circonstances atténuantes (C. 19 mars 1853. — B. 150), — réponse *oui* faite collectivement à trois questions distinctes (C. 27 oct. 1813. — B. 129), — réponse négative à une question complexe d'âge et de discernement (C. 28 avril 1833. — B. 142) — en cas de réponse : oui, l'accusé a ajouté un mot à la quittance; non, il n'en a pas fait sciemment usage (C. 9 sept. 1819. — B. 305), — en matière de tentative de vol, réponse affirmative sur la complicité et négative sur les circonstances constitutives de la tentative (C. 30 mai 1816. — B. 60).

725. — **Renvoi en cas de déclarations surabondantes.** — Il y a lieu à renvoi quand les réponses surabondantes entraînent la nullité de la déclaration, par exemple, quand le jury se pose des questions modifiant celles posées et y répond (C. 15 janv. 1835. — B. 19).

726. — Si la surabondance est complètement inopérante la Cour n'en tient pas compte et rend son arrêt comme si elle n'existait pas. (N. 4. 726). Il en est de même dans le cas où la surabondance n'existe que dans les mots et n'ajoute rien à la question.

727. — S'il y a plusieurs questions distinctes la surabondance ne vicie que la réponse où elle se trouve, les autres réponses étant régulières doivent produire effet (N. 4. 735). (V. pour les espèces dans lesquelles il n'y a lieu ni à nullité ni à renvoi, N. 4. 736 suiv).

728. — A QUEL MOMENT DOIT ÊTRE ORDONNÉ LE RENVOI. — Le renvoi peut être ordonné après la première lecture (C. 9 mars 1821. — B. 89), après la seconde lecture (C. 14 oct. 1825. — B. 569), et jusqu'à ce que la Cour ait été dessaisie par la prononciation de l'arrêt (C. 15 sept. 1853. — B. 256).

729. — LE RENVOI DOIT ÊTRE ORDONNÉ PAR LA COUR. — C'est à la Cour (C. 2 juin 1831. — D. 1831. 1. 416) qu'il appartient d'ordonner le renvoi et non au Président, à moins qu'il ne s'agisse d'une simple erreur matérielle sans portée légale qui peut être rectifiée à l'audience même (C. 21 janv. 1854. — B. 39). Avant d'ordonner le renvoi il y a lieu de donner la parole au défenseur et celui ci peut même demander, par conclusions, que l'accusé soit ramené à l'audience pour se concerter avec lui sur ce point C. 12 juil. 1855. — B. 402).

730. — L'ARRÊT ORDONNANT LE RENVOI DOIT ÊTRE MOTIVÉ. — L'arrêt doit énoncer la cause d'irrégularité qui détermine le renvoi (C. 24 déc. 1852. — B. 688). Il suffit que l'arrêt soit inséré avec ses motifs au procès-verbal (C. 20 avril 1833. — B. 151).

Il n'y a pas lieu d'entendre le ministère public ni l'accusé si le renvoi n'a soulevé aucun incident contentieux (C. 26 déc. 1878. — D. 1880. 1. 187).

731. — EFFETS DU RENVOI. — En rentrant dans leur chambre les jurés ressaisissent tous leurs pouvoirs et peuvent changer ou modifier leurs premières réponses (C. 17 déc. 1857. — B. 629).

732. — IL N'Y A PAS LIEU A NOUVEL AVERTISSEMENT DU PRÉSIDENT. — Le Président n'a pas besoin de renouveler l'avertissement aux jurés (C. 13 nov. 1862. — B. 409).

733. — LA COUR NE PEUT FAIRE REVIVRE LA PREMIÈRE DÉCLARATION. — La Cour d'une part ne peut enfreindre son arrêt de renvoi qui

a acquis force de chose jugée, et d'autre part refuser d'admettre la seconde déclaration qui est devenue la règle irréfragable pour l'application de la loi, en vertu de l'Art. 350, C. I. C. (C. 6 août 184). — B. 31 b).

734. — LA PREMIÈRE DÉCLARATION DOIT ÊTRE JOINTE A LA PROCÉDURE. — Cette formalité a pour but de permettre à la Cour de cassation d'exercer son contrôle. Cependant il a été jugée qu'lle n'est pas nécessaire (C. 17 févr. 1819. — B. 64).

735. — IL Y A LIEU A UN DEUXIÈME RENVOI SI LA SECONDE DÉCLARATION EST IRRÉGULIÈRE. — En ce cas c'est la troisième déclaration qui doit servir de bon à l'arrêt (C. 13 sept. 1316. — N. 4. 739).

736. — FORME DE LA NOUVELLE DÉCLARATION. — Le jury peut se borner à faire ses nouvelles réponses, au dessous des réponses primitives Il n'est pas nécessaire que le chef du jury appose une nouvelle signature, mais les ratures et surcharges doivent être approuvées

LECTURE DE LA DÉCLARATION DU JURY

Après la rentrée du Jury et de la Cour, le Président s'assure que le Jury est au complet, que le défenseur et le greffier sont présents et dit :

« **M. le chef du Jury veuillez faire connaître le résultat de votre délibération.** »

Alors le chef du Jury, debout, la main droite sur son cœur, dit ; « Sur mon honneur et ma conscience, devant Dieu et devant les hommes, la déclaration du Jury est : sur la 1ʳᵉ question principale : oui, à la majorité, ou non, sur la circonstance aggravante, etc. (348). »

737. — Lecture de la déclaration. — Le chef du jury doit lire intégralement la déclaration du jury. S'il y ajoutait un développement celui-ci serait nul et non avenu et la déclaration écrite seule subsisterait (N. 4. 613). — S'il se bornait à dire : « *sur toutes les questions, oui à la majorité,* » il n'y aurait pas nullité si les déclarations écrites étaient réglières et distinctes, car l'accusé n'a pu se tromper sur le sens de ces paroles (C. 15 juin 1850. — B. 395).

738. — Lecture de la formule : sur mon honneur. — Le texte de cette déclaration ni l'attitude physique prescrite par l'art. 318 ne sont substantiels. Le chef du jury pourrait, sans nullité, supprimer de la déclaration ces mots « devant Dieu et devant les hommes. » Dans l'arrêt du 11 juin 1857 (B. 318) la Cour de cassation disait, à ce sujet : « Cette omission est, sans doute regrettable à raison de la formule et des solennelles attestations qu'elle consacre ; mais l'observation du dernier paragraphe de l'art. 348 n'est pas prescrite à peine de nullité. »

739. — Par qui est faite la lecture. — Elle doit l'être par le chef du jury, mais il peut se faire remplacer à cet effet par un collègue, du consentement de tous les jurés, du ministère public et de la Cour (C. 20 août 1857. — B. 489). Mais cette lecture ne pourrait être faite par une personne étrangère au jury, par exemple, le Président de la Cour (N. 4. 647).

740. — Publicité de la lecture. — La lecture doit être faite en audience publique, en présence de la Cour, du ministère public, des jurés et du défenseur, à moins que l'absence de ce dernier soit volontaire (C. 19 juin 1823. — N. 4. 648). — Si l'accusé, rentré prématurément à l'audience, était présent à cette première lecture il n'y aurait pas nullité, les formalités de l'art. 357, C. I. C. n'étant pas substantielles (C. 20 mars 1856. — B. 188), et la Cour pourrait refuser de statuer sur des conclusions demandant acte de sa présence et ordonner qu'il *soit passé outre (ibid)*. — L'absence d'un juré serait une cause de nullité. (C. 2 nov. 1811. — J. P. 1811. 674).

741. — Juré absent. — Le juré qui s'absente avant la lecture définitive de la déclaration est passible de l'amende prononcée par l'art. 396, C. I. C. et la loi du 21 nov. 1872 art. 20. La Cour pourrait se déclarer en permanance, faire expédier et exécuter de suite l'arrêt, et même décerner contre le juré absent un mandat d'amener oud'arrêt (N. 4. 650).

742. — Lecture après renvoi et rectification. — Si les jurés ont été rénvoyés dans leur chambre pour opérer à leur déclaration une rectification matérielle, il suffit, au retour, que le chef du jury lise la partie rectifiée de la déclaration (C. 12 avril 1839. — B. 186).

743. — Signature de la déclaration. — La déclaration doit être signée par le chef du jury en présence des autres jurés, soit après la délibération, soit à l'audience après lecture (C. 10 févr. 1843. — B. 63), ou même après le Président des assises (C. 10 oct. 1849. — B. 38.

744. — Place de la signature. — Il suffit d'une seule signature placée à la suite de ladéclaration et s'appliquant ainsi à toutes lesréponses (C. 23 janv. 1851. — B. 51).

745. — Remise de la déclaration. — Le chef du jury remet la déclaration au Président qui doit la signer (C. 13 mars 1856. B. 170) ainsi que le greffier (C. 25 avril 1835. — B. 191). Si le chef du jury a apposé plusieurs signatures celle du Président n'a pas besoin d'être renouvelée autant de fois (C. 10 mai 1832. — N. 4.661).

LECTURE DE LA DÉCLARATION A L'ACCUSÉ

« Huissier, faites rentrer l'accusé.

« M. le Greffier, veuillez lire à haute voix la déclaration du Jury. »

En cas de verdict négatif, le Président rend une ordonnance d'acquittement.

En cas de verdict affirmatif :

« La parole est à M. le Procureur général pour requérir l'application de la peine.

L'accusé et son défenseur ont la parole pour présenter leurs observations.

La partie civile a la parole pour développer ses conclusions.

Ensuite, la Cour opine à voix basse o i se retire pour délibérer.

Lecture de l'arrêt.

Puis le Président prononce publiquement l'arrêt de condamnation ou d'absolution.

Interpellation à l'accusé.

« Accusé, vous avez trois jours francs pour vous pourvoir en cassation contre le présent arrêt. Passé ce délai vous ne seriez plus recevable. »

Clôture de la session.

Quand le rôle de la session est épuisé, le Président dit :

« Nous, Président des Assises du.... trimestre, dans le département de...

Considérant que toutes les affaires qui étaient en é at, ont été soumises au Jury; vu l'Art. 260, C. I. C., déclarons close la session des Assises du département de..... pour le..... trimestre de l'année... »

746. — Lecture de la déclaration a l'accusé. — L'art. 337, C. I. C. porte : « *Le Président fera comparaître l'accusé, et le greffier lira en sa présence la déclaration du jury*».

747. — Le défaut de lecture a l'accusé n'entraîne pas nullité. — Il faut cependant que par une analyse exacte et complète le greffier ait fait au moins connaitre l'intégralité de la déclaration et que la défense ne soit pas entravée (C. 5 mai 1839. — B. 193).

748. — Refus de l'accusé de comparaître. — Si l'accusé refuse de comparaître on ne peut passer outre qu'après l'accomplissement des formalités prescrites par les art. 8 et 9 de la loi du 9 sept. 1835 (C. 12 déc. 1840. — B. 493). — V. 325.

749. — Cas ou il y a plusieurs accusés. — Il suffit de lire à chacun des accusés la partie de la déclaration du jury qui le concerne (C. 24 sept. 152. — B. 534).

750. — Avertissement a l'accusé sur l'application de la peine. — L'avertissement à l'accusé sur l'application de la peine, après le réquisitoire du ministère public, est une formalité substantielle (C. 18 août 1831. — J. P. 1833. 561).

RÉQUISITION DU MINISTÈRE PUBLIC

751. — Réquisition. — L'Art. 352, C I. C. porte : « Lorsque l'accusé aura été déclaré coupable, le Procureur général fera sa réquisition à la Cour pour l'application de la loi. La partie civile fera la sienne pour restitution et dommages intérêts. »

752. — Témoins nouveaux. — Pour pouvoir requérir l'application des peines de la récidive, le Ministère public peut être admis à prouver par témoins que l'accusé est le même qu'un individu condamné sous un autre nom (C. 10 juillet 1828.—S. 1828. 1. 303).

753. — Magistrat nouveau. — Le Magistrat qui requiert peut n'être pas celui qui a suivi les débats, les fonctions du Ministère public étant indivisibles (C. 29 mars 1832. — B. 167).

INTERPELLATION A L'ACCUSÉ

754. — Interpellation du président. — « Le Président, dit l'Article 363, demandera à l'accusé s'il n'a rien à dire pour sa défense.

L'accusé ni son Conseil ne pourront plus plaider que le fait est faux, mais seulement qu'il n'est pas défendu ou qualifié délit par la loi, — ou qu'il ne mérite pas la peine dont le Procureur général a requis l'application, — ou qu'il n'emporte pas de dommages-intérêts au profit de la partie civile,— ou, enfin, que celle-ci élève trop haut les dommages-intérêts qui lui sont dûs. »

755. — Caractère de cette formalité. — Elle est prescrite à peine de nullité (C. 10 juin 1832. — B. 353), à moins que la peine ne soit immuable (C. 12 juillet 1866. — B. 289), ou que le *minimum* ait été appliqué (C. 16 août 1832. — B. 422), ou que le Défenseur ait eu le temps et le loisir, avant le délibéré, de présenter des observations et que le procès-verbal le constate (C. 10 avril 1851. — B. 217.)

756. — L'interpellation est faite a l'accusé. — Il importe peu que le défenseur soit absent, si cette absence n'est le fait ni du ministère public ni de la Cour (C. 16 août 1830. — B. 343.

757. — Omission de l'interpellation réparée. — L'omission peut être réparée tant que la lecture de l'arrêt n'est pas terminée (C. 17 oct. 1837. — B. 405).

758. — Mention au procès-verbal. — Le procès-verbal doit constater l'interpellation * et la réponse de l'accusé, mais pour ce qui concerne la réponse, l'omission n'entraîne pas nullité (C. 29 fév. 1844. — B. 100).

759. — Exception de prescription. — L'accusé peut soutenir que le fait est prescrit.

760. — Demande d'absolution. — Il peut * plaider que le fait déclaré constant par le Jury n'est pas défendu par la loi (C. 17 déc. 1836. — D. 1837. 1. 485).

ARRÊTS-INCIDENTS

761. — Les arrêts-incidents doivent être motivés. — En principe, les arrêts-incidents doivent être motivés, conformément à la règle générale. (Loi du 20 avril 1810, Art. 7). — Tels sont ceux qui statuent : sur l'audition ou la condamnation d'un témoin absent C. 12 août 1831.— B. 324), — sur l'opposition de l'accusé à l'audition d'un témoin (C. 2 oct. 1852.— B. 339), sur la position d'une question demandée par l'accusé (C. 8 févr. 150.— B. 77),— sur le renvoi du jury dans sa chambre des délibérations (C. 11 avril 1844. B. 183).

762. — Exception pour les arrêts d'instruction et d'administration. — Il n'est pas besoin de motiver les arrêts-incidents qui sont des actes de pure instruction ou de pure administration. — Tels sont ceux qui statuent : sur l'adjonction des jurés supplémentaires ou les excuses produites par les jurés pour obtenir une dispense (C. 23 mars 1843. — B. 127), — sur le maintien d'une question subsidiaire posée par le Président (C. 17 avril 1834. — B. 128), — sur le refus de renvoi à une autre session, malgré l'absence d'un témoin (Ce 2 juin 1831. — B. 225), — ou qui ordonnent au chef du jury de signer la déclaration des jurés (C. 10 févr. 1843. — B. 63), — ou qui statuent sur le demandé acte d'un fait sans pertinence (violation des art. 35 et 39, C. I. C. sur la saisie des pièces à conviction) ou dont l'existence est déniée par la Cour (C. 3 janv. 1851. — B. 5), — ou sur l'admission de la partie civile, si l'accusé n'a pas soulevé de débat contentieux en s'opposant à cette intervention (C. 7 avril 1834. — B. 172).

763. — Motifs implicites. — Il y a motif implicite dans le maintien d'une question posée par le Président parce qu'elle est résultée des débats (C. 20 juil. 1827.. — B. 649).

764. Motif unique sur conclusions principales et subsidiaires. — Un accusé ayant demandé acte d'une communication d'un juré et subsidiairement une enquête sur ce fait, la Cour a pu rendre un arrêt ainsi conçu : « attendu que le fait dont il est demandé acte n'est pas dans les souvenirs de la Cour, et qu'il n'y a lieu d'ordonner l'enquête demandée ; rejette les conclusions. » (C 16 janv. 1833. B. 23). —

765. — Motif insuffisant. — Il y a un motif insuffisant dans le rejet d'une demande de question subsidiaire, par la seule déclaration « qu'il n'y a lieu de statuer sur la demande du défenseur de l'accusé. » (C. 22 déc. 1849. — B. 504).

766. — Signature et forme des arrêts-incidents. — Les arrêts-incidents n'ont pas besoin d'être signé par tous les juges. La signature du Président et celle du greffier suffisent. — Ils n'ont pas non plus besoin d'être rédigés en dehors du procès-verbal (C. 31 mars 1831. — B. 126).

767. — Publicité. — L'arrêt statuant sur un incident né en chambre du Conseil, au moment du tirage du jury (demande de renvoi à une autre session), doit être prononcé en audience publique (C. 22 juil. 1852. — B. 422).

768. — Audition du ministère public. — L'audition du ministère public est nécessaire sur les incidents contentieux, lesquels donnent à un arrêt motivé (C. 22 janv. 1857. — B. 50) et même sur les actes requis par l'accusé et présentés comme étant des violations de la loi (C. 22 janv. 1857. — B. 50), ou sur les contestations relatives au règlement des intérêts civils (C. 7 oct. 1853. — B. 530).

ARRÊTS RENDUS PAR CONTUMACE

769. — Ordonnance de se représenter. — L'art. 465, C. I. C. porte « Lorsqu'après un arrêt de mise en accusation, l'accusé n'aura pu être saisi, ou ne se présentera pas dans les dix jours de la notification qui aura été faite à son domicile, — ou lorsqu'après s'être présenté ou avoir été saisi, il se sera évadé, le Président de la Cour d'assises, ou, en son absence, le Président du tribunal de première instance, et, à défaut de l'un et de l'autre, le plus ancien juge de ce tribunal, rendra une ordonnance portant qu'il sera tenu de se représenter dans nouveau délai de dix jours (si non, il sera déclaré rebelle à la loi), qu'il sera suspendu de l'exercice des droits de citoyen, que ses biens seront séquestrés pendant l'instruction de la contumace, que toute action en justice lui sera interdite pendant le même temps, qu'il sera procédé contre lui, et que toute personne est tenue d'indiquer le lieu où il se trouve, — Cette ordonnance fera de plus mention du crime et de l'ordonnance de prise de corps. »

770. — Forme de publication de l'ordonnance. — L'Art. 466 règle en ces termes les formalités de la publication : « Cette ordonnance sera publiée à son de trompe ou de caisse, le dimanche suivant, et affichée à la porte du domicile de l'accusé, à celle du maire, et à celle de l'auditoire de la Cour d'assises. — Le Procureur général ou son Substitut adressera aussi cette ordonnance au Directeur des Domaines et droits d'enregistrement du domicile du contumax. »

771. — Ces formalités sont substantielles. — Il est nécessaire que l'ordonnance soit notifiée au contumax conformément aux Art. 68 et 69, N₀ 8, C. proc. civ. ; — qu'elle soit publiée dans les formes et aux lieux indiqués dans l'art. 465, C. I. C. ; que les publications et affiches aient lieu chacune le dimanche ; et que les procès-verbaux qui en font foi soient visés conformément aux dispositions des Art. 68 et 69, N₀ 8, C. P. C., — le tout à peine de nullité de ce qui s'en suit (C. 29 juin 1833. — B. 320).

772. — Dernier domicile du contumax. — Le dernier domicile du contumax est celui où il acquittait sa contribution mobilière (C. 7 févr. 1839. — B. 57).

773. — Frais de la contumace. — Après le délai de dix jours l'accusé fugitif supporte les frais de sa contumace même s'il se représente avant d'avoir été jugé (C. 2 déc. 1830. B. 575).

774. — Epoque ou commence le délai. — Le délai de dix jours est rigoureux. Il ne commence qu'à partir du jour de la dernière publication (N. 4. 879).

775. — Défense de contumax. — Aucun défenseur ni aucun avoué ne peuvent se présenter pour le contumax. Cependant s'il est absent du territoire européen, « ses parents ou amis peuvent présenter son excuse et en plaider la légitimité » (Art. 468). Si la Cour trouve l'excuse légitime, elle ordonnera qu'il sera sursis au jugement et au séquestre de ses biens pendant un temps qui sera fixé eu égard, à la nature de l'excuse et à la distance des lieux (Art. 469).

776. — Procédure de la contumace. — S'il n'y a pas eu d'excuse produite la procédure à suivre a été ainsi tracée par l'Art. 470 : « Hors ce cas, il sera procédé de suite à la lecture de l'arrêt de renvoi à la Cour d'assises, de l'acte de notification de l'ordonnance ayant pour objet la représentation du contumax et des procès-verbaux dressés pour en constater la publication et l'affiche. — Après cette lecture la Cour, sur les conclusions du procureur général ou de son substitut, prononcera sur la contumace. — Si l'instruction n'est pas conforme à la loi, la Cour la déclarera nulle, et ordonnera qu'elle sera recommencée, à partir du plus ancien acte illégal. — Si l'instruction est régulière, la Cour prononcera sur l'accusation et statuera sur les intérêts civils, le tout sans assistance ni intervention de jurés ».

777. — Peine à prononcer par la cour. — La Cour n'est pas tenue de déclarer la culpabilité. Elle peut, acquitter, absoudre, condamner seulement sur certains chefs d'accusation, dépouiller le fait du caractère du crime et n'appliquer que des peines correctionnelles.

778. — Mais elle ne peut jamais admettre l'existence de circonstances atténuantes, ce droit n'appartenant qu'au jury.

779. — Elle statue sur les intérêts civils, mais sans ' l'intervention de la partie civile (C. 24 janv. 1850. — B. 47).

780. — Biens du contumax. — L'effet de la condamnation est ainsi déterminé part l'Art. 471 : « Si le contumax est condamné, ses biens seront, à partir de l'exécution de l'arrêt, considérés et régis comme biens d'absent : et le compte du séquestre sera rendu à qui il appartiendra, après que la condamnation sera devenue irrévocable par l'expiration du délai donné pour purger la coutumace ».

781 — Exécution de l'arrêt de condamnation. — Le mode d'exécution est réglé par l'Art. 472 ainsi conçu : « Extrait du jugement de condamnation sera, dans les huit jours de la prononciation, à la diligence du procureur général ou de son substitut, inséré dans l'un des journaux du département du dernier domicile du condamné. — Il sera affiché, en outre : 1° à la porte de ce dernier domicile ; 2° de la maison commune du chef-lieu d'arrondissement où le crime a été commis ; 3° du prétoire de la Cour d'assises. — Pareil extrait sera dans le même délai, adressé au directeur de l'administration de l'enregistrement et des domaines du contumax. — Les effets que la loi attache à l'exécution par effigie seront produits à partir de la date du dernier procès-verbal constatant l'accomplissement de la formalité de l'affiche prescrite par le présent article ».

782. — Renvoi d'une autre cour d'assises. — En cas de renvoi d'une autre Cour, après annulation de l'arrêt, la Cour ne peut * ordonner que les formalités prescrites à l'égard de contumace seront remplies une seconde fois (C. 24 déc. 1830. — B. 597).

783. — Effet de l'arrêt sur la prescription. — L'arrêt ayant le caractère d'une décision définitive clos la prescription de l'action publique et commence celle de la peine. La Cour ne saurait donc admettre la prescription de l'action publique en faveur du contumax (C. 1 avril 1838. — B. 181).

784. — Recours en cassation. — Aux termes de l'art. 473, le recours en cassation n'est ouvert qu'au procureur général et à la partie civile. Le contumax, tant qu'il n'est pas en état, ne peut se pourvoir ni pour incompétence (C. 8 déc. 1833. — B. 630) ni pour suspicion légitime (C. 24 déc. 1818. — J. P. 1818. 1135).

785. — Remise des pièces à conviction. — La Cour peut ordonner la remise des pièces à conviction à leur propriétaire, à charge de les représenter s'il y a lieu. Elle ne peut ordonner, au profit de la partie civile, la restitution provisoire des objets du vol saisis sur un tiers, sous prétexte que ce tiers serait le contumax, si l'identité n'a pas été légalement établie (C. 1 févr. 1827. — B. 53).

786. — Secours a la famille. — Durant le séquestre, dit l'art. 475, il peut être accordé des secours à la mère, à la femme et aux enfants de l'accusé, par les soins de l'autorité administrative.

787. — Décès de l'accusé. — Le décès de l'accusé éteint l'action publique. Les héritiers et le procureur général d'office, peuvent demander l'annulation de l'arrêt rendu après sa mort (C. 25 oct. 1821. — S. 1822. 1. 94).

788. — Arrestation du contumax. — L'arrestation du contumax fait tomber tons les effets favorables ou défavorables de l'arrêt et rend toute sa valeur légale à l'arrêt de la Chambre des mises en accusation. Il doit donc être jugé sur l'accusation telle qu'elle résulte de l'arrêt de renvoi (C. 30 janv. 1847. — B. 24).

ORDONNANCE D'ACQUITTEMENT

789. — Effet de l'acquittement. — Lorsque l'accusé a été déclaré non coupable, le Président prononce qu'il est acquitté de l'accusation et ordonne qu'il soit mis en liberté s'il n'est retenu pour autre cause (Art. 358, C. I. C.).

790. — L'ordonnance d'acquittement, dès qu'elle est prononcée, est acquise à l'accusé qui doit aussitôt être mis en liberté. Dans le cas où la déclaration du jury qui lui sert de base serait illégale, l'annulation de l'ordonnance (Art. 409, C. I. C.) ne peut être poursuivie, même par le ministère public que dans l'intérêt de la loi ou sans préjudicier à la partie acquittée (C. 21 nov. 1839. — B. 470).

791. — Il en serait autrement si l'ordonnance d'acquittement était elle-même illégale, par exemple, s'il y a eu déclaration de culpabilité. Cette décision est sans effet si la Cour d'assises, sur le contentieux élevé au sujet de cette ordonnance, condamne l'accusé aux peines portées par la loi (C. 30 mai 1812. — N. 4. 894).

792. — L'incompétence du Président ne peut préjudicier à l'accusé s'il y avait lieu à arrêt d'absolution, parce que l'accusé dans tous les cas ne devait être l'objet d'aucune peine (C. 23 juil. 1813).

793. — Mise en liberté. — L'accusé acquitté ne peut être mis en liberté que s'il n'est retenu pour autre cause. S'il y a autre cause, le Président fait radier l'écrou résultant de l'arrêt de mise en accusation, et le ministère public déclare retenir l'accusé pour cette cause. La Cour ne pourrait, malgré l'opposition du ministère public, ordonner la mise en liberté de l'accusé (C. 10 mai 1833. — B. 123).

794. — Inculpation nouvelle au cours des débats. — L'art. 361, C. I. C. porte que si, dans le cours des débats, l'accusé est inculpé sur un autre fait, soit par des pièces, soit par des dépositions les témoins, « le Président, après avoir prononcé qu'il est acquitté de l'accusation, ordonnera qu'il soit poursuivi à raison du nouveau fait. En conséquence, il le renverra en état de mandat de comparution ou d'amener, et même en état de mandat d'arrêt, s'il y échet, devant le juge d'instruction de l'arrondissement où siège la Cour, pour être procédé à une nouvelle instruction.

795. — « Cette disposition ne sera toutefois exécutée que dans le cas où, avant la clôture des débats, le ministère public aura fait des réserves à fin de poursuite. »

796. — Si le ministère public, après l'ordonnance d'acquittement, s'oppose à la mise en liberté, il y a un contentieux que la Cour doit trancher (C. 18 oct. 1816. — N. 910).

797. — Même question s'il y a condamnation. — L'article 370, trace ainsi les règles à suivre en cas de condamnation : « Lorsque, pendant les débats qui auront précédé l'arrêt de condamnation, l'accusé aura été inculpé, soit par des pièces, soit par des dépositions de témoins, sur d'autres crimes que ceux dont il était accusé, si ces crimes nouvellement manifestés méritent une peine plus grave que les premiers, ou si l'accusé a des complices en état d'arrestation, la Cour ordonnera qu'il soit poursuivi à raison de ces nouveaux faits suivant les formes prescrites par le présent Code. — Dans ces deux cas, le procureur général sursoira à l'exécution de l'arrêt qui a prononcé la première condamnation, jusqu'à ce qu'il ait été statué sur le second procès. »

ARRÊT D'ABSOLUTION

798. — Texte de loi. — « La Cour, dit l'art. 364, C. I. C., prononcera l'absolution de l'accusé, si le fait dont il est déclaré coupable n'est pas défendu par une loi pénale. »

799. — Compétence de la cour. — C'est à la *Cour* et non au Président qu'il appartient de déclarer l'accusé absous (C. 2 juin 1831. — B. 222).

800. — Déclaration de culpabilité nécessaire. — Il faut que l'accusé ait été déclaré coupable par le Jury, si non ce ne serait pas l'absolution mais l'acquittement qui devrait être prononcé.

801. — Fait non défendu. — Il faut que le fait dont l'accusé est déclaré coupable ne soit pas défendu par la loi. Par exemple, si le Jury a écarté de la complicité les circonstances qui la rendent punissable (C. 9 oct. 1823. — B. 397), s'il a déclaré l'homicide involontaire, mais sans maladresse, imprudence ni négligence (C. 4 mai 1827. — B. 403), l'accusé coupable de faux, mais non commis frauduleusement (C. 25 févr. 1830. — B. 117).

802. — Fait amnistié par la loi. — L'Art. 64, C. pén. porte qu'il n'y a « ni crime ni délit, lorsque le prévenu était en *démence*, au temps de l'action, ou lorsqu'il a été contraint par une *force à laquelle il n'a pu résister*. L'art. 66, C. pén. porte que « lorsque l'accusé aura moins de *16 ans*, s'il est décidé qu'il a agi sans discernement, il sera acquitté. » La *prescription* est aussi une cause d'absolution (C. 22 avril 1830. — B. 243).

803. — Condamnation aux frais. — L'accusé absous peut être condamné aux frais si le fait dont il a été déclaré coupable n'est pas défendu par la loi pénale (C. 14 mai 1824. — J. P. 1824. 708), même s'il a agi sans discernement, la poursuite n'en ayant pas moins eu lieu par son fait (C. 26 mai 1838. — B. 207), ou s'il est absous en raison de son état de démence (C. 2 juin 1831. — B. 223).

804. — Opposition a la mise en liberté. — L'arrêt d'absolution ayant pour effet de résoudre une question de droit, le pourvoi du Ministère public en arrête l'effet et met obstacle à la mise en liberté immédiate de l'accusé (Art. 373, § 4).

ARRÊT DE RENVOI

805. — Texte de loi. — L'art. 352, C. I. C. porte : « Dans le cas où l'accusé est reconnu coupable, et si la Cour est convaincue que les Jurés — tout en observant les formes — se sont trompés au fond — elle déclare qu'il est sursis au jugement et renvoi l'affaire à la session suivante — pour y être soumise à un autre jury — dont ne peut faire partie aucun des Jurés qui ont pris part à la déclaration annulée.

806. — Nul n'a le droit de provoquer cette mesure. — La Cour ne peut l'ordonner que d'office, — immédiatement après que la déclaration du Jury a été prononcée publiquement.

807. — Après la déclaration du second jury, — la Cour ne peut ordonner un nouveau renvoi, — même quand cette déclaration serait conforme à la première. »

808. — Déclaration de culpabilité nécessaire. — Le renvoi ne peut jamais être prononcé qu'à l'égard des accusés déclarés coupables. (C. 2 juil. 1812. — B. 313). — De plus les réponses favorables à l'accusé lui sont acquises définitivement et ne pourraient être remises en question devant le second jury (C. 23 juin 1814. — B. 58).

809. — Pluralité d'accusés. — S'il y a plusieurs accusés, la Cour peut ordonner le renvoi pour les uns et passer outre au jugement pour les autres (C. 18 avril 1845. — B. 240).

810. — Formes violées par le jury. — Il n'y a pas lieu à renvoi quand les formes ont été violées par le jury. La Cour devrait procéder au jugement après avoir demandé au jury une nouvelle déclaration régularisée (C. 14 nov. 1816. — N. 4. 944).

811. — Motifs du renvoi. — Dans l'arrêt de renvoi la Cour peut indiquer les motifs de sa conviction sur l'erreur du jury (C. 21 avril 1814).

812. — Le renvoi peut être déterminé par toute erreur des jurés sur le fait principal, sur les circonstances aggravantes, sur les faits d'excuse, ou sur tout autre point de la déclaration (C. 3 mars 1848. — B. 1849. 1. 219).

813. — Provocation au renvoi. — Si la provocation de cette mesure est interdite, une simple observation du défenseur suppléant la Cour de prononcer le sursis n'aurait pas ce caractère qui ne serait déterminé que par des réquisitions ou des conclusions. (C. 28 janv. 1847. — J. Dr. Cr., t. 19, p. 97).

814. — Époque de l'arrêt de renvoi. — L'arrêt peut être prononcé jusqu'au moment où il y aurait lieu de prononcer l'arrêt définitif (C. 16 août 1839. — B. 403).

815. — Pourvoi contre l'arrêt. — L'arrêt de renvoi est un arrêt préparatoire qui par conséquent ne peut être l'objet d'un pourvoi avant l'arrêt définitif. (C. 29 nov. 1811. — S. 1820. 1. 77).

ARRÊT DE CONDAMNATION

816. — Texte de loi. — « Si le fait est défendu, dit l'Art. 365, C. I. C., la Cour prononcera la peine établie par la loi, même dans le cas où, d'après les débats, il se trouverait n'être plus de la compétence de la Cour d'assises.

En cas de conviction de plusieurs crimes ou délits, la peine la plus forte sera seule prononcée ».

817. — La Cour est liée par la déclaration du jury. — La Cour est obligée de tenir pour constants les faits déclarés tels par le jury. Elle ne peut rien y retrancher ni y ajouter, même par voie de considérant (C. 23 juin 1896. — B. 183). — Toutefois si le jury s'est posé des questions auxquelles il a fait des réponses surabondantes, la Cour n'en fait aucun état.

Au contraire la Cour est indépendante de l'arrêt de renvoi et peut en modifier la qualification d'après la déclaration du jury (C. 5 févr. 1819. B. — 35). Elle est aussi indépendante de réquisitions du ministère public, même s'il requiert l'acquittement ou l'absolution (C. 27 juin 1811. — N. 4. 953).

818. — Fait criminel dégénéré en délit. — La Cour ne peut appliquer des peines à un fait délictueux que s'il était compris dans l'accusation comme fait criminel et que sa dégénérescence résulte des débats (C. 16 déc. 1858. — B. 496).

819. — Action disciplinaire. — La compétence de la Cour ne s'étend pas à la juridiction disciplinaire sur des officiers publics ou ministériels ne postulant pas devant elle ou traduits comme accusés (C. 3 nov. 1820. — B. 411).

820. — Conviction de plusieurs crimes. — Texte de loi. — Art 365, C. I. C. « Lorsque, pendant les débats qui auront précédé l'arrêt de condamnation, l'accusé aura été inculpé, soit par des pièces, soit par des dépositions de témoins, sur d'autres crimes que ceux dont il était accusé, si ces crimes nouvellement manifestés méritent une peine plus grave que les premiers, ou si l'accusé a des complices en état d'arrestation, la Cour ordonnera qu'il soit poursuivi à raison de ces nouveaux faits suivant les formes prescrites par le présent code. Dans ces deux cas le procureur général surseoira à l'exécution de l'arrêt qui a prononcé la première condamnation, jusqu'à ce qu'il ait été statué sur le second procès. »

721. — Peine la plus forte. — C'est la *nature* et non la durée de la peine qu'il faut envisager pour déterminer la peine la plus forte Ainsi une peine de 10 ans d'emprisonnement est moins forte qu'une peine de 5 ans de réclusion (C. 18 janv. 1850. — B. 37).

722. — Il faut en outre envisager le *maximum* de la peine applicable au crime le plus grave. Ainsi une peine de 20 ans de travaux forcés ne permet plus l'application d'aucune peine pour crime antérieur punissable des travaux forcés, tandis que si la première peine n'était que de 5 ans, une seconde condamnation pourrait être prononcée, pour crime antérieur, à 10 ou 15 ans de travaux forcés, pourvu que le total des deux condamnations ne dépassât pas le maximum de 20 ans (C. 24 avril 1856. — B. 255).

823. — Mineur de 16 ans. — Ces règles s'appliquent aux peines qui peuvent être prononcées contre le mineur de 16 ans (C. 5 mars 1832. — B. 151). Il n'est pas nécessaire d'atteindre la peine la plus forte. — En cas de poursuite pour crime antérieur à la dernière condamnation, la Cour peut déclarer que les deux crimes sont suffisamment punis par la première condamnation (C. 27 avril 1832. — B. 225).

824 — Crimes postérieurs. — La peine la plus forte ne purge que les crimes antérieurs à sa prononciation, mais non les crimes postérieurs (C. 17 mars 1848. — B. 122).

825. — Peine d'amende. — La règle du non cumul s'applique à toutes peines non accessoires criminelles et correctionnelles. Ainsi, l'amende étant la seule peine applicable à un délit (chasse, par exemple) connexe à un crime, ne peut pas être prononcée cumulativement avec la peine de crime qui est plus forte (C. 12 janv. 1869. — B. 13), — à moins que l'amende soit spéciale à un fait inconciliable et distinct, telle que celle prononcée par la loi du 21 prairial an V, Art. 2, contre ceux qui ont porté atteinte à la libre circulation des grains.

826. — Peines accessoires. — Les peines accessoires du crime ou délit le moins grave sont absorbées par l'application de la peine plus forte. Ainsi le faux en écriture privée est puni de la réclusion et de l'amende ; l'extorsion de signature avec violence est puni des travaux forcés à temps et, en cas de circonstances atténuantes, peut l'être de la réclusion. Si l'on applique cette dernière peine, on ne peut y ajouter l'amende (C. 7 juil. 1854. — B. 377).

827. — Il faut faire exception cependant pour les peines accessoires qui ont un caractère administratif et de sûreté et qui ne sont pas classés dans l'échelle des peines, telles que la confiscation de l'instrument du délit et la surveillance de la haute police. Elles peuvent être appliquées quand même elle ne sont accessoires qu'au crime ou délit emportant la moins forte peine (C. 6 mars 1833. — B. 139), — à moins que la peine accessoire ne soit que la *conséquence et la dépendance de la peine appliquée et non de l'infraction elle-même*. (C. de Paris, 7 juin 1831. — S. 1831. 2.351).

828. — Graduation et peines indivisibles. — Quand la loi fixe un maximum et un minimum la peine peut être étendue ou restreinte selon les circonstances, mais sans pouvoir écarter les peines que la loi a cumulativement prononcées, ainsi il n'est pas permis de n'infliger qu'une amende si le fait est à la fois puni d'emprisonnement et d'amende (C. 15 oct. 1807. — B. 409.

829. — On ne peut non plus graduer la peine si la loi a exigé l'application du maximum, comme en cas de viol, par exemple, si la victime a moins de 15 ans (Art. 332, § 2, C. p.). C. 8 oct. 1852. — B. 574).

830. — **Récidive.** — : Art. 56. C. p. « Quiconque, ayant été condamné à une peine afflictive ou infamante, aura commis un second crime emportant, comme peine principale, la dégradation civique, sera condamné à la peine du bannissement. — Si le second crime emporte la peine du bannissement, il sera condamné à la peine de la détention. — Si le second crime emporte la peine de la réclusion, il sera condamné à la peine des travaux forcés à temps. — Si le second crime emporte le peine de la détention, il sera condamné au *maximum* de la même peine, laquelle pourra être élevée jusqu'au double. — Si le second crime emporte la peine des travaux forcés à temps, il sera condamné au *maximum* de la même peine, laquelle pourra être élevée jusqu'au double. — Si le second crime emporte la peine de la déportation, il sera condamné aux travaux forcés à perpétuité. — Quiconque, ayant été condamné aux travaux forcés à perpétuité, aura commis un second crime emportant la même peine, sera condamné à la peine de mort. — Toutefois l'individu condamné par un tribunal militaire ou maritime, ne sera, en cas de crime ou délit postérieur, passible des peines de la récidive qu'autant que la première condamnation aurait été prononcée pour des crimes ou délits punissables d'après les lois pénales ordinaires ».

Art. 57. « Quiconque, ayant été condamné pour crime à une peine supérieur à une année d'emprisonnement, aura commis un délit ou un crime qui devra n'être puni que de peines correctionnelles, sera condamné au *maximum* de la peine portée par la loi, et cette peine pourra être élevée jusqu'au double. — Le condamné sera de plus mis sous la surveillance spéciale de la haute police pendant cinq ans au moins et dix ans au plus.

831. — Prescription, Grace, Réhabilitation. — La prescription de la peine précédemment prononcée (C. 10 mai 1861. — B. 173), la remise de cette peine par décision gracieuse (C. 13 oct. 1825. — B. 575), ou par réhabilitation (C. 5 févr, 1823. — B. 52), ne font pas obstacle à ce qu'elle serve de base à l'application des règles de la récidive.

832. — Amnistie. — L'amnistie pleine et entière entraînant abolition des poursuites et condamnations fait au contraire disparaître entièrement la peine et il n'en peut plus être fait état (C. 11 juin 1825. — B. 320).

833. — Preuve de l'état de récidive. — A défaut d'un extrait de l'arrêt de condamnation, la Cour pourrait s'appuyer sur un extrait régulier des registres d'écrou de la maison de détention (C. 9 août 1855. — B. 452), surtout s'il y avait aveu de la part de l'accusé C. 1 avril 1853. — B. 172). — Si le ministère public requérait un délai pour rapporter la preuve de la précédente condamnation, il serait prudent de le lui accorder, pour éviter une violation de l'art. 56, C. p. en cas de récidive existante (C. 13 févr. 1856. — B. 39).

834. — Nature de la peine. — C'est la *nature de la peine* et non la nature du fait réprimé qui constitue la base de l'état de récidive Il faut, d'après l'art. 46, une condamnation à une peine *afflictive ou infamante* (C. 3 juil. 1863. — B. 311). — Dans le cas de l'art. 57. c'est seulement une *condamnation pour crime* à une peine supérieure à une année d'emprisonnement, quand même la peine a été correctionalisée à raison des circonstances atténuantes.

835. — Compétence de la Cour. — La question de récidive est une question de droit qui est de la compétence de la Cour et ne peut être posée au jury (C. 3 juil. 1806. — B. 185).

836. — **Circonstances atténuantes.** — Texte de loi : — Art. 463 : « Les peines prononcées par la loi contre celui ou ceux des accusés reconnus coupables, en faveur de qui le jury aura déclaré les circonstances atténuantes, seront modifiées ainsi qu'il suit : — Si la peine prononcée par la loi est la mort, la Cour appliquera la peine des travaux forcés à perpétuité ou celle des travaux forcés à temps. — Si la peine est celle des travaux forcés à perpétuité, la Cour appliquera la peine des travaux forcés à temps ou celle de la réclusion, — Si la peine est celle de la déportation dans une enceinte fortifiée, la Cour appliquera celle de la déportation simple ou celle de la détention; mais, dans les cas prévus par les articles 93 et 97, la peine de la déportation simple sera seule appliquée. -- Si la peine est celle de la déportation, la Cour appliquera la peine de la détention ou celle du bannissement. — Si la peine est celle des travaux forcés à temps, la Cour appliquera la peine de la réclusion ou les dispositions de l'article 401, sans toutefois pouvoir réduire la durée de l'emprisonnement au dessous de deux ans. — Si la peine est celle de la réclusion, de la détention du bannissement ou de la dégradation civique, la Cour appliquera les dispositions de l'article 401, sans toutefois pouvoir réduire la durée de l'emprisonnement au dessous d'un an. — Dans le cas où le Code prononce le maximum d'une peine afflictive, s'il existe des circonstances atténuantes, la Cour appliquera le minimum de la peine ou même la peine inférieure. »

837. — Règles pour l'application de la peine. — La peine encourue doit être abaissée au moins d'un degré et peut être abaissée de deux degrés.

838. — Maximum prononcé. — Si le Code prononce le *maximum* d'une peine afflictive et infamante, par exemple, des travaux forcés à temps, les circonstances atténuantes permettent d'appliquer le *minimum* des travaux forcés à temps, soit cinq ans, ou de prononcer la peine immédiatement inférieure, soit la réclusion. Mais comme l'infériorité de la peine résulte uniquement de sa nature et non de sa durée, si la Cour prononce la réclusion, elle peut l'appliquer dans toute son étendue, c'est-à-dire aller jusqu'à dix ans de réclusion (C. 26 mars 1863. — B. 155).

839. — Récidive. — En cas de récidive, il faut d'abord rechercher quelle peine comporte le crime en lui-même — puis quelle peine serait applicable à raison de l'état de récidive — enfin, la peine étant ainsi déterminée, il faut lui appliquer les circonstances atténuantes qui permettent de l'abaisser de deux degrés.

840. — Ainsi, par suite de la récidive, la peine devant être le *maximum* des travaux forcés à temps, les circonstances atténuantes permettant de la réduire au *minimum* des travaux soit à cinq ans, ou même de n'appliquer que la peine de la réclusion (C. 5 avril. 1866. — B. 157). — Si par suite de la récidive, la peine des travaux forcés à temps devient applicable au lieu de celle de la réclusion, les circonstances atténuantes permettent d'abaisser la peine d'un degré et d'appliquer la réclusion, ou de deux degrés, et d'appliquer l'emprisonnement mais sans pouvoir excéder la durée de l'emprisonnement fixée par cet article (C. 8 janvier 1848. — B. 8). — Si la peine applicable, à raison de la récidive était seulement la réclusion, les circonstances atténuantes permettent d'appliquer l'emprisonnement (Art. 401. C. p.) sans pouvoir réduire la peine au-dessous d'un an (C. 13 sept. 1861. — B. 413). — S'il s'agit d'un *récidiviste correctionnel* et d'un crime entraînant les travaux forcés à temps, on ne peut abaisser la peine au-dessous du niveau déterminé par l'art. C. 58, p., le juge ayant déjà descendu la peine de deux degrés (C. 26 mars 1864. — B. 131).

841. — Si le crime est puni de la peine de mort, il n'y a pas lieu de tenir compte de la récidive, puisque la peine n'est susceptible d'aucune aggravation. La Cour peut donc appliquer les travaux forcés à perpétuité ou les travaux forcés à temps, et, dans ce dernier cas, sans tenir compte de la récidive, elle peut fixer la durée de la peine de 5 à 20 ans (C. 15 janv. 1857. — B. 38).

842. — Excuse admise. — Quand le Jury a admis l'excuse, le fait n'étant plus qu'un délit, la Cour n'est pas liée par la déclaration du Jury sur les circonstances atténuantes. Dans le cas où la peine prononcée par la loi est l'emprisonnement, c'est à la Cour seule qu'il appartient d'admettre ou de rejeter les circonstances atténuantes (C. 22 juil. 1852. — B. 424). — Il en est de même si le Jury ayant écarté les circonstances aggravantes, le fait a été correctionnalisé (C. 13 sept. 1850. — B. 461.)

843. — Surveillance de la haute police. — Les circonstances atténuantes s'apliquent à la surveillance qui peut être abaissée jusqu'au *minimum* fixé par la loi (2 ans dans le cas des Art. 315, 317, 935 etc. C. p.). (C. 9 sept. 1853. — B. 520), et même ne pas être appliqué. (C. 13 sept. 1851. — B. 604).

844. — **Mineur de 16 ans.** — Absence de discernement. — Le mineur de 16 ans qui a agi sans discernement doit être acquitté et ne peut être placé sous la surveillance de la haute police (C. 16 août 1832. — B. 317). Mais il peut être envoyé jusqu'à l'époque où il aura accompli sa vingtième année dans une maison de correction. — La loi n'ayant pas fixé de minimum, la durée de cette détention pourrait être inférieure à une année (C. 8 févr. 1833. — B. 70). — L'Art. 66 est applicable même aux lois spéciales, douanes (C. 18 mars 1842. — B. 102), chasse, pêche, etc.

845. — Discernement. — Texte de loi : l'Art 67 C. p. porte : « S'il est décidé qu'il a agi *avec discernement*,les peines seront prononcées ainsi qu'il suit : — S'il a encouru la peine de mort, des travaux forcés à perpétuité, de la déportation, il sera condamné à la peine de dix à vingt ans d'emprisonnement dans une maison de correction. — S'il a encouru la peine des travaux forcés à temps, de la détention ou de la réclusion, il sera condamné à être renfermé dans une maison de correction, pour un temps égal au tiers au moins et à la moitié au plus de celui pour lequel il aurait pu être condamné à l'une de ces peines. — Dans tous les cas, il pourra être mis, par l'arrêt ou le jugement, sous la surveillance de la haute police pendant cinq ans au moins et dix ans au plus. — S'il a encouru la peine de la dégradation civique ou du bannissement, il sera condamné à être enfermé, d'un an à cinq ans, dans une maison de correction ».

846. — Limite du tiers à la moitié. — Pour fixer la limite du tiers à la moitié, le juge n'est pas tenu de s'attacher au maximum de la peine encourue : il peut prendre pour base la période de temps comprise entre le maximum et le minimum (C. 6 juin 1840. — B. 226).

847. — Règle pour l'atténuation des peines. — En cas de circonstances atténuantes s'ajoutant à l'âge pour diminuer la peine, on doit d'abord envisager celle-ci en elle-même en égard au crime, — puis la modifier par l'Art. 463, — et ensuite diminuer la peine ainsi déterminée d'après les conditions établies par l'Art. 67. — Ainsi, la peine de mort, par l'effet des circonstances atténuantes peut être remplacée par les travaux forcés à perpétuité ou même à temps. Par application de l'art. 67,la peine pourrait être réduite à dix ans d'emprisonnement (C. 28 févr. 1867. — B. 83).

848. — Sexagénaire. — L'Art. 5 de la loi du 30 mai 1854, modifiant les Art. 70 et 71 du C. p. porte : « Les peines des travaux forcés à perpétuité et des travaux forcés à temps ne seront prononcées contre aucun individu âgé de 60 ans accomplis au moment du jugement ; elles seront remplacées par celle de la réclusion, soit à perpétuité, soit à temps, selon la durée de la peine qu'elle remplacera ».

849. — Circonstances atténuantes. — Cette disposition ne modifie pas l'application des peines à l'égard des sexagénaires, mais établit seulement un mode d'exécution différente. Il s'en suit que la loi de 1854 ne doit pas servir de base pour l'application des circonstances atténuantes, mais ne doit être appliquée que sur la peine normale modifiée par les circonstances atténuantes (C. 7 janv. 1858. — B. 5).

850. — **Exécution de la peine capitale.** — L'arrêt doit indiquer le lieu d'exécution, mais ne peut spécialiser la place publique sans empiéter sur les attributions de l'autorité municipale qui a seule la police des places publiques. (C. 6 juin 1861. — B. 200). Mais l'omission de cette formalité n'entraîne pas nullité (C. 4 janv. 1866. — B. 1).

851. — **Amende.** — Solidarité. — D'après l'Art. 55. C. p. « tous les individus condamnés pour un même crime ou pour un même délit, seront tenus solidairement des amendes, des restitutions, des dommages-intérêts et des frais. » Pour qu'il y ait solidarité, il faut que les individus réunis dans le même débat soient poursuivis pour le même crime (C. 3 févr. 1814. — J. P. 1814. 76). — La solidarité s'applique à l'amende et aux frais ; elle est applicable malgré la diversité de culpabilité et de peines.

852. — Amende proportionnelle aux restitutions. — Pour certains crimes l'amende considérée comme le complément de la peine est proportionnelle aux restitutions. Ainsi, en matière d'achat de suffrages électoraux (Art. 113,C. p.), de faux (164,C. p.), de soustractions par des dépositaires publics (Art. 172, C. p.), de concussion (Art. 174, C. p.). Dans tous ces cas l'arrêt doit évaluer le montant des restitutions (C. 9 sept. 1842. — B. 366).

853. — En matière de faux (164) l'amende étant le complément de la peine doit toujours être prononcée, même s'il y a des circonstances atténuantes (C. 18 janv. 1866. — B. 34). Cette disposition n'est pas applicable aux faux témoignages (C. 19 janv. 1857. — B. 365).
Cumul de l'amende. — Quand l'amende n'est qu'une restitution, comme en matière de contravention de douanes, elle doit être cumulée avec la peine du fait principal. — Si la contravention est commise par un mineur les parents peuvent être déclarés civilement respon-ables (C. 11 oct. 1834. — B. 417). — Si le mineur est acquitté pour défaut de discernement, il n'est *relevé que de la peine* et l'amende doit être prononcée (C. 13 mars 1844. — B. 137).

854. — **Frais et dépens.** — Texte de loi. — Art. 368, C. I. C. : « L'accusé ou la partie civile qui succombera, sera condamné aux frais envers l'Etat et envers l'autre partie.

« Dans les affaires soumises au jury, la partie civile qui n'aura pas succombé ne sera jamais tenue des frais.

« Dans le cas où elle en aura consigné, en exécution du décret du 11 juin 1811, il lui seront restitués. »

855. — Condamnation partielle. — La condamnation sur une partie seulement des chefs d'accusation rend le condamné passible de la totalité des frais de la poursuite (C. 3 févr. 1855. — B. 59). — S'il y a plusieurs accusés et un ou plusieurs d'entre eux acquités complètement, la portion des frais afférant aux acquittés ne doit pas être détachée, mais laissée à la charge des condamnés qui supportent intégralement les frais de la procédure (C. 17 août 1861. — B. 315).

856. — Solidarité. — La solidarité ne doit être prononcée que pour le même crime ou pour des crimes reconnus connexes (Art. 55, C. p.). (C. 11 avril 1853. — B. 246). — Si plusieurs délits distincts font l'objet de la poursuite l'accusé condamné pour l'un d'eux ne supporte pas les frais afférant aux délits auxquels il est étranger (C. 20 janv. 1843. — B. 17).

857. — Frais de renvoi. — Les frais du renvoi d'une affaire à une autre session n'incombent pas au condamné si le renvoi n'est pas son fait. (C. 6 avril 1833. — J. P. 1833, 348). Il ne supporterait pas non plus ceux du renvoi résultant d'une cassation (C. 27 avril 1850. — B. 210).

858. — **Frais de procédures annulées.** — Les frais d'une *procédure annulée* peuvent être mis à la charge du condamné bien que l'huissier qui par sa faute a motivé l'annulation ait été condamné aux frais de la *procédure à recommencer,* ces frais étant ceux de la procédure qui sera la conséquence de la Cassation (C. 20 juin 1856. — B. 359).

859. — **Frais en cas d'acquittement.** — L'accusé acquitté ne peut être condamné aux frais (C. 13 févr. 1862, — B. 68), à moins qu'en cas d'intervention de la partie civile les frais ne soient mis sa charge à titre de dommages-intérêts (C. 27 févr. 1835. — B. 87).

860. — **Mineur de 16 ans.** — Le mineur de 16 ans acquitté pour défaut de discernement n'est relevé que de la peine et doit supporter les frais (C. 7 juil. 1864. — B. 317), solidairement avec les accusés condamnés (C. 16 janv. 1846. — B. 34).

861. — **Accusés absous.** — Les dépens n'étant pas une peine mais une restitution de frais avancés par l'État, il s'ensuit que l'accusé absous doit être condamnés aux frais (C. 9 févr. 1854. — B. 65).

862. — **Partie civile.** — Si l'accusé est condamné c'est lui qui doit être condamné aux frais et non la partie civile, même si elle a succombé dans son action. Si au contraire l'accusé est acquitté, c'est elle qui doit être condamnée aux frais. — Elle peut demander à la Cour de condamner l'accusé à les lui rembourser ; mais si la Cour fait droit à cette demande l'arrêt doit déclarer que cette condamnation est une allocation supplémentaire de réparation (C. 13 févr. 1862. — B. 68).

863. — S'il y a deux accusés dont un seul est adversaire de la partie civile la Cour peut déterminer la portion de frais communs qui sera mise à la charge de la partie civile (C. 3 déc. 1836. — S. 1838. 1. 82).

864. — **Frais a la charge du greffier et de l'huissier.** — Le greffier et l'huissier peuvent être condamnés personnellement aux frais de la procédure à recommencer par suite de cassation si l'annulation résulte de leur faute (C. 13 août 1857. — B. 468. — C. 16 sept 1852. — B. 537).

865. — **Contrainte par corps.** — La loi du 22 juillet 1867 en supprimant la contrainte par corps en matière civile et commerciale a laissé subsister l'art. 52, C. p. ainsi conçu : « L'exécution des condamnations à l'amende, aux restitutions, aux dommages-intérêts et aux frais, pourra être poursuivie par la voie de la contrainte par corps. »

866. — La loi du 22 juillet 1867, Art. 3, § 2, avait supprimé la contrainte pour les frais envers l'État, mais la loi du 19 déc. 1871 a remis en vigueur les dispositions de l'art. 52, C. p., sur ce point. La contrainte est donc applicable à l'amende, aux restitutions, aux dommages-intérêts et aux frais dûs à l'État. Elle doit être prononcée même d'office, spécialement pour les dommages-intérêts accordés à la partie civile (C. 14 juillet 1853. — B. 387).

867. — **Sursis d'un an.** — L'art. 17 de la loi de 1867, dit que « les tribunaux peuvent dans l'intérêt des enfants mineurs du débiteur, et par le jugement de condamnation, surseoir pendant une année au plus, à l'exécution de la contrainte par corps. »

868. — **Durée de la contrainte par corps.** — L'article 9 de la loi de 1867, porte : « La durée de la contrainte par corps est réglée ainsi qu'il suit :

« De 2 à 20 jours, lorsque l'amende et les autres condamnations n'excèdent par 50 francs ;

« De 20 à 40 jours, lorsqu'elles sont supérieures à 50 francs et qu'elles n'excèdent pas 100 francs ;

« De 40 à 60 jours, lorsqu'elles sont supérieures à 100 francs et qu'elles n'excèdent pas 200 francs ;

« De 3 mois à 4 mois, lorsqu'elles sont supérieures à 200 francs et qu'elles n'excèdent pas 500 francs ;

« De 4 mois à 8 mois, lorsqu'elles sont supérieures à 500 francs et qu'elles n'excèdent pas 2,000 francs ;

« De 1 an à 2 ans, lorsqu'elles s'élèvent à plus de 2,000 francs. »

869. — **Indication de la durée.** — Les arrêts doivent * déterminer la durée de la contrainte.

870. — **Mineurs de seize ans.** — L'Art. 13 de la loi de 1867, porte que « les tribunaux ne peuvent prononcer la contrainte par corps contre des individus âgés de moins de 16 ans accomplis à l'époque des faits qui ont motivé la poursuite. »

871. — **Parents du débiteur.** — L'Art. 15 porte que la contrainte ne peut être *prononcée* ou exercée contre le débiteur au profit : 1° de son conjoint ; 2° de ses descendants, frères ou sœurs ; 3° de son oncle ou de sa tante, de son grand-oncle ou de sa grand'tante, de son neveu ou de sa nièce, de son petit-neveu ou de sa petite-nièce, ni de ses alliés au même degré.

872. — **Confiscation.** — La peine de la confiscation du patrimoine du condamné, fréquente sous l'ancien régime, abolie par la Révolution, rétablie par le Code impérial de 1810, a été abrogée par l'Art. 66 de la Charte de 1814, qui ne laisse subsister que les confiscations particulières d'objets déterminés prévues par les lois spéciales (C. 22 févr. 1822. — B. 91). Mais on ne peut confisquer, par exemple, les objets provenant d'un vol, cette confiscation ayant le caractère d'une peine et nulle peine ne pouvant être prononcée, si elle n'est prévue par la loi. (Art. 4, C. p.).

La peine de la confiscation est prononcée notamment en matière de corruption de fonctionnaire (Art. 180, C. p.), de faux témoignage (Art. 364, C. p.). La confiscation ne peut porter que sur un objet réel et se trouvant dans la main de justice (C. 11 juin 1840. — B. 234).

873. — L'Art. 11, C. p. porte : « Le renvoi sous la surveillance spéciale de la haute police, l'amende et la confiscation spéciale, soit du corps du délit, quand la propriété en appartient au condamné, soit des choses produites par le délit, soit de celles qui ont servi ou qui ont été destinés à le commettre, sont des peines communes aux matières criminelles et correctionnelles ».

874. — **Prescription de la peine.** — **Texte de loi** : — Art. 635, C. I. C. — « Les peines portées par les arrêts ou jugements rendus en matière criminelle se prescriront par vingt années révolues à compter de la date des arrêts ou jugements. »—Art. 636 : « Les peines portées par les arrêts ou jugements rendus en matière correctionnelle se prescriront par cinq années révolues à compter de la date de l'arrêt ou du jugement rendu en dernier ressort ; et à l'égard des peines prononcées par les tribunaux de première instance, à compter du jour où ils ne pourront plus être attaqués par la voie de l'appel ».

875. — **Caractère du crime.** — Le condamné pour crime ne peut prescrire sa peine qu'au bout de 20 ans. Ce n'est ni le titre de l'accusation ni la juridiction, ni la nature de la peine, mais seulement le *caractère légal du fait* réprimé qui sert de base pour déterminer l'époque de la prescription. — Ainsi, un vol qualifié étant devenu vol simple par le rejet des circonstances aggravantes, la condamnation se prescrit par cinq ans, car bien que prononcée par la Cour d'assises, elle n'est que correctionnelle. Au contraire, un vol qualifié étant maintenu tel par l'admission des circonstances aggravantes, mais n'étant puni que de peines correctionnelles par suite des circonstances atténuantes, la condamnation est criminelle et ne se prescrite que par 20 ans.

876. — **Prescription de la contumace.** — Les arrêts par contumace se prescrivent comme les arrêts contradictoires à partir de leur date.

877. — Si donc le condamné à une peine afflictive et infamante se représente après un laps de temps supérieur à 20 ans, il ne peut être repris ni jugé.

878. — Si au contraire il se présente avant l'expiration du délai de la prescription, par exemple, au bout de 10 ans, l'arrêt de mise en accusation subsistant toujours contre lui, il doit être mis en jugement. Si la déclaration du jury maintient au fait son caractère criminel, la condamnation par contumace n'ayant pas été prescrite, il y a lieu de lui faire application de la peine. Si au contraire, en écartant les circonstances aggravantes, la déclaration du jury réduit le crime à un simple délit, cette décision rétroagit sur celle de la contumace, et la prescription de la peine en matière correctionnelle étant de 5 ans, il s'en suit que le condamné s'étant représenté après une période de plus de 5 ans, a prescrit sa peine (C. 11 janv. 1861. — B. 17), la déclaration du jury fixant seule d'une manière irrévocable le caractère légal des faits. — Par conséquent il doit être *renvoyé absous.*

879. — Il n'en serait plus de même si, par l'effet des circonstances atténuantes seules, une peine correctionnelle était seulement appliquée (C. 1er mars 1855. — B. 124), ou par une circonstance d'excuse (C. 17 janv. 1833. — S. 33. 1. 413).

880. — Si même il s'était représenté avant l'expiration des cinq ans pour la prescription de la peine, le condamné contumax ne pourrait invoquer, en cas de déclaration du jury correctionnalisant le fait, la prescription triennale, admise par l'art. 638, pour l'action publique (C. 1er févr. 1839. — B. 53), puisque l'arrêt de contumace a pour effet de clore la prescription de l'action publique.

881. — **Prescription de l'action publique.** — Texte de loi : — Art. 637, C. I. C. : « L'action publique et l'action civile résultant d'un crime de nature à entraîner la peine de mort ou des peines afflictives perpétuelles, ou de tout autre crime emportant peine afflictive ou infamante, se prescriront après dix années révolues à compter du jour où le crime aura été commis, si dans cet intervalle il n'a été fait aucun acte d'instruction ni de poursuite. — S'il a été fait, dans cet intervalle, des actes d'instruction ou de poursuite non suivis de jugement, l'action publique et l'action civile ne se prescriront qu'après dix années révolues, à compter du dernier acte, à l'égard même des personnes qui ne seraient pas impliquées dans cet acte d'instruction ou de poursuite. »

Art 638. — « Dans les deux cas exprimés en l'article précédent, et suivant les distinctions d'époques qui y sont établies, la durée de la prescription sera réduite à trois années révolues, s'il s'agit d'un délit de nature à être puni correctionnellement. »

882. — **Base de la prescription.** — La base de la prescription de l'action publique est le *caractère légal du fait* tel qu'il résulte de la déclaration. Si donc par le rejet des circonstances aggravantes le fait était réduit à un délit, et si la première poursuite n'a eu lieu que plus de trois ans après la perpétration du délit, la prescription est acquise et l'accusé doit être *renvoyé absous* (C. 10 sept. 1846. — B. 364).

883. — En ce qui concerne le mineur le fait criminel n'étant, aux termes de l'art. 68, C. p. qu'un délit, l'action publique à son égard, se prescrit par trois ans (C. 25 août 1864. — B. 401).

884. — **La cour doit prononcer d'office l'absolution.** — En matière de crime, si la poursuite n'a eu lieu que plus de 10 ans après le fait, et que ni le juge d'instruction ni la chambre des mises en accusation n'en ont tenu compte pour prononcer un non lieu, la Cour d'assises doit, *en tout état de cause*, soit sur les conclusions des parties, soit *d'office, renvoyer absous* l'accusé (C. 7 avril 1854. — B. 177). — Quoique cette exception soit d'ordre public elle ne pourrait plus être portée devant la Cour d'assises après que celle-ci se trouve dessaisie de l'affaire, car elle a alors épuisé ses pouvoirs (C. 1er mars 1855. — B. 124).

885. — **Point de départ de la prescription.** — La prescription commence à partir du jour où le crime a été commis et non de celui où il a été connu et légalement constaté, ainsi la banqueroute frauduleuse, du jour où ont été commis les faits constitutifs et non de celui fixé par le tribunal pour l'ouverture de la faillite (C. 9 juin 1864. — B. 271). — Pour les crimes successifs, constitués par des faits géminés de même nature, la prescription ne commence que du jour où ils ont cessé d'être commis.

886. — **Interruption de la prescription.** — La prescription est interrompue par les actes d'instruction ou de poursuite. On ne saurait donner ce caractère à des plaintes ou dénonciations (C. 28 mars 1856. — B. 212), à de simples réserves faites par le ministère public dans un procès, ou par le dépôt au greffe de pièces produites (C. 4 juin 1824. — J P. 1824. 768), aux actes faits par un juge d'instruction incompétent (C. 30 avril 1830. — J. P. 1830. 431). — Il faut de plus que les actes d'instruction ou de poursuite aient été dûment constatés (C. 25 nov. 1808. — B. 494). — La démence d'un accusé n'interrompt pas la prescription (C. 8 juil. 1858. — B. 310).

La prescription est encore interrompue si la loi s'oppose à la continuation des poursuites, par exemple, si l'action publique est arrêtée par un sursis ayant pour but de faire vider une question préjudicielle (C. 7 mai 1851. — B. 270), ou si un accusé de vols qualifiés est renvoyé en outre pour vols simples, la poursuite de ces derniers faits ne pouvant avoir lieu qu'après le jugement des premiers (C. 28 août 1823. — B. 356).

887. — **Actes interruptifs de la prescription.** — On doit considérer comme tels, un mandat de dépôt, un procès-verbal de la gendarmerie à fin de recherches, une citation devant le tribunal correctionnel au nom de la partie civile (C. 23 janv. 1823. — B. 23).

888. — Ces actes interrompent la prescription non seulement à l'égard de ceux qu'ils concernent, mais encore de tout ceux qui seraient découverts avoir participé au fait délictueux (C. 5 mai 1865. — B. 193). — Quand l'interruption produite par un acte de poursuite ou d'instruction a cessé, une nouvelle prescription commence à courir, tandis qu'elle ne fait que continuer et reprendre son cours, si elle a été interrompue par un obstacle légal (C. 1 déc. 1848. — B. 435).

889. — **Dommages-intérêts.** — Texte de loi : — Art. 358, C. I. C. : Après l'acquittement de l'accusé déclaré non coupable, prononcé par le Président. « La Cour statuera ensuite sur les dommages-intérêts respectivement prétendus, après que les parties auront proposé leurs fins de non-recevoir ou leurs défenses, et que le procureur général aura été entendu. — La Cour pourra néanmoins, si elle le juge convenable, commettre l'un des juges pour entendre les parties, prendre connaissance des pièces, et faire son rapport à l'audience, où les parties pourront encore présenter leurs observations, et où le ministère public sera entendu de nouveau. »

Art. 359 : « Les demandes en dommages-intérêts, formées soit par l'accusé contre ses dénonciateurs ou la partie civile, soit par la partie civile contre l'accusé ou le condamné, seront portées à la Cour d'assises. »

Art. 366 : Dans le cas d'absolution comme dans celui d'acquittement ou de condamnation, la Cour statuera sur les dommages-intérêts prétendus par la partie civile ou par l'accusé; elle les liquidera par le même arrêt, ou commettra l'un des juges pour entendre les parties, prendre connaissance des pièces, et faire du tout son rapport, ainsi qu'il est dit article 358. »

890. Base des dommages-intérêts. — Laissant de côté le caractère délictueux des faits, la Cour se borne à rechercher s'ils ont constitué un quasi-délit (Art. 1382, C. Civ.), et si la faute, préjudiciable dans ses conséquences, comporte une réparation. — Les dommages-intérêts doivent être prétendus (Art. 358 et 366, C. I. C.).

891. — **Fixation de l'indemnité.** — C'est à la Cour qu'il appartient de déterminer la quotité de l'indemnité due. — Elle ne peut les allouer qu'à *la partie elle-même*, et non à telle personne ou telle œuvre que celle-ci désignerait (C. 25 févr. 1830. — B. 118). — La Cour doit statuer immédiatement après l'arrêt sur le fait criminel, ou renvoyer, pour entendre les parties ou pour tout autre cause, à prononcer à une audience ultérieure (C. 25 mai 1849. — B. 192).

892. — Audition du ministère public. — Le ministère public doit * être entendu sur la demande à fin de dommages-intérêts (C. 7 avril 1854. — B. 172).

893. — **Dommages-intérêts demandés par l'accusé.** — L'accusé déclaré non coupable a le droit de demander des dommages-intérêts à son dénonciateur. L'art 358, C. I. C., § 4 et 5 porte : « L'accusé acquitté pourra aussi obtenir des dommages-intérêts contre ses dénonciateurs, pour fait de calomnie; sans néanmoins que les membres des autorités constitués puissent être poursuivis à raison des avis qu'ils sont tenus de donner, concernant les délits dont ils ont cru acquérir la connaissance dans l'exercice de leurs fonctions, et sauf, contre eux, la demande en prise à partie, s'il y a lieu. » — Cette demande doit être portée par l'accusé devant la Cour d'assises. (Art. 359, C. I. C.) La Cour a toute latitude pour apprécier le caractère de la dénonciation (C. 23 mars 1821. — B. 115).

894. — Règle de la demande en dommages-intérêts. — Si l'accusé n'a connu le dénonciateur qu'après le jugement, c'est-à-dire la déclaration du jury, et que la session des Assises est close, il ne peut plus porter sa demande que devant les tribunaux de droit commun.

895. — Si la session n'est pas close, la Cour peut être saisie par une citation au dénonciateur pour une prochaine audience. Les parties et le ministère public entendu, la Cour statue.

896. — S'il a connu le dénonciateur avant, c'est aussi avant la déclaration du jury, sous peine de n'être plus recevable, qu'il doit former sa demande. La Cour prononce ensuite sur ces conclusions, après son arrêt sur le fond.

897. — Si le dénonciateur s'est porté partie civile, la cause est liée et des conclusions suffisent. Il en est de même s'il comparaît à l'audience comme témoin. S'il n'était pas présent, il serait nécessaire de le citer en la forme ordinaire, à une prochaine audience (N. 4. 1084). Le ministère d'un avoué n'est pas nécessaire et le defenseur a qualité pour prendre des conclusions et former la demande (C. 12 mars 1812. — J. P. 1812. 203).

898. — **Dommages-intérêts demandés par la partie civile.** — L'art. 362, C. I. C. porte qu'après la réquisition du ministère public pour l'application de la loi « la partie civile fera la sienne pour restitution et dommages-intérêts. » L'article 359, C. I. C. ajoute : « à l'égard des tiers qui n'auraient pas été parties au procès, ils s'adresseront au tribunal civil. » — La partie civile n'a pas besoin du ministère d'un voué et peut requérir personnellement (C. 23 nov. 1831. — S. 1832. 1. 681).

899. — Irrecevabilité de la partie civile. — La partie civile ne serait pas recevable à demander des dommages-intérêts si elle avait déjà porté son action devant la juridiction civile (C. 11 juin 1846. — B. 212).

900. — La demande doit être faite avant le jugement. — L'Art. 359, C. I. C. porte : « La partie civile est tenue de former sa demande en dommages-intérêts avant le jugement; plus tard, elle sera non recevable. » Cette demande n'étant qu'un accessoire de l'action publique ne peut plus être formée quand la Cour est dessaisie de celle-ci. — L'acquittement de l'accusé ne fait pas obstacle à l'allocation de dommages-intérêts (C. 26 déc. 1863. — B. 508). Il n'y a d'exception qu'en matière de presse, comme on le verra plus loin. En principe, la Cour ne doit allouer de dommages-intérêts que pour les faits qui ont été l'objet de l'accusation (N. 4. 1060).

901. — Mineur en cause. — Si l'accusé est un mineur, la partie civile ne peut mettre son tuteur en cause (C. 15 janv. 1846. — B. 30) S'il s'agit d'un failli, on ne peut mettre en cause le syndic (C. 9 mai 1846. — B. 173).

902. — Personnes civilement responsables. — Cependant la demande de dommages-intérêts pourrait être étendue aux personnes civilement responsables de l'accusé (C. 25 févr. 1848. — S. 1848. 1. 415).

903. — Exception d'incompétence de la Cour. — Si l'accusé, pour repousser la demande de la partie civile, invoquait l'incompétence de la Cour; celle-ci devrait rendre deux arrêts distincts, un sur la compétence, l'autre sur le fond. — Toutefois si l'accusé, conformément à son droit, déclarait faire défaut, il ne serait besoin que d'un seul arrêt (C. 27 nov. 1857. — B. 597).

904. — Pourvoi en cassation. — Le pourvoi en cassation contre l'arrêt de condamnation ne fait pas obstacle à ce que la Cour statue sur les dommages-intérêts dûs à la partie civile (C. 1er juin 1839. — B. 270).

905. — Accusé absous. — L'accusé absous est tout aussi bien que l'accusé acquitté passible de dommages-intérêts.

906. — **Restitutions et autres intérêts civils.** — Texte de loi : — Art. 366, C. I. C. : « La Cour ordonnera que les effets pris seront restitués au propriétaire. — Néanmoins, s'il y a eu condamnation, cette restitution ne sera faite qu'en justifiant, par le propriétaire, que le condamné à laissé passer les délais sans se pourvoir en cassation, ou, s'il s'est pourvu, que l'affaire est définitivement terminée ». — Cette remise est ordonnée, non par le président, mais par la Cour (C. 1er juillet 1820. — B. 274).

907. — Acquittement de l'accusé. — La Cour peut ordonner la restitution des objets prétendues volés, même au cas où l'accusé de vol est acquitté (C. 21 févr. 1852. — B. 142).

908. — Nature des objets restitués. — On ne peut ordonner la restitution que des objets mis sous la main de justice, et non de ceux qui auraient été dénaturés ou convertis en argent. (C. 6 juin 1845. — B. 316). Il n'y aurait plus lieu alors à restitution mais à des dommages-intérêts.

909. — Contestation de l'accusé. — Les contestations de l'accusé qui se prétend propriétaire des objets placés sous main de justice n'empêche pas la Cour de statuer sur la valeur de cette exception et d'ordonner, s'il y a lieu la restitution au propriétaire (C. 5 févr. 1858. — B. 59).

910. — Pourvoi en cassation. — Si l'accusé s'est pourvu en cassation contre l'arrêt de condamnation, il faut retarder jusqu'après la solution de l'affaire la remise des objets au propriétaire.

911. — Pièces de comparaison et actes faux. — L'Art. 463, C. I. C. prescrit les formalités suivantes pour la restitution des actes authentiques déclarés faux et des pièces de comparaison : « La Cour ou le tribunal qui aura connu du faux ordonnera qu'ils soient rétablis, rayés ou réformés, et du tout il sera dressé procès-verbal. — Les pièces de comparaison seront renvoyées dans les dépôts d'où elles auront été tirées, ou seront remises aux personnes qui les auront communiquées ; le tout dans le délai de quinzaine à compter du jour de l'arrêt ou du jugement, à peine d'une amende de cinquante francs contre le greffier ».

912. — Bigamie. — Le ministère public peut demander la nullité du second mariage. Mais pour qu'il y ait un arrêt conforme, il faut que l'on ait appelé en cause tous les intéressés, c'est-à-dire le conjoint du condamné dans le second mariage et les enfants nés de ce mariage. (C. 29 mai 1846. — B. 197).

LOI SUR LA PRESSE

Du 29 Juillet 1881.

---

913. — Compétence de la Cour d'assises. — La juridiction de droit commun en matière de presse est la Cour d'assises, aux termes de l'art. 45 ainsi conçu : « *Les crimes et délits prévus par la présente loi sont déférés à la Cour d'assises. Sont exceptés et déférés aux tribunaux de police correctionnelle les délits et infractions prévus par les articles 3, 4, 9, 10, 11, 12, 13, 14, 17, paragraphes 3 et 4 ; 28, paragraphe 2 ; 32, 33, paragraphe 2 ; 38, 39 et 40 de la présente loi. Sont encore exceptées et renvoyées devant les tribunaux de simple police les contraventions prévues par les articles 2, 15, 17, paragraphes 1 et 3 ; 21 et 33, paragraphe 3, de la présente loi* ».

914. — Compétence exceptionnelle. — On vient de voir qu'un certain nombre d'exceptions au principe général du paragraphe premier sont énumérées dans les paragraphes suivants.

915. — Dispositions législatives abrogées. — L'Art. 68, énumère en ces termes quelles sont les dispositions abrogées : « *Sont abrogés les édits, lois, décrets, ordonnances, arrêtés, règlements, déclarations généralement quelconques, relatifs à l'imprimerie, à la librairie, à la presse périodique ou non périodique, au colportage, à l'affichage, à la vente sur la voie publique et aux crimes et délits prévus par les lois sur la presse et les autres moyens de publication, sans que puissent revivre les dispositions abrogées par les lois antérieures. Est également abrogé le second paragraphe de l'article 31 de la loi du du 10 août 1871 sur les Conseils généraux, relatif à l'appréciation de leurs discussions par les journaux.* »

916. — Dispositions législatives maintenues. — La législation relative à la presse et autres moyens de publication, aux termes de l'art. 68, est entièrement abrogée. Mais la loi, ainsi qu'il a été entendu dans la discussion (V. Disc. de M. le rapporteur, dans la séance de la Chambre des Députés, du 5 février 1881), laisse subsister les dispositions légales ayant trait à la presse et autres moyens de publication qui se trouvent comprises dans des lois dont l'objet direct est étranger à la législation sur la presse.

917. — Nous allons maintenant indiquer quelle est la juridiction compétente pour chacun des faits prévus et réprimés par la nouvelle législation, quels sont les principales dispositions législatives abrogées, et quelles sont celles qui sont demeurées en vigueur.

§ I. — Crimes et Délits de la compétence des Cours d'assises.

918. — Les crimes et délits qui sont de la compétence de la Cour d'assises, c'est-à-dire ceux que ne mentionne pas l'art. 45 de la loi du 29 juillet 1881, sont les suivants :

1. La provocation, par discours, cris, menaces ou écrits, à commettre une action qualifiée crime ou délit, si cette provocation a été suivie d'effet (art 23) ;

2. La provocation à commettre les crimes de meurtre, de pillage, d'incendie ou l'un des crimes contre la sûreté de l'État (1), quand même la provocation n'aurait pas été suivie d'effet (art 24, § 1) ;

3. La provocation adressée à des militaires dans le but de les détourner de leurs devoirs. (Art. 25) (2) ;

4. Le délit de cris séditieux, (art. 24, § 2) ;

5. La publication de fausses nouvelles (art. 27) ;

6. L'outrage aux bonnes mœurs (art. 28, § 1) ;

7. L'offense au président de la République (art. 26) ;

8. La diffamation envers les Cours et tribunaux, les armées, les corps constitués et les administrations publiques (art. 30) ;

9. La diffamation envers les membres du ministère et des Chambres, les fonctionnaires, les ministres du culte, les jurés, les témoins, (art. 31) ;

10. La diffamation envers la mémoire d'une personne publique décédée (art. 31 et 34).

11. L'injure envers les personnes désignées dans les art. 30 et 31 (art. 37, § 1).

12. L'offense envers les chefs d'État étrangers (art. 36) et les ambassadeurs ou agents diplomatiques étrangers, (art. 37).

§ II. — Infractions de la compétence des Tribunaux correctionnels

919. Les infractions déférées aux tribunaux correctionnels sont les suivantes :

1. Omission du dépôt des imprimés (Art. 3, 4 et 9) ;

2. Défaut de gérance (Art. 6, 7 et 9) ;

---

(1) La compétence de la Cour d'assises en cette matière peut en certains cas faire place à la compétence du Sénat constitué en haute cour de justice. En effet, l'art. 9 de la loi du 24 février 1875 porte : « Le Sénat peut être constitué en Cour de justice pour connaître des attentats contre la sûreté de l'Etat. » L'art. 12 de la loi du 16 juillet 1875 indique le mode de procéder. La loi du 29 juillet 1881 n'a rien modifié à ces dispositions de lois constitutionnelles.

(2) La Cour d'assises serait aussi compétente si la provocation émanait d'un militaire. (art. 76 du Code militaire du 9 juin 1857).

3. Omission ou irrégularité de la déclaration des journaux ou écrits périodiques (Art. 7, 8 et 9);

4. Omission ou irrégularité de la déclaration des mutations (Art 7 et 9);

5. Omission du dépôt des journaux ou écrits périodiques (Art. 10);

6. Omission de l'impression du nom du gérant au bas des exemplaires (Art 11);

7. Défaut ou irrégularité de l'insertion des rectifications des dépositaires de l'autorité publique (Art. 12);

8. Défaut ou irrégularité de l'insertion des réponses des particuliers (Art. 13);

9. Mise en vente ou distribution des journaux étrangers dont la circulation est interdite (Art. 14);

10. Lacération ou altération d'affiches administratives par un fonctionnaire public (Art. 17, § 2);

11. Lacération ou altération d'affiches électorales par un fonctionnaire public (Art. 17, § 4);

12. Outrages aux bonnes mœurs par dessins, gravures, peintures, emblèmes ou images obscènes (Art. 28, § 2);

13. Diffamations envers les particuliers (Art 32,);

14. Injures envers les particuliers (Art. 33, § 2);

15. Publication des actes de procédure criminelle et correctionnelle avant qu'ils aient été lus en audience publique (Art 38);

16. Comptes-rendus des procès en diffamation où la preuve n'est pas autorisée (Art. 39);

17. Comptes-rendus interdits par les tribunaux (Art. 39);

18. Comptes-rendus des délibérations des Jurys des Cours et Tribunaux (Art. 39);

19. Ouverture ou annonce publique de souscriptions pour indemniser des condamnations criminelles ou correctionnelles (Art. 40).

§ III. — *Contravention de la compétence des Tribunaux de simple police*

920. — Le tribunal de simple police connaît des contraventions qui suivent :

1. Omission du nom et du domicile de l'imprimeur (Art. 2) ;

2. Affichage sur les lieux réservés aux affiches des actes de l'autorité publique (Art. 15) :

3. Impression d'affiches sur papier blanc (Art. 15) ;

4. Lacération ou altération d'affiches administratives (Art. 17, § 1er) ;

5. Lacération ou altération d'affiches électorales (Art. 17, § 3) ;

6. Omission ou fausseté de la déclaration de colportage (Art.) 21 ;

7. Défaut de présentation du récépissé (Art. 21) ;

8. Injures non publiques (Art. 33, § 3).

§ IV. — *Principales dispositions législatives abrogées*

921. — 1. Attaques contre la Constitution, le principe de la souveraineté du peuple et du suffrage universel (Art. 1er du décret du 11 août 1848);

2. Attaques contre le respect dû aux lois et à l'inviolabilité des droits qu'elles ont consacrés (Art. 3 du décret du 27 juillet 1849);

3. Attaque contre la liberté des cultes, le principe de la propriété et les droits de la famille (Art. 3 du décret du 11 août 1848);

4. Provocations à la désobéissance aux lois (Art. 6 de la loi du 17 mai 1819);

5. Excitation à la haine au mépris du Gouvernement (Art. 4 du décret du 11 août 1848);

6. Excitation à la haine et au mépris des citoyens (Art. 7 du décret du 11 août 1848);

7. Enlèvement ou dégradation des signes publics de l'autorité en haine ou au mépris de cette autorité (Art. 6 du décret du 11 août 1848);

8. Port public de signes de ralliement non autorisés (même article);

9. Exposition publique, distribution ou mise en vente de signes ou symboles séditieux (même article);

10. Apologie de faits qualifiés crimes ou délits (Art. 8. de la loi du 27 juil. 1849);

11. Provocation aux crimes ou délits non suivie d'effet, en dehors des cas réservés par les art. 24 et 25 (Art. 2 de la loi du 17 mai 1817);

12. Outrage à la morale publique et religieuse (Art 8 de la loi du 17 mai 1819);

13. Outrage à une religion reconnue par l'État (Art. 1er de la loi du 25 mars 1822);

14. Outrage aux ministres d'un culte, Art. 262, C. p. (C. de Bourges, 13 juil. 1883. — J. Loi, 22 juil.)

15. Offense envers les Chambres (Art. 11 de la loi du 18 mai 1819 et 2 du décret du 11 août 1848);

Infidélité et mauvaise foi dans les comptes-rendus des séances des Chambres et des tribunaux (Art. 16 de la loi du 25 mars 1822);

16. Appréciation des discussions des Conseils généraux sous la reproduction des comptes-rendus y afférant (Art. 31, §§ 2 et 3 de la loi du 10 août 1871);

17. Publication d'articles politiques ou d'économie sociale émanant d'individus condamnés à une peine afflictive ou infamante (Art. 21 du décret du 17 février 1852);

18. Publication de faits relatifs à la vie privée (Art. 11 de la loi du 11 mai 1868).

En résumé, tous les crimes ou délits prévus par les lois spéciales dites de presse qui n'ont pas trouvé place dans la loi actuelle son abrogés, sans exception.

§ V. — *Principales dispositions législatives en vigueur*

922. — Les lois de presse ne contiennent pas tous les délits de publication; il en est un petit nombre qui sont prévus par des lois spéciales.

Ces délits n'entrent pas dans les prévisions de la présente loi et doivent être considérés comme maintenus, à moins qu'ils ne se relient à ceux qui ont été abrogés, d'une manière si étroite qu'ils ne puissent en être séparés. (Circulaire du Ministère de la Justice, du 9 novembre 1881).

923. — Parmi les dispositions législatives non abrogées, les principales sont les suivantes :

Imprimeurs : — La loi du 18 germinal an X, Art. 1 et 3; le décret du 7 germinal an XIII, Art. 1, 2 et 4; le décret du 20 février 1809 Art. 1, la loi du 21 germinal an XI, Art. 36 ; la loi du 29 pluviose an XIII.

Ministres des cultes : — Les Art. 201, 202, 203, 204, 205 et 206 du Code pénal; la loi du 18 germinal an X, Art. 1 et 3.

Entraves au libre exercice des cultes : — Les Art. 260, 261, 262, 263 et 264 du Code pénal.

Convocation à des rassemblements ou à des attroupements : — La loi du 24 mars 1834, Art. 9 ; la loi du 7 juin 1848, Art. 6 ; la loi du 22 juillet 1879, Art. 7. (C. 28 juil. 1883. — *Droit* 11 août 1883).

Fausses nouvelles, sur les marchés publics : — Les Art. 419 et 420 du Code pénal.

Fausses nouvelles, menaces, violences et outrages, en matière électorale : — Le décret du 2 février 1852, Art. 39, 40 et 45.

Loteries : — La loi du 25 mai 1836, Art. 4.

Les menaces prévues par les Art. 306 et 223, C. p. (C. de Paris, 23 août 1883. — J. *Loi*, 24 août 1883).

CRIMES ET DÉLITS DÉFÉRÉS A LA COUR D'ASSISES

§ I. — *Provocations au crime de délit*

924. — **Provocation aux crimes et délits suivis d'effet.** — Art. 23. « *Seront punis comme complices d'une action qualifiée crime ou délit ceux qui, soit par des discours, cris ou menaces proférés dans les lieux ou réunions publics, soit par des placards ou affiches exposés aux regards du public, auront directement provoqué l'auteur ou lesauteurs à commettre ladite action, si la provocation a été suivie d'effet.* »

925. — **Provocation non suivie d'effet.** — « *Cette disposition sera également applicable lorsque la provocation n'aura été suivie que d'une tentative de crime prévu par l'art. 2 du code pénal.* »

926. — Distribution de journaux. — Il y a complicité dans le fait d'un distributeur de journaux d'annoncer publiquement à l'avance que dans un prochain numéro d'un journal qu'il met en vente, paraîtra un article concernant des tiers, — si cet article est diffamatoire (C. 2 févr. 1883. — Rép. An. 1883. 805).

927. — **Provocation au meurtre, au pillage, etc.** — Art. 24. « *Ceux qui, par les moyens énoncés en l'article précédent, auront directement provoqué à commettre les crimes de meurtre, de pillage et d'incendie, ou l'un des crimes contre la sûreté de l'Etat prévus par les articles 75 et suivants jusques et y compris l'article 101 du code pénal, seront punis, dans le cas où cette provocation n'aurait pas été suivie d'effet, de trois mois à deux ans d'emprisonnement et de 100 francs à 3000 francs d'amende.* »

928. — Mention du crime ou du délit dans l'arrêt. — L'arrêt doit indiquer quel est le crime ou le délit qui a été provoqué.

929. — **Cris et Chants séditieux.** — « *Tous cris ou chants séditieux proférés dans les lieux ou réunions publics seront punis d'un emprisonnement de six jours à un mois et d'une amende de 16 francs à 500 francs ou de l'une de ces deux peines seulement.* »

930. — **Provocation aux militaires.** — Art. 25. « Toute provocation par l'un des moyens énoncés en l'article 23 adressée à des militaires des armées de terre ou de mer, dans le but de les détourner de leurs devoirs militaires et de l'obéissance qu'ils doivent à leurs chefs dans tout ce qu'ils leur commandent pour l'exécution des lois et règlements militaires, sera punie d'un emprisonnement d'un à six mois et d'une amende de 16 francs à 100 francs. »

931. — Embauchage et désertion — Cette article laisse subsister le délit d'embauchage, c'est-à-dire la provocation à l'enrôlement dans une armée étrangère, et la provocation à la désertion, qui sont prévus et réprimés par les articles 208 et 242 du Code militaire de l'armée de terre et les articles 265 et 321 du Code militaire de l'armée de mer.

§ II. — *Délits contre la chose publique*

932. — **Offense au Président de la République.**—Art. 26. « L'offense au Président de la République par l'un des moyens énoncés dans l'article 23 et dans l'article 28 est punie d'un emprisonnement de trois mois à un an et d'une amende de 100 francs à 3,000 francs, ou de l'une de ces deux peines seulement. »

933. — Définition de l'offense. — Cette expression n'a pas été définie par le législateur. Une circulaire du Ministre de la justice, en date du 16 août 1849, s'exprime ainsi sur le sens et la portée de ce mot : « Le mot offense comprend, dans sa généralité, toutes les attaques personnelles, mais il ne porte aucune atteinte au droit de critique et de simple discussion. Le droit d'attaquer, de critiquer, d'accuser même est écrit dans la Constitution ; mais la personne du premier magistrat de la République ne peut rester exposée aux outrages et aux injures. »

934. — **Publication de nouvelles et de pièces fausses.** — Art. 27 « La publication ou reproduction de nouvelles fausses, de pièces fabriquées, falsifiées ou mensongèrement attribuées à des tiers sera punie d'un emprisonnement d'un mois à un an et d'une amende de 50 francs à 1,000 francs, ou de l'une de ces deux peines seulement, lorsque la publication ou la reproduction aura troublé la paix publique, et qu'elle aura été faite de mauvaise foi. »

935. — **Outrages aux bonnes mœurs.** — Art. 28. « L'outrage aux bonnes mœurs, commis par l'un des moyens énoncés en l'article 23, sera puni d'un emprisonnement d'un mois à deux ans et d'une amende de 16 francs à 2,000 francs. »

§ III. — *Délits contre les personnes*

936. — **Définition de la diffamation.** — Art. 29. — « *Toute allégation ou imputation d'un fait qui porte atteinte à l'honneur ou à la considération de la personne ou du corps auquel le fait est imputé, est une diffamation...*

937. — **Définition de l'injure.** — *Toute expression outrageante, terme de mépris ou invective qui ne renferme l'imputation d'aucun fait est une injure.*

938. — **Diffamation envers des corps constitués et des administrations publiques.** — Art. 30. — « *La diffamation commise par l'un des moyens énoncés en l'article 23 et en l'article 28, envers les Cours, les tribunaux, les armées de terre ou de mer, les corps constitués et les administrations publiques, sera punie d'un emprisonnement de huit jours à un an et d'une amende de 100 francs à 3,000 francs, ou de l'une de ces deux peines seulement.* »

939. — **Diffamation envers des fonctionnaires publics.** — Art. 31. — « *Sera punie de la même peine la diffamation commise par les mêmes moyens, à raison de leurs fonctions ou de leur qualité, envers un ou plusieurs membres du ministère, un ou plusieurs membres de l'autre Chambre, un fonctionnaire public, un dépositaire ou agent de l'autorité publique, un ministre de l'un des cultes salariés par l'État, un l'État, un citoyen chargé d'un service ou d'un mandat public, temporaire ou permanent, un juré ou un témoin à raison de sa déposition.* »

940. — Diffamation envers un témoin. — La Cour d'assises est compétente pour connaître de la diffamation commise envers un témoin à raison de sa déposition (C. de Paris, 23 févr. 1883. — Rép. Anal. 1883. 295).

941. — Sénateur ou député. — Aux termes de l'article 14 de la loi du 16 juillet 1875, aucun membre de l'une ou de l'autre Chambre ne peut, pendant la durée de la session, être poursuivi qu'avec l'autorisation de la Chambre dont il fait partie.

942. — En conséquence la procédure en diffamation, introduite, pendant la durée de la session, sans l'autorisation de la Chambre est nulle. (C. d'assises de la Seine, 12 juin 1882. — Rép. Anal. 1882. 908).

943. — **Injures envers des fonctionnaires publics.** — Art. 33. « L'injure commise par les moyens énoncés en l'article 23 et en l'article 28 envers le corps ou les personnes désignés par les articles 30 et 31 de la présente loi, sera punie d'un emprisonnement de 6 jours à 3 mois et d'une amende de 16 à 500 francs, ou de l'une de ces deux peines seulement. »

944. — Caissier d'une Caisse d'épargne. — Le caissier d'une caisse d'épargne n'est ni fonctionnaire public, ni citoyen chargé d'un service ou mandat public, dans le sens de la loi du 29 juillet 1881. Par suite la Cour d'assises n'est pas compétente pour connaître de la diffamation dirigée contre lui (C. 10 févr. 1883. — Rép. Anal. 1883. 757) et (C. 18 avril 1883. — Rép. Anal. 1883. 652).

945. — Consul étranger. — Un consul étranger reconnu en France n'a pas le caractère d'agent diplomatique, surtout si sa nation y a un ambassadeur. La Cour d'assises ne peut donc connaître de la diffamation dirigée contre lui (C. de Paris, 28 juin 1883. — Rép. Anal. 1883 — 758).

946. — Instituteur public. — Un instituteur public est un fonctionnaire public. La diffamation dont il a été l'objet, à raison de ses fonctions, même quand il est en retraite, est de la compétence de la Cour d'assises. (Trib. Angers, 26 mai 1883.) — Rép. Anal. 1883. 653.

947. — Adjudicataire des droits de place. — L'adjudicataire des droits de place d'une halle dans une ville est un agent délégué de l'autorité municipale. La diffamation dont il a été l'objet, à raison de ses fonctions, est donc de la compétence de la Cour d'assises (C. de Bourges, 23 déc. 1883. — Rép. Anal. 1883. 41).

948. — Étranger employé par le gouvernement. — La Cour d'assises est compétente pour connaître de la diffamation dirigée contre un étranger temporairement employé par le gouvernement français, à raison de ses fonctions (C. de Paris, 25 janv. 1883. — Rép. Anal. 1883. 141.)

949. — Directeurs de la Banque de France. — Les Directeurs de la Banque de France ne sont pas des fonctionnaires. (Trib. de la Seine, 4 mai 1882. — Rép. Anal. 1882. 772).

950. — Conseiller municipal. — Un Conseiller municipal est un citoyen chargé d'un mandat public temporaire. Dès lors, l'injure commise envers lui par la voie de la presse est justiciable de la Cour d'assises (C. d'Amiens, 15 juil. 1882. — Rép. Anal. 1882. 972).

951. — Ministre d'un culte. — Le ministre d'un culte reconnu est un citoyen chargé d'un service ou d'un mandat public (Trib. de Grenoble, 18 janv. 1882. — J. M. P., t. 25, n° 231). Toutefois, si le fait allégué n'avait trait qu'à la vie privée, comme le reproche à un ministre d'un culte d'avoir des relations avec sa domestique, le tribunal correctionnel serait seul compétent (C. 25 janv. 1883. — Rep. Crit. de législat., juin 1883, p. 432.)

952. — Médecin de l'Etat civil. — La diffamation envers un médecin de l'Etat civil, à raison de ses fonctions est de la compétence de la Cour d'assises. (C. d'assises Seine, 24 août 1883. — J. Droit 25).

953. — Publicité. — Le fait d'avoir outragé un fonctionnaire public dans un exploit d'huissier, ne confère pas au délit un caractère public le rendant passible de la Cour d'Assises.

952. — Faits de la vie privée. Connexité. — C'est à la Cour d'assises qu'il appartient de connaître de la diffamation résultant des passages qui, paraissant dirigés contre l'homme privé, ont avec d'autres visant l'homme public une connexité évidente et tendent au même but (C. de Nancy, 18 août 1882. Rép. Anal. 1882. 971)

953. — La Cour d'assises est compétente pour statuer sur la plainte portée à raison de l'article tout entier, lors même que le plaignant déclarerait limiter sa poursuite aux imputation qui ont le caractère d'injures envers un particulier (C. d'Amiens, 15 juillet 1882. — Rép. Anal. 1882. 972).

954. — Si l'injure ou la diffamation ne visent que des faits relatifs à la vie privée d'un fonctionnaire, c'est alors la juridiction correctionnelle qui est compétente (Trib. cor. de Versailles, 27 juil. 1882. — Rép. Anal. 1882. 1075. — Cf. C. 20 nov. 1846 — S. 1847. 1131 ; C. de Paris, 13 févr. 1847. — D. 1847, 2. 72 ; C. de Lyon, 5 mai 1849. — D. 1849. 5. 320).

957. — **Diffamation envers une personne publique décédée.** — Art. 34. « Les articles 29, 30 et 31 ne seront applicables aux diffamations ou injures dirigées contre la mémoire des morts, que dans les cas où les auteurs de ces diffamations ou injures auraient eu l'intention de porter atteinte à l'honneur ou à la considération des héritiers vivants.

Ceux-ci pourront toujours user du droit de réponse prévu par l'article 13. »

958. — **Preuve des faits diffamatoires.** — Art. 35. *« La vérité du fait diffamatoire, mais seulement quand il est relatif aux fonctions, pourra être établie par les voies ordinaires, dans le cas d'imputations contre les corps constitués, les armées de terre et de mer, les administrations publiques et contre toutes les personnes énumérées dans l'article 31.*

La vérité des imputations diffamatoires et injurieuses pourra être également établie contre les directeurs ou administrateurs de toute entreprise industrielle, commerciale ou financière, faisant appel à l'épargne ou au crédit.

Dans les cas prévus aux deux paragraphes précédents la preuve contraire est réservée. Si la preuve du fait diffamatoire est rapportée, le prévenu sera renvoyé des fins de la plainte.

Dans toute autre circonstance et envers toute autre personne non qualifiée, lorsque le fait imputé est l'objet de poursuites commencées à la requête du ministère public, ou d'une plainte de la part du prévenu, il sera, durant l'instruction qui devra avoir lieu, sursis à la poursuite et au jugement du délit de diffamation. »

959. — Nature de la preuve. — La preuve autorisée contre un fonctionnaire public ne peut être autre que celle du fait diffamatoire qui a motivé la poursuite, sauf le cas d'indivisibilité entre le fait poursuivi et les autres faits (C. 23 juin 1882. — Rép. Anal. 1882. 773).

960. — Directeur d'une entreprise industrielle. — De ce que la preuve de la vérité des imputations diffamatoires est autorisée contre le directeur d'une entreprise industrielle, commerciale ou financière, il n'en résulte pas que l'action doive être portée devant la Cour d'assises. Aucun principe de droit ne s'oppose à ce que cette preuve soit portée devant le tribunal correctionnel (C. de Grenoble, 17 mars 1883. — Rép. Anal. 1883, 392 C. d'Aix, 17 mars 1822. — Rép. Anal. 1882. 440 ; C. 29 juin 1882. — Rép. Anal. 1882. 625).

§ IV. — *Délits contre les chefs d'Etats et agents diplomatiques étrangers*

961. — **Offense envers les chefs d'Etats étrangers.** — Art. 36. — L'offense commise publiquement envers les chefs d'Etats étrangers sera punie d'un emprisonnement de trois mois à un an et d'une amende de 100 fr. à 3,000 fr., ou de l'une de ces deux peines seulement.

962. — **Outrage envers des ambasseurs et des agents diplomatiques.** — Art. 37. — L'outrage commis publiquement envers les ambassadeurs et ministres plénipotentiaires, envoyés, chargés d'affaires ou autres affaires ou autres agents diplomatiques accrédités près du gouvernement de la République, sera puni d'un emprisonnement de 8 jours à un an et d'une amende de 50 francs à 2,000 francs, ou de l'une de ces deux peines seulement.

963. — **Publications interdites.** — (V. 217 à 221)

§ V. — *Des Personnes responsables*

964. — **Responsabilité des gérants, auteurs, imprimeurs, etc.** — Art. 42. — « Seront passibles, comme auteurs principaux, des peine qui constituent la répression des crimes et délits commis par la voie de la presse, dans l'ordre ci-après, savoir : 1° les gérants ou éditeurs, quelles que soient leurs professions ou leurs dénominations : 2° à leur défaut, les auteurs ; 3° à défaut des auteurs, les imprimeurs ; 4° à défaut des imprimeurs, les vendeurs, distributeurs ou afficheurs. »

965. — Rédacteur en chef. — Le gérant du journal est le premier et le seul responsable et non le rédacteur en chef du journal. (Trib. cor. de la Seine, 8 juin 1882. — Rép. Anal. 1882. 671).

966. — **Des complices.** — Art. 43. — « Lorsque les gérants ou éditeurs seront en cause, les auteurs seront poursuivis comme complices. Pourront l'être au même titre et dans tous les cas, toutes personnes auxquelles l'article 60 du Code pénal pourrait s'appliquer. Ledit article ne pourra s'appliquer aux imprimeurs pour faits d'impression, sauf dans le cas et les conditions prévus par l'article 6 de la loi du 7 juin 1848 sur les attroupements. »

967. — Citation de l'auteur seul. — L'auteur ne peut être poursuivi seul, et en dehors du gérant ou de l'éditeur. La citation qui serait lancée contre le premier seul serait nulle (C. 28 juillet 1883. — J. Loi, 5 août 1883).

968. — **Responsabilité pécuniaire des propriétaires de journaux et écrits périodiques.** — Art. 44. — « Les propriétaires de journaux ou écrits périodiques sont responsables des condamnations pécuniaires prononcées au profit des tiers contre les personnes désignées dans les deux articles précédents, conformément aux dispositions des articles 1382, 1383, 1384 du Code civil. »

969. — **Poursuite de l'action civile en même temps que l'action publique.** — Art. 46. — « L'action civile résultant des délits de diffamation prévus et punis par les articles 30 et 31 ne pourra, sauf dans le cas de décès de l'auteur du fait incriminé ou d'amnistie, être poursuivie séparément de l'action publique. »

970. — Compétence en cas d'appel de la partie civile. — Si, par suite du défaut d'appel tant du prévenu que du ministère public l'action publique est définitivement jugée, la Cour saisie par l'appel de la partie civile doit renvoyer la cause devant les juges compétents quand la connaissance du fait ne lui appartient pas. »

§ VI. — *Règles de Procedure*

971. — **Poursuite d'office et sur la plainte de la partie.** — Art. 47. *« La poursuite des crimes et délits commis par la voie de la presse ou par tout aure moyen de publication aura lieu d'office et à la requête du ministère public, sous les modifications suivantes :*

1° Dans le cas d'injure ou de diffamation envers les cours, tribunaux et autres corps indiqués en l'article 30, la poursuite n'aura lieu que sur une délibération prise par eux en assemblée générale, et requérant les poursuites, ou si le corps n'a pas d'assemblée générale, sur la plainte du chef du corps ou du ministre duquel ce corps relève ;

2° Dans le cas d'injure ou de diffamation envers un ou plusieurs membres de l'une ou de l'autre Chambre, la poursuite n'aura lieu que sur la plainte de la personne ou des personnes intéressées ;

3° Dans le cas d'injures ou de diffamation envers les fonctionnaires publics, les dépositaires ou agents de l'autorité publique autres que les ministres, envers les ministres des cultes salariés par l'État et les citoyens chargés d'un service ou d'un mandat public, la poursuite aura lieu soit sur leur plainte, soit d'office, sur la plainte du ministre dont ils relèvent ;

4° Dans le cas de diffamation envers un juré ou un témoin, délit prévu par l'article 31, la poursuite n'aura lieu que sur la plainte du juré ou du témoin qui se prétendra diffamé ;

5° Dans le cas d'offense envers les chefs d'État ou d'outrages envers les agents diplomatiques étrangers, la poursuite aura lieu, soit à leur requête, soit d'office, sur leur demande adressée au ministre des affaires étrangères et par celui-ci au ministre de la justice;

6° Dans les cas prévus par les paragraphes 3 et 4 du présent article, le droit de citation directe devant la Cour d'assises appartiendra à la partie lésée.

Sur sa requête, le président de la Cour d'assises fixera les jour et heure auxquels l'affaire sera appelée.

972. — DIFFAMATION DE LA PART D'UN CONSEIL MUNICIPAL. — L'action en diffamation à raison d'une délibération d'un conseil municipal doit être dirigée non contre quelques-uns de ses membres, mais contre l'ensemble du Conseil. (C. de Bordeaux, 24 mai 1882. — Rép. Anal. 1883. 139).

973. — FORMULE D'ORDONNANCE POUR FIXATION DU JOUR D'AUDIENCE. — En réponse à la requête qui lui est adressée par le plaignant afin d'obtenir fixation d'un jour d'audience, le Président rend l'ordonnance suivante : « Vu la requête, les pièces produites, l'article 47, § 6. de la loi du 29 juillet 1881, — Nous, Président de la Cour d'assises, — Ordonnons que l'affaire intentée par l'impétrant sera appelée à l'audience de la Cour d'assises de...... — Délivré à....., le..... »

974. — **Texte du réquisitoire.** — « Art. 148. Si le ministère public requiert une information, il sera tenu dans son réquisitoire d'articuler et de qualifier les provocations, outrages, diffamations et injures à raison desquels la poursuite est intentée, avec indication des textes dont l'application est demandée à peine de nullité du réquisitoire de ladite poursuite. »

975. — **Saisie des exemplaires d'un journal ou dessin.** — « Art. 49. Immédiatement après le réquisitoire, le juge d'instruction pourra, mais seulement en cas d'omission du dépôt prescrit par les articles 3 et 10 ci-dessus, ordonner la saisie de quatre exemplaires de l'écrit, du journal ou du dessin incriminé. Cette disposition ne déroge en rien à ce qui est prescrit par l'article 28 de la présente loi.

Si le prévenu est domicilié en France, il ne pourra être arrêté préventivement, sauf en cas de crime.

En cas de condamnation, l'arrêt pourra ordonner la saisie et la suppression ou la destruction de tous les exemplaires qui seraient mis en vente distribués ou exposés aux regards du public.

Toutefois, la suppression ou la destruction pourra ne s'appliquer qu'à certaines parties des exemplaires saisis.»

976. — **Enoncés de la citation.** — « Art. 50. La citation contiendra l'indication précise des écrits, des imprimés, placards, dessins, gravures, peintures, médailles, emblèmes, des discours ou propos publiquement proférés qui seront l'objet de la poursuite, ainsi que de la qualification des faits. Elle indiquera les textes de la loi invoquée à l'appui de la demande.

Si la citation est à la requête du plaignant, elle portera, en outre, copie de l'ordonnance du président ; elle contiendra élection de domicile dans la ville où siège la Cour d'assises et sera notifiée tant au prévenu qu'au ministère public.

Toutes ces formalités seront observées à peine de nullité de la poursuite. »

977. — OMISSION DES ARTICLES DE LOI. — On ne peut opposer pour la première fois devant la Cour de cassation le moyen tiré de ce que les articles de lois invoqués n'ont pas été visés dans la citation (C. 10 févr. 1883. — Rép. An. 1883. 806).

978. — La Cour de Paris avait jugé au contraire que la nullité résultant du défaut d'indication de l'article de loi applicable est d'ordre public et peut être opposée pour la première fois, notamment en appel (C. de Paris, 4 févr. 1882. — Rép. Anal. 1882. 33).

979. — Mais de nombreux arrêts ont décidé que cette nullité n'est pas d'ordre public et qu'elle doit être invoquée *in limine litis* (C. d'Agen, 5 mai 1882. — Rép. Anal. 1882. 627 ; C. de Besançon, 7 juin 1882 — Rép. Anal. 1882. 626 ; C. d'Angers, 17 juil. 1882. —. Rép Anal. 1882. 903. ; C. d'Amiens, 1er juillet 1881. — Rép. Anal. 1882. 906). D'après cette dernière décision, lorsque le prévenu accepte le débat engagé par une citation irrégulière et demande formellement à être jugé, il y a lieu de statuer au fond sur la poursuite sans en prononcer la nullité. — Même décision par la Cour de Douai (28 mars 1882. Rev. int. juin 1883, p. 434). V. art. 173, C. proc. civ.

980. — Il suffit d'indiquer les articles de loi applicables, il n'est pas besoin de transcrire le texte même de la loi (C. 10 mars 1882. — D. 1882. 1. 190. — C. de Grenoble, 8 févr. 1883. — Rép. Anal. 1883. 190). La Cour de Paris avait jugé que cette formalité n'était nécessaire que pour les articles qui prononcent des peines (C. de Paris, 25 janv. 1882. Rép. Anal. 1882. 32).

981. — CITATION RÉGULIÈRE. — Est régulière la citation qui désigne avec précision les écrits qui sont l'objet de la poursuite, quand elle affirme que ces écrits, rendus publics, renferment les éléments du délit de diffamation et quand elle indique l'article de la loi qui punit ce délit. (C. 10 mars 1882. — Rép. Anal. 1882. 216).

982. — **Délai de comparution.** — Art. 51. *«Le délai entre la citation et la comparution en Cour d'assises sera de cinq jours francs, outre un jour par cinq myriamètres de distance.»*

983. — **Délai et notifications spéciales en matière de diffamation.** — Art. 52. « *En matière de diffamation, le délai sera de douze jours, outre un jour par cinq myriamètres.*

Quand le prévenu voudra être admis à prouver la vérité des faits diffamatoires, conformément aux dispositions de l'article 35 de la présente loi, il devra dans les cinq jours qui suivront la notification de la citation, faire signifier au ministère public près la Cour d'assises ou au plaignant, au domicile par lui élu, suivant qu'il est assigné à la requête de l'un ou de l'autre :

1° Les faits articulés et qualifiés dans la citation desquels il entend prouver la vérité ;

2° Les noms, professions et demeures des témoins par lesquels il entend faire sa preuve. Cette signification contiendra élection de domicile près de la Cour d'assises, le tout à peine d'être déchu du droit de faire la preuve. »

984. — OPPOSITION A UN ARRÊT PAR DÉFAUT. — La partie condamnée par défaut, étant remise par l'opposition dans la situation où elle se trouvait avant l'arrêt, le délai de cinq jours pour la signification des noms des témoins ne commence à courir pour elle qu'à partir de son opposition. (C. d'Assises du Cher, 22 janvier 1883. — Bul. Anal. 1883. 188).

985. — Dispositions d'ordre public. — Les dispositions relatives à la preuve des faits diffamatoires sont d'ordre public et le consentement de la partie lésée ne peut relever la partie poursuivie des déchéances qu'elle a encourues (C. d'Assises de la Seine, 15 nov. 1881. — S. 1882. 2. 89).

986. — Demande de renvoi et incidents. — Art. 54. « Toute demande en renvoi, pour quelque cause que ce soit, tout incident sur la procédure suivie, devront être présentés avant l'appel des jurés, à peine de forclusion. »

987. — Droit de parole a l'accusé. — Lorsque la Cour d'assises statue avant l'appel des jurés sur un incident de procédure ayant trait à la poursuite criminelle, elle statue en matière criminelle, et dès lors l'accusé et son conseil doivent toujours avoir la parole les derniers (C. d'assises de la Seine, 30 oct. 1882. — Rép. Anal. 1882. 1334.)

988. — Signification au prévenu des noms des témoins. — Art. 53. « Dans les cinq jours suivants, le plaignant ou le ministère public, suivant les cas, sera tenu de faire signifier au prévenu, au domicile par lui élu, la copie des pièces et les noms, professions et demeures des témoins par lesquels il entend faire la preuve contraire, sous peine d'être déchu de son droit. »

989. — Arrêt par défaut. — Arrêt contradictoire. — Art. 55. « Si le prévenu a été présent à l'appel des jurés, il ne pourra plus faire défaut, quand bien même il se fût retiré pendant le tirage au sort.

En conséquence, tout arrêt qui interviendra soit sur la forme, soit sur le fond, sera définitif, quand bien même le prévenu se retirerait de l'audience ou refuserait de se défendre. Dans ce cas, il sera procédé avec le concours du jury et comme si le prévenu était présent. »

990. — Défaut de notification de la liste des jurés. — Quand la liste des jurés n'a pas été notifiée par le ministère public ou par la partie civile à l'accusé, la veille du jour où il doit comparaître devant le jury, il y a lieu, la procédure n'étant pas en état, non de déclarer l'affaire non recevable, mais de la renvoyer à une prochaine session. — Art. 395, C. I. C. (C. d'assises d'Alger, 1 févr. 1883. — Rép. Anal. 1883. 387).

991. — L'inobservation de la notification de la liste du jury à l'accusé entraîne la nullité des débats. Art. 395, C. I. C. (C. 8 déc. 1881. — Bul. Anal. 1882. 27).

992. — Récusation de la partie civile. — Le droit de récusation n'appartenant qu'à l'accusé et au ministère public (399, C. I. C.) ne peut être exercé par la partie civile (C. 8 déc. 1881. — Bul. Anal. 1883 27), alors même que la poursuite a lieu à sa requête (C. d'assises du Cher, 22 janv. 1882. — Rép. Anal. 1883. 188).

993. — Lecture de la citation. — La lecture de la citation faite par le greffier remplace celle de l'arrêt de renvoi et de l'acte d'accusation en matière ordinaire.

994. — Position des questions en matière de diffamation. — La position par le Président de deux questions séparées, l'une sur le fai diffamatoire, l'autre sur la qualité de la personne diffamée, n'est pas contraire à la loi *(ibid.).*

995. — Portion d'une question d'excuse. — En matière de diffamation contre un fonctionnaire public, la preuve des faits faisant disparaître la culpabilité, le Président des Assises n'a pas à poser au jury la question d'excuse fondée sur l'administration de cette preuve (C. 20 janv. 1883. — Rép. Anal. 1883. 394).

997. — Preuve des faits diffamatoires. — En matière de diffamation, la question posée au jury sur la culpabilité du prévenu compren virtuellement l'élément relatif à la preuve. Par suite la déclaration de non culpabilité implique que la preuve des faits n'a pas été faite contre le fonctionnaire diffamé, et il n'est pas nécessaire de poser au jury une question distincte relative à la preuve (Rév. crit. juin 1883. p. 440).

997. — Question contradictoire. — En matière de diffamation, est contradictoire la réponse du jury affirmative à l'égard de l'auteur de l'article poursuivi et négative à l'égard du gérant du journal (C. 8 déc. 1881. — Rép. Anal. 1883. 27).

998. — Question complexe. — Il n'y a pas complexité à comprendre dans une seule question plusieurs numéros d'un même journal (C. 13 mars. 1838. — B. 101.) — ni la spécification de plusieurs passages constituant les éléments d'un même délit (C. 14 déc. 1849. — S. 1850. 1. 326).—V. 605 et 607.

999. — Question alternative. — Il n'y a pas de nullité dans la question alternative de *fabrication, falsification,* ou *attribution mensongèrement* faite à un tiers d'une pièce fausse de nature à troubler la paix publique, ce fait ayant dans chaque hypothèse la même conséquence pénale (C. 6 décembre 1850. — B. 604). — V. 605 et 618.

1000. — Lecture des questions. — V. 638.

1001. — Complicité. — L'acquittement de l'accusé principal n'est pas en principe un obstacle à la condamnation du complice (C. 30 août 1839. — B. 446).

1002. — Formule des questions a poser en matière de diffamation envers un fonctionnaire public :

1003. — Gérant de journal. — X... est-il coupable d'avoir à...,en 1883, volontairement et publiquement produit envers Y... en sa qualité, soit de fonctionnaire public, soit de citoyen ayant été chargé d'un service ou d'un mandat public, l'allégation ou l'imputation d'un fait qui porte atteinte à l'honneur ou à la considération de celui-ci en publiant ou faisant publier dans le numéro... du journal..., dont il est le gérant, ayant paru sous la date du... un article commençant par ces mots... et finissant par ceux-ci...

1004. — Auteur de l'article. — Z... est-il coupable d'avoir, à la même époque et au même lieu, rédigé, signé et remis audit X..., pour être publié, l'article ci-dessus incriminé, contenant des imputations diffamatoires contre Y..., en sa qualité, soit de fonctionnaire public, soit de citoyen ayant été chargé d'un service et d'un mandat public, lequel article a été publié dans le numéro... du journal... mis en vente et distribué, et d'avoir ainsi procuré audit X... le moyen de commettre la diffamation ci-dessus spécifiée, sachant que ledit article devait y servir.

1005. — Opposition à la condamnation par défaut. — Art. 56 : « Si le prévenu ne comparaît pas au jour fixé par la citation, il sera jugé par défaut par la Cour d'assises, sans assistance ni intervention des jurés.

La condamnation par défaut sera comme non avenue si, dans les cinq jours de la signification qui en aura été faite au prévenu ou à son domicile, outre un jour par cinq myriamètres, celui-ci forme opposition à l'exécution de l'arrêt et notifie son opposition tant au ministère public qu'au plaignant. Toutefois, si la signification n'a pas été faite à personne ou s'il ne résulte pas d'acte d'exécution de l'arrêt que le prévenu en a eu connaissance, l'opposition sera recevable jusqu'à l'expiration des délais de la prescription de la peine. L'opposition vaudra citation à la première audience utile. Les frais de l'expédition, de la signification de l'arrêt, de l'opposition et de la réassignation pourront être laissés à la charge du prévenu.

1006. — Nullité prétendue de l'arrêt de défaut. — Le prévenu qui a fait défaut ne peut, pour arguer de nullité la décision par défaut, se prévaloir de ce qu'il ne lui aurait point été fait de notification préalable de la liste du jury (C. 24 févr. 1883. — Rép. Anal. 1883. 388).

1007. — Nullité de l'opposition tardive. — Art. 57 : *« Faute par le prévenu de former son opposition dans le délai fixé en l'article 56 et de la signifier aux personnes indiquées dans cet article, ou de comparaître par lui-même au jour fixé en l'article précédent, l'opposition sera réputée non avenue et l'arrêt par défaut sera définitif.*

1008. — Dommages-intérêts en cas d'acquittement. — Art. 58 : *« En cas d'acquittement par le jury, s'il y a partie civile en cause, la cour ne pourra statuer que sur les dommages-intérêts réclamés par le prévenu. Ce dernier devra être renvoyé de la plainte sans dépens ni dommages-intérêts ou profit du plaignant. »*

1009. — Dommages-intérêts réclamés par le prévenu. — Lorsque la citation directe qui devait saisir le juge est déclarée nulle, la demande reconventionnelle en dommages-intérêts formée par le prévenu (Art. 191, C. I. C.) n'est plus recevable (Trib. corr. de la Seine, 18 janv. 1882. — Rép. Anal. 1882. 34).

1010. — Cour d'assises extraordinaire. — Art. 59 : *« Si, au moment où le ministère public ou le plaignant exerce son action, la session de la Cour d'assises est terminée et s'il ne doit pas s'en ouvrir d'autre à une époque rapprochée, il pourra être formé une Cour d'assises extraordinaire, par ordonnance motivée du premier président. Cette ordonnance prescrira le tirage au sort des jurés conformément à la loi.*
L'article 81 du décret du 6 juillet 1810 sera applicable aux Cours d'assises extraordinaires formées en exécution du paragraphe précédent.

§ VII. — *Pourvois en cassation*

1011. — Pourvoi du prévenu et de la partie civile. — Art. 61 : *« Le droit de se pourvoir en cassation appartiendra au prévenu et à la partie civile, quant aux dispositions relatives à ses intérêts civils. L'un et l'autre seront dispensés de consigner l'amende, et le prévenu de se mettre en état. »*

1012. — Délai pour le pourvoi. — Art. 62 : *« Le pourvoi devra être formé dans les trois jours, au greffe de la Cour ou du tribunal qui aura rendu la décision. Dans les vingt-quatre heures qui suivront, les pièces seront envoyées à la Cour de cassation, qui jugera d'urgence dans les dix jours à partir de leur réception. »*

113. — Pourvoi contre un arrêt préparatoire. — Le pourvoi formé avant l'arrêt définitif contre un arrêt préparatoire n'est pas recevable (C. 24 févr. 1882. — Rép. Anal. 1882. 79).

1014. — Un arrêt qui ordonne l'évocation du fond n'est pas un arrêt purement préparatoire et d'instruction, puisqu'outre une décision sur un incident de procédure, il contient une sentence définitive d'attribution qu'intéresse l'ordre des juridictions et les droits de la défense (216 C. I. C.) Le pourvoi formé contre cet arrêt est donc recevable (C. 10 mars 1882. — Rép. Anal. 1882. 216).

§ VIII. — *Récidive*

1015. — Aggravation de peine, à raison de la récidive. — Art. 63 : *« L'aggravation des peines résultant de la récidive ne sera pas applicable aux infractions prévues par la présente loi...*

1016. — Cumul des peines. — En cas de conviction de plusieurs crimes ou délits prévus par la présente loi, les peines ne se cumuleront pas, et la plus forte sera seule prononcée. »

§ IX. — *Circonstances atténuantes*

1017. — Réduction de la peine de moitié. — Art. 64 : *« L'article 463 du Code pénal est applicable dans tous les cas prévus par la présente loi. Lorsqu'il y aura lieu de faire cette application, la peine prononcée ne pourra excéder la moitié de la peine édictée par la loi.*
1018. — Le jury doit être appelé à se prononcer. — Le président doit appeler le jury à se prononcer sur les circonstances atténuantes. — V. le rapport de M. Lisbonne, à la Chambre des députés (J. P. 1882. 380).

§ X. — *Prescription*

1019. — Prescription de l'action publique et de l'action civile. — Art. 65 : *« L'action publique et l'action civile résultant des crimes délits et contraventions prévus par la présente loi se prescriront après trois mois révolus, à compter du jour où ils auront été commis, ou du jour du dernier acte de poursuite, s'il en a été fait. »*

1020. — Caractère d'ordre public. — La prescription édictée par cet article est opposable en tout état de cause (Trib. cor. Lyon, 5 déc. 1882. — Rép. Anal. 1883. 40). — V. 643.

1021. — Interruption de la prescription. — La citation ne pouvant produire qu'un effet interruptif, la prescription est acquise lorsque la date de la citation et celle de l'audience sont séparées par plus de 3 mois. Il importe peu que la date de l'audience ait été indiquée par le greffe en vertu d'un règlement intérieur du tribunal, un pareil règlement ne pouvant faire échec à la loi et la partie ayant la faculté, dans l'intervalle, de faire des actes de poursuite (C. de Grenoble, 8 févr. 1883. — Rép. Anal. 1883. 190).

1022. — PERSONNES CIVILEMENT RESPONSABLES. — La citation donnée en temps utile aux personnes civilement responsables ne peut interrompre la prescription de l'action publique et de l'action civile. — Et cette action en responsabilité ne peut survivre à l'action publique et à l'action civile. — Art. 2224 et 2251, C. civ. ; 637 et 638, C. 1. C. (C. de Grenoble, 8 févr. 1883. — Rép. Anal. 1883. 190).

1025. — CITATION EN CONCILIATION. — Une citation en conciliation devant un bureau de paix dans les délais utiles ne peut interrompre la prescription en matière de diffamation, si elle n'a pas été suivie dans le mois d'une assignation en justice. Art 2245 C. civ. (Trib. de Lyon, 27 nov. 1882. — Rép. Anal. 1883. 390).

1026. — ARRÊT DE DÉFAUT. — L'arrêt de défaut prononcé par la Cour d'assises, à moins qu'il ne soit frappé de nullité par la Cour de cassation, est un acte interruptif de prescription (C. 24 févr. 1883. — Rép. Anal. 1883. 388).

1027. — OBSTACLE LÉGAL A LA PRESCRIPTION. — La prescription ne peut être évoquée lorsque l'exercice de l'action a été empêché par un obstacle légal, notamment lorsque la poursuite en diffamation a été dirigée contre un député qui s'est retranché derrière l'immunité parlementaire (C. d'assises de la Seine, 30 oct. 1882. — Rép. Anal. 1882. 1334).

1028. — AMNISTIE. — L'amnistie fait cesser l'action publique mais n'a pas d'effet sur l'action civile (C. 16 mars 1882. — Rép. Anal. 1882. 262).

FORMULES D'ARRÊT ET ORDONNANCE

§ I. — *Jury de la session*

1027. — JURÉ ABSENT, LOIS DE LA SIGNIFICATION. — En ce qui touche le sieur X...
Attendu qu'il est établi qu'il était absent au moment où la signification lui a été faite, mais que cette absence ne doit être que momentanée,
Ordonne que son nom sera retiré de la liste des jurés de la présente session ;
Ordonne cependant qu'il sera rétabli dans l'urne pour qu'il soit compris dans les tirages ultérieurs du jury.

1028. — JURÉ INSCRIT DANS UN AUTRE DÉPARTEMENT. — En ce qui touche le sieur X...
Attendu qu'il justifie qu'il est depuis plusieurs années inscrit sur la liste du jury du département de... ;
Ordonne que le nom de X... sera retiré de la liste des jurés du département de..., et qu'extrait du présent arrêt, en ce qui le concerne, sera adressé au préfet de ce département.

1029. — JURÉ ILLETTRÉ. — Attendu que ce juré ne sait ni lire ni écrire,
Ordonne que son nom sera rayé de la liste des jurés.

1030. — JURÉ INDIGENT. — Attendu que ce juré a besoin de son travail quotidien pour subvenir à ses besoins,
Ordonne que son nom sera rayé de la liste du jury et qu'extrait du présent arrêt, en ce qui le concerne, sera adressé au préfet.

1031. — JURÉ MALADE. — Attendu que du certificat régulier produit dans l'intérêt du sieur X... il résulte que ce juré est dans l'impossibilité de remplir les fonctions de juré pendant le cours de la présente session,
Ordonne que son nom sera retiré de la liste des jurés de la présente session ;
Ordonne cependant que son nom sera rétabli dans l'urne pour qu'il soit compris dans les tirages ultérieurs du jury.

1032. — SURSIS POUR MALADIE. — Attendu qu'il résulte d'un certificat de médecin en dûe forme que M... est atteint d'une affection... que cette maladie ne paraît pas devoir se prolonger au-delà de cinq jours, vu l'Ar. 397 C. 1. C., le dispense de siéger jusqu'à ce que son indisposition ait cessé, ou jusqu'à tel jour.

1033. — SURSIS POUR AUTRE CAUSE. — Attendu que M... est dans une situation qui est de nature à lui ôter le calme et la liberté d'esprit nécessaires pour prendre part aux débats et aux jugements des affaires, le dispense de siéger jusqu'à tel jour.

1034. — JURÉ AYANT DÉJA REMPLI SES FONCTIONS DANS L'ANNÉE. — Attendu qu'il est justifié que M... a rempli les fonctions de juré en..., qu'aux termes de la loi sont excusés ceux qui ont rempli les fonctions de juré pendant l'année courante et l'année précédente,
Déclare M... excusé pendant la première session.

1035. — JURÉ INEXACTEMENT DÉSIGNÉ. — Attendu que M... fait remarquer que son nom a été mal écrit ; que la notification qui lui a été faite sous le nom de X..., tandis que son nom est... ; qu'il est important de rectifier cette erreur,
Dit que le nom de ce juré ne sera pas compris dans le tirage de ce jour,
Ordonne la rectification du nom de X... sur la liste du jury à notifier aux accusés.

1036. — INDIVIDU COMPARAISSANT POUR UN AUTRE. — Attendu qu'il résulte des documents produits que X..., qui se présente sur la citation à lui donnée pour siéger comme juré, a pour prénoms ... qu'il exerce la profession de ... qu'il est né en ... ; qu'au contraire le juré appelé par la voie du sort à faire partie du jury actuel a pour prénoms ... qu'il exerce la profession de ... et qu'il est né en ...
Qu'il n'y a donc pas identité entre M... qui comparaît sur la citation, et M..., juré désigné, qui n'a pas été touché par la notification,
Dit que M... comparant ne siégera pas dans la présente session.

1037. — JURÉ N'AYANT PAS L'AGE. — Attendu que le sieur X..., porté sur la liste générale du jury comme né en 1845, justifie qu'il est né en 1855 seulement ; qu'ainsi il n'a pas 30 ans révolus, et que par suite, il ne peut remplir les fonctions de juré, aux termes de l'art. 1, loi du 21 nov. 1872, ainsi conçu :....
Le déclare dispensé des fonctions de juré, ordonne qu'extrait du présent arrêt sera transmis à M. le préfet du département.

1038. — JURÉ AGÉ DE 70 ANS. — Attendu que des pièces produites par le sieur X... il appert qu'il est âgé de 70 ans ; qu'il doit par conséquent être dispensé des fonctions de juré, aux termes de l'Art. 5, § 1, loi du 31 nov. 1872, ainsi conçu :..

Le déclare dispensé des fonctions de juré, ordonne que copie du présent arrêt sera transmis à M. le Préfet du département.

1039. — Juré décédé. — Attendu qu'il résulte d'un acte régulier (ou : qu'il est de notoriété publique, bien qu'aucun acte en forme n'ait été produit), que depuis la confection de la liste générale M..... désigné par le sort pour faire partie du jury de service pour la présente session, est décédé le ...

Par ces motifs, et vu l'art. 390, C. I. C. ainsi conçu :

Ordonne que le nom de M..... sera rayé de la liste des jurés de service.

1040. — Juré exerçant des fonctions incompatibles. — Attendu qu'il est établi que M. ... est en ce moment commissaire de police et se trouve dans l'un des cas d'incompatibilité prévus par l'Art. 3 de la loi du 21 novembre 1872, ainsi conçu :

Déclare M. ... excusé pour la présente session et ordonne que son nom sera remis dans l'urne pour concourir à des tirages ultérieurs s'il y a lieu.

1041. — **Juré absent sans motifs.** — **Arrêt de condamnation.** — La Cour, après avoir entendu le ministère public en ses réquisitions, et en avoir délibéré

Attendu que la liste des jurés a été notifiée à M. ..., à son domicile à ... parlant à sa personne ; que ce juré ne comparaît pas et n'a fait valoir aucun motif légitime pour justifier sa non comparution.

Vu l'Art. 396, C. I. C. (et la loi du 21 nov. 1872, Art. 20, si l'amende est inférieure à 500 fr.) ainsi conçus :

Faisant application au sus-nommé des dispositions desdits articles, condamne X... à 200 francs d'amende et aux frais, dit que le présent arrêt sera imprimé et affiché à ses frais.

Ordonne que son nom sera remis dans l'urne pour être soumis aux tirages ultérieurs.

1042. — Si le juré condamné se présente ultérieurement. — Retrait de l'arrêt de condamnation :

« Attendu qu'il résulte d'un certificat régulier de médecin que M... était le..., dans un état de maladie qui ne lui permettait pas de se présenter devant la Cour, et qu'il a besoin de quelques jours encore avant de pouvoir remplir ses fonctions de juré;

» Relève M... de l'amende prononcée contre lui le... par la Cour d'assises :

» Ordonne que M... reprendra ses fonctions de juré le...

1043. — **Tirage de jurés complémentaires.** — «La Cour, après avoir entendu le ministère public en ses réquisitions, et en avoir délibéré.

« Attendu que, par suite des excuses admises par la Cour, les jurés titulaires et supplémentaires réunis ne se trouvent plus présents qu'au nombre de 29 ;

« Ordonne que, par le président de la Cour, il soit immédiatement procédé, en audience publique et conformément aux dispositions de l'Art. 393, C. I. C., ensemble de l'Art. 19, loi du 21 nov. 1872, sur le jury, à un tirage supplémentaire, et par la voie du sort, pour compléter le nombre de 30 jurés indispensable pour la formation des divers jurys de jugement, pendant le cours de la présente session. »

1044. — **Adjonction de juges ou de jurés.** — » Attendu que le procès actuel est de nature à entraîner de longs débats ;

« Vu les Art. 4, loi du 25 brum. an viii et 394, C. I. C., ainsi conçus :

« La Cour ordonne qu'il sera, outre les noms des 12 jurés composant le jury de jugement, tiré au sort les noms de deux jurés suppléants qui assisteront à tous les débats, et qui le cas échéant, remplaceront celui ou ceux de MM. les jurés titulaires qui, avant la clôture des débats se trouveraient empêchés ;

« Ordonne en outre que M..., juge au Tribunal, les magistrats plus anciens dans l'ordre du tableau étant empêchés, assistera aux débats, pour remplacer celui des membres de la Cour qui, au cours du procès actuel, se trouverait légitimement empêché.

§ II. — *Huis-clos*

1045. — **Arrêt ordonnant le huis-clos.** — La Cour, ouï le ministère public dans ses réquisitions et après en avoir délibéré, vu l'Art. 81 de la Constitution du 4 nov. 1848, ainsi conçu : « Les débats seront publics, à moins que la publicité ne soit dangereuse pour l'ordre ou les mœurs, et, dans ce cas, le tribunal le déclare par jugement. »

« Attendu que la publicité des débats dans l'affaire concernant X... serait dangereuse pour les mœurs, ordonne qu'ils auront lieu à huis-clos. »

§ III. — *Partie civile*

1046. — **Arrêt donnant acte à la partie civile de sa constitution.** — « La Cour, après avoir entendu le ministère public en ses réquisitions, l'accusé et son défenseur en leurs observations et conclusions ;

« Considérant qu'aux termes de l'art. 3, C. I. C., l'action civile peut être poursuivie en même temps et devant les mêmes juges que l'action publique ;

« Reçoit X... partie civile intervenante au procès et lui donne acte de son intervention. »

1047. — En Cas d'opposition de l'accusé a la constitution de la partie civile. — « Considérant que ce droit peut être exercé jusqu'à la clôture des débats, et qu'une pareille déclaration ne préjuge rien ;

« Sans s'arrêter aux conclusions prises au nom de l'accusé, la Cour reçoit...

§ IV. — *Renvoi*

1048. — Ordonnance de renvoi. — Nous, Président de la Cour d'assises du département de... Vu la procédure instruite contre X..., accusé de...

Att. qu'il est établi par un certificat de médecin, en due et bonne forme, que le dit accusé, qui devait comparaître aujourd'hui devant la Cour d'assises, pour y être jugé, est atteint d'une maladie grave qui le met dans l'impossibilité d'assister aux débats;

Vu l'art. 306, C. I. C.

Renvoyons l'affaire du sus-nommé à une prochaine session.

En notre Cabinet, au Palais de justice, le...

1049. — Constatation médicale de l'état de maladie d'un accusé. — Ordonnance commettant un médecin : — Nous,.. Président de la Cour d'assises... ; vu l'Art. 306, C. I. C. et l'arrêt de la Cour de ce jour;

Att. que le nommé X... n'a pu comparaître à l'audience de ce jour pour suivre les débats ouverts contre lui; qu'il importe de faire établir par un médecin expert le véritable état de santé de cet accusé, et de lui donner pour mandat de dire si, oui ou non, le dit X... peut soutenir la fatigue occasionnée par les débats à suivre;

Commettons M. le docteur N... à ces fins, et ordonnons que ce médecin prêtera serment en nos mains de bien et fidèlement remplir son mandat.

A... le... (Signatures du président et du greffier.)

1050. Prestation de serment du médecin expert. — Devant nous, Président de la Cour d'assises et dans notre Cabinet, au palais de la Cour d'appel de... (ou au Palais de justice de...). assisté de M. X..., greffier,

A comparu M. le docteur N..., lequel, conformément à l'arrêt de ce jour et à notre ordonnance, a prêté le serment voulu par la loi, aux fins de procéder ensuite à l'exécution du mandat à lui donné et nous en faire son rapport.

A... le...

§ V. — *Jonction de plusieurs affaires*

1051. — **Arrêt de renvoi.** — V. Témoins.

1052. — Ordonnance de jonction. — Nous, Président, etc.

Vu les deux actes d'accusation dressés par M. le Procureur général contre X... en date, le premier, du..., et le second, du...

Vu les art. 307 et 365, C. I. C.

Att. qu'il importe, pour la bonne et prompte administration de la justice, que les dits actes d'accusation soient joints,

Ordonnons la jonction des deux actes d'accusation sus-datés et sus-énoncés, pour être soumis à un seul débat et être statué sur le tout par un seul arrêt.

En notre Cabinet, au Palais de justice, le...

1053. — Arrêt de jonction. — La Cour, ouï le Ministère public en ses réquisitions, les accusés et leurs défenseurs en leurs observations, vu l'art. 307, C. I. C., ainsi conçu...

Vu la nature identique des trois affaires dont il s'agit; att. que, dans l'intérêt d'une bonne justice, il y a lieu de les joindre;

Par ces motifs, faisant droit aux réquisitions du Ministère public, ordonne que les deux affaires seront jointes et qu'il y sera statué par un seul et même verdict.

§ VI. — *Disjonction*

1054. — **Ordonnance de disjonction.** — Nous, président, etc. — Vu l'arrêt en date du..., rendu par la Cour d'appel de... (chambre des mises en accusation), lequel renvoie X... et Z... devant la Cour d'assises du département de... sous l'accusation de...

Vu les art. 306 et 308, C. I. C.

Att. qu'il est établi que l'accusé X... est actuellement très-malade, et qu'il est dans l'impossibilité de se présenter aux débats, qui doivent s'ouvrir aujourd'hui.

Disjoignons l'accusation qui le concerne de celle qui concerne Z...

En notre cabinet, au Palais de justice, le...

§ VII. — *Témoins*

1055. — Renvoi par suite d'absence d'un témoin. — Vu les conclusions déposées par le défenseur de l'accusé tendant à ce qu'il plaise... le ministère public entendu en ses observations, après en avoir délibéré.

Att. que le témoin X..., régulièrement cité, ne comparaît pas, mais que sa présence est (ou n'est pas) indispensable pour la manifestation de la vérité.

La Cour ordonne le renvoi de l'affaire à une prochaine session (ou qu'il sera passé outre aux débats).

(Cette formule peut s'approprier à la plupart des incidents du débat).

1056. — Renonciation a l'audition d'un témoin. — La Cour, ouï l'accusé et son défenseur en leurs observations et le ministère public en ses conclusions, après en avoir délibéré.

Att. que le Ministère public et l'Accusé renoncent à l'audition du sieur X..., dont la déposition n'est pas d'ailleurs nécessaire, la Cour ordonne que ce témoin ne sera pas entendu.

1057. — Passé outre aux débats malgré l'absence d'un témoin. — La Cour, ouï l'accusé et son défenseur en leurs observations et le ministère public en ses conclusions, après en avoir délibéré,

Att. que la présence de ces deux témoins n'est pas indispensable pour la manifestation de la vérité, ordonne qu'il sera passé outre aux débats.

1058. — **Arrêt condamnant un témoin défaillant.** — La Cour, ouï le ministère public en ses réquisitions,

Vu les Art. 80, C. I. C. et 355, § 3, du même code, ainsi conçu :

Vu l'exploit de X... huissier à... constatant la citation donnée à X... pour comparaître à cette audience.

Considérant que le témoin cité régulièrement n'a pas satisfait à la citation et n'a pas fait présenter d'excuses.

Condamne X... à... et aux frais, par corps.

(La Cour peut ordonner que le témoin soit contraint, par corps, à venir témoigner).

1061. — Ordonnance d'arrestation pour faux témoignage. — Nous, président..., ouï les réquisitions du Ministère public, considérant que la déposition faite à l'audience de ce jour par..., sous la foi du serment, comparée avec les dépositions des autres témoins et avec les dires de l'accusé, paraît fausse et mensongère ;

Vu l'Art. 330, C. I. C., lequel est ainsi conçu..

Ordonnons que X... soit mis à l'instant même en état d'arrestation ; commettons M..., membre de la Cour d'assises, à l'effet de procéder à l'interrogatoire dudit X..., entendre tous témoins qu'il jugera nécessaire et faire tous actes d'instruction qu'il croira convenables pour être ensuite statué ce qu'il appartiendra.

(Le président peut se borner à faire garder à vue par les gendarmes jusqu'à la fin des débats, un témoin suspect de faux témoignage). Il peut rétracter cet ordre ultérieurement.

§ VIII — *Acte demandé*

1062. — Formalité non accomplie. — Considérant que les souvenirs de la Cour ne lui permettent pas de constater que la formalité du serment à prêter par le témoin a été omise ; que le procès-verbal des débats établit qu'elle a été accomplie ; que la foi qui lui est due ne pourrait être ébranlée par une déclaration faite après coup par le témoin, lorsque les débats étaient clos et le verdict du jury lu à l'audience.

Dit qu'il n'y a pas lieu de donner acte du fait articulé ni de procéder à une enquête.

1063. — Autre formule : Considérant que, d'après les dispositions de l'article 372, C. I. C., les formalités prescrites par la loi doivent être constatées dans un procès-verbal dressé par le Greffier et le Président de la Cour d'assises ; qu'il n'appartient pas à la Cour de donner acte des faits qu'elle n'est point appelée à constater et qui doivent être mentionnés au procès-verbal rédigé par le Greffier pendant le cours de la séance, ou sur des notes par lui prises au moment où les faits se sont passés.

Dit qu'il n'y a pas lieu de donner acte des faits articulés par le défenseur.

1064. — Opinion manifestée par un juré. — Vu les conclusions déposées par le conseil de l'accusé, ouï le ministère public en ses observations :

1065. — Fait non établi. — Attendu que le fait dont il est demandé acte n'est point établi (le juré interpellé par le Président ayant déclaré n'avoir fait aucun signe ni proféré aucune parole), déclare qu'il n'y a pas lieu de donner acte de ce fait.

1066. — Fait inconnu de la Cour. — Attendu que la Cour n'a pas connaissance du fait dont il est demandé acte, déclare qu'il n'y a pas lieu de donner acte de ce fait.

1067. — Propos non entendu par la Cour. — Attendu que la Cour n'a point entendu le propos imputé à l'un des jurés comme ayant été tenu à l'audience...

1068. — Conclusions tardives. — Attendu que le ministère public avait donné ses réquisitions sur l'application de la peine, rejette...

1069. — La Cour ne peut vérifier. — Attendu que les faits de communication allégués postérieurement à l'arrêt de condamnation auraient eu lieu hors de l'audience ; que la Cour, ne pouvant les vérifier, n'en peut donner acte, rejette...

1070. — Renvoi de l'affaire. — Attendu que M..., pendant la déposition du témoin, reconnaît avoir dit... ;

Attendu qu'il y a eu ainsi de la part de ce juré manifestation d'une opinion sur un des chefs d'accusation ; qu'il ne peut dès lors continuer à faire partie du jury de jugement, annule les débats, renvoie l'affaire à une autre session.

1071. — Pas de renvoi de l'affaire, s'il y a eu adjonction de jurés suppléants. — Attendu qu'en exécution d'un arrêt de la Cour il a été tiré deux jurés suppléants qui ont assisté régulièrement à tous les débats, dit que M..., deuxième juré, cessera de siéger parmi les jurés de jugement, ordonne qu'il sera remplacé par M..., premier juré suppléant, dit qu'il n'y a pas lieu de prononcer le renvoi à une autre session et ordonne qu'il sera passé outre aux débats.

1072. — Examen de l'état mental de l'accusé demandé par la défense. — La Cour, vu les conclusions prises par le défenseur de l'accusé, tendant à ce qu'il soit ordonné un supplément d'information, à l'effet de vérifier l'état mental de l'accusé ; ouï l'accusé et son défenseur en leurs observations et moyens de défense, et le ministère public dans ses réquisitions ;

Att. que, dans l'état de l'information qui a vérifié avec le plus grand soin la situation d'esprit de l'accusé, il ne saurait exister aucun doute sur l'intégrité de ses facultés mentales.

Att. qu'il résulte des renseignements recueillis dans l'information que l'accusé n'a jamais donné aucun signe d'aliénation mentale...

Par ces motifs, la Cour donne acte au défenseur de ses conclusions, dit n'y avoir pas lieu à surseoir pour vérifier l'état mental de l'accusé, et ordonne qu'il sera passé outre aux débats.

§ IX. — *Verdict irrégulier*

1073. — Arrêt de renvoi des Jurés dans leur chambre des délibérations. — La Cour, après avoir entendu le ministère public en ses réquisitoire et le conseil de l'accusé en ses conclusions et observations, et après en avoir délibéré.

Considérant que, contrairement aux dispositions de l'Art. 347, C. I. C., le jury a omis de constater la majorité dans sa déclaration (ou telle autre mention) ; que, par conséquent, ladite déclaration est incomplète :

1074. — Ou : — Considérant que contrairement aux dispositions des Art. 344, 345, et 346, C. I. C. et aux dispositions de la loi du 13 mai 1836, le jury a omis de répondre sur telle ou telle question ; que, par conséquent, ladite déclaration est incomplète ;

1075. — Ou : — Considérant que la réponse à telle question est inconciliable avec la réponse faite à telle autre question ; que, par conséquent ladite déclaration est contradictoire ;

1076. — Ou : — Considérant que la réponse faite à telle question étant ainsi conçue... ne permet pas de saisir la véritable pensée du jury, que, par conséquent, ladite déclaration est obscure, ambiguë ou équivoque ;

La Cour ordonne que le jury retournera dans la Chambre de ses délibérations pour y délibérer de nouveau et former une déclaration régulière (ou complète, — concordante — non équivoque).

§ X. — *Clôture des débats*

1077. — **Annulation de l'ordonnance des débats.** — « Attendu... (motifs).
Annulons l'ordonnance de clôture des débats par nous prononcés. »

§ XI. — *Arrêt de condamnation*

1078. — **Arrêt de condamnation.** — Vu la déclaration du jury portant que l'accusé s'est rendu coupable du crime prévu et réprimé par les articles ...
Attendu toutefois que le jury ayant reconnu en faveur de X ... l'existence des circonstances atténuantes, il y a lieu de lui faire application de l'Art. 463, C. p.
Ouï le ministère public dans ses réquisitions, la partie civile dans ses conclusions, l'accusé, la personne civilement responsable et leur défenseur dans leurs moyens de défense,
Vu les articles 56, 57 ou 58, C. p. (Etat de récidive) ;
Vu l'article 365, C. I. C. (Cumul, confusion des peines) ;
Vu l'article 66, C. p. (Mineur ayant agi sans discernement) ;
Vu les articles 46 et 47, C. p. (Surveillance de la haute police) ;
Vu l'article 366, C. I. C. (Restitution des objets pris au propriétaire);
Vu l'art. 366, C. I. C. (Dommages-intérêts à la partie civile) ;
Vu l'article 368, C. I. C. (Frais envers l'Etat et la partie civile) ;
Vu l'article 9, loi du 22 juil. 1867 et 52 C. p. (Contrainte par corps) ;
Vu l'article 1384 C. civ. (Responsabilité civile) ;
Vu l'article 55 C. p. (Solidarité pour les amendes et frais) ;
Vu l'article 70 C. p. (Septuagénaires) ;
Vu l'article 5 loi du 30 mai 1854 (Sexagénaires) ;
Vu l'article 379 C. I. C. (Crimes manifestés au cours des débats).
Vu l'article 36 C. p. (Impression et affichage de l'arrêt).
Vu l'article 58 ord. du 26 mars 1816 (Exclusion de l'ordre de la Légion d'honneur). — (A prononcer seulement après l'arrêt), lesdits articles ainsi conçus : ...
Après en avoir délibéré, la Cour condamne X... à la peine de ...

1079. — **Récidive.** — Attendu que l'accusé, ayant été condamné déjà à ... (nature et date de la condamnation), peine afflictive ou infamante, se trouve dans le cas de récidive prévu par l'art 56, C. p., et, par suite, passible de l'aggravation de peine édictée par ledit article.
Si les circonstances aggravantes ayant été écartées le fait se trouve réduit à un simple délit : ... Attendu que l'accusé ayant déjà été condamné à ... (nature et date de la condamnation), se trouve dans le cas de récidive prévu par l'Art. 57 (ou l'Art. 58 du Code pénal.)

1080. — **Cumul, confusion des peines.** — Attendu qu'aux termes de l'art. 365, C. I. C., en cas de conviction de plusieurs crimes ou délits la peine la plus forte doit être seule prononcée ...
La Cour dit que la peine portée au présent arrêt contre X... se confondra avec celle déjà prononcée contre lui par arrêt de ..., mais seulement en ce qui concerne le reste de la peine qu'il avait à subir.

1081. — **Mineur de 16 ans ayant agi sans discernement.** — Vu l'art. 66, C. p. ; — Vu la déclaration du jury, de laquelle il résulte que l'accusé mineur de 16 ans, déclaré coupable, a agi sans discernement,
Acquitte ledit X ..., et ordonne qu'il sera conduit dans une maison de correction pour y être élevé et détenu jusqu'à l'époque où il aura accompli sa vingtième année (ou qu'il sera remis à sa famille).
Le condamne aux dépens.

1082. — Surveillance de la haute police. — Att. qu'aux termes des Art. 46 et 47, C. P. révisés par la loi du 29 janvier 1874, la durée de la surveillance de la haute police pour les travaux forcés à temps, la détention et la réclusion a été fixée à un maximum de vingt années, avec faculté pour la Cour d'abréger cette durée et même de supprimer la peine accessoire de la surveillance ;
Que dans l'espèce il y a lieu (ou il n'y a pas lieu) d'user de cette faculté en raison des circonstances de la cause.

1083. — Restitution des objets pris. — Att. qu'aux termes de l'article 366, C. I. C., il y a lieu d'ordonner que les objets pris soient restitués au propriétaire, sous la condition que la délivrance n'en soit faite à celui-ci qu'en justifiant que le condamné a laissé passer les délais sans se pourvoir ou qu'en cas de pourvoi, l'affaire soit définitivement terminée.

1084. — Partie civile. — **En cas de verdict négatif.** — La Cour statuant sur les conclusions de X..., partie civile,
Att. que, si des réponses négatives du jury aux questions qui lui étaient posées il résulte que Z... n'est pas coupable du crime dont il était

accusé, ces réponses ne portent que sur la culpabilité et non sur la matérialité des faits; qu'il demeure établi aux débats que… ce fait a causé à la partie civile un préjudice qu'il y a lieu de réparer ; que la Cour a les éléments nécessaires pour apprécier ce préjudice,

Vu l'article 366, C. I. C. ainsi conçu :…

Condamne Z… à payer à X…, partie civile, et à titre de restitution (ou dommages-intérêts), la somme de…

Et statuant sur les réquisitions du Ministère public, en ce qui concerne X…, partie civile,

Att. que la partie civile qui succombe doit être condamnée aux frais envers l'État, que Z…, à l'égard duquel X… avait pris la qualité de partie civile, a été acquitté de l'accusation portée contre lui ;

Vu l'article 368, C. I. C. ainsi conçu :

Condamne X…, partie civile, aux frais envers l'État, liquidés à…

Condamne Z… à payer à X… le montant desdits frais à titre de supplément de dommages-intérêts.

1085. — En cas de verdict affirmatif. — Statuant sur les conclusions de Z… partie civile ;

Att. que le fait déclaré constant par le verdict du jury a porté préjudice à Z… ;

Que la Cour a les éléments nécessaires pour apprécier ce préjudice ;

Vu l'Art. 366, C. I. C. ainsi conçu :..

Condamne ledit X…, par corps, à payer à Z…, à titres de dommages-intérêts, la somme de…;

Fixe à… la durée de la contrainte par corps ;

Condamne X…, aux dépens envers l'État, et aux frais du procès, liquidés à..,

1086. — **Frais**. — Att. qu'aux termes de l'Art. 368, C. I. C. tout accusé qui succombe doit être condamné aux frais envers l'État et envers la partie civile.

1087. — **Contrainte par corps**. — Att. qu'aux termes de l'Art. 9 de la loi du 22 juil. 1867, 52 du C. p., 1 et 2 de la loi du 19 décembre 1871, la contrainte par corps est applicable pour le recouvrement de l'amende, des restitutions et des frais dus à l'État.

1088. — **Responsabilité civile**. — Vu l'Art. 1838, C. civ., la Cour déclare X… civilement responsable comme ayant…, et le condamne à payer les dommages-intérêts et les frais.

1089. — **Solidarité**. — Att. qu'aux termes de l'Art. 55, C. p., tous les individus condamnés pour un même crime ou pour un même délit, sont tenus solidairement des amendes, des restitutions, des dommages-intérêts et des frais.

1090. — **Septuagénaires**. — Att. qu'aux termes de l'Art. 70, C. p. les peines des travaux forcés à perpétuité, de la déportation et des travaux forcés à temps, ne doivent être prononcées contre aucun individu âgé de 70 ans accomplis au moment du jugement.

1091. — **Sexagénaires**. — Att. qu'aux termes de l'Art. 5 de la loi du 30 mai 1854, les peines des travaux forcés à perpétuité et des travaux forcés à temps ne doivent être prononcés contre aucun individu âgé de 60 ans accomplis au moment du jugement, et qu'elles doivent être remplacées par celles de la réclusion soit à perpétuité, soit à temps, selon la durée de la peine qu'elle remplacera.

1092. — **Crime manifesté au cours des débats**. — Att. que dans les débats qui viennent d'avoir lieu, l'accusé a été inculpé sur d'autres crimes que celui (ou ceux) pour lesquels il était poursuivi, et que cette inculpation nouvelle est passible d'une peine plus grave que celle qui est appliquée à celui (ou à ceux) qui viennent d'être constatés par le verdict du jury.

1093. — En cas de complicité. — « Attendu que dans les débats qui viennent d'avoir lieu, l'accusé a été inculpé sur d'autres crimes que celui (ou ceux) dont il était accusé et qu'il a des complices en état d'arrestation. »

1094. — **Impression et affichage de l'arrêt**. — « Attendu qu'aux termes de l'Art. 36, C. p., tout arrêt portant la peine de mort, des travaux forcés à perpétuité et à temps, etc., doivent être imprimés par extrait et affichés à des endroits déterminés. »

1095. — **Ordre de la Légion d'Honneur**. — (Après le prononcé de l'arrêt). Si le condamné est chevalier de la Légion d'Honneur ou médaillé militaire, et que la peine soit infamante, le président dit : « X…, vous avez manqué à l'honneur, au nom de la Légion, je déclare que vous avez cessé d'en être membre. » (Art. 58, ord. du 26 mars 1816 et 43 du décret du 16 mars 1852), ou : « Vous avez manqué à l'honneur, je déclare que vous avez cessé d'être décoré de la médaille militaire (D. 24 nov. 1852), de la médaille de Sainte-Hélène, de la médaille commémorative de Crimée et de la Baltique (D. 26 févr. 1858, Art. 1), de la médaille commémorative de la Campagne d'Italie (D. 24 oct. 1859), de l'expédition de Chine (D. 25 mars 1861, Art 1), de l'expédition du Mexique (D. 15 mars 1864, Art 1).

§ XII. — *Arrêt d'absolution*

1096. — **Absolution**. — « Vu la déclaration du jury portant que…

« Ouï le ministère public dans ses réquisitions. la partie civile dans ses conclusions, l'accusé et son défenseur dans leurs moyens de défense. »

« Après en avoir délibéré ;

Attendu que le fait déclaré constant par le jury n'est pas punissable (ou ne renferme pas les caractères constitutifs d'un crime, ou que la peine est prescrite, ou que l'accusé a été reconnu avoir agi sans discernement).

La Cour, vu l'article 364, C. I. C. déclare X… absous de l'accusation portée contre lui, ordonne qu'il soit mis en liberté s'il n'est retenu pour une autre cause.

1097. — *Ou* : Vu l'article 361, att. que… (nouveau crime révélé au cours des débats), ordonne que X… sera poursuivi.

Vu l'article 366, ordonne que les effets pris seront restitués au propriétaire.

Vu l'Art. 366, relativement aux dommages-intérêts demandés par la partie civile ; att. que… condamne l'accusé à payer la somme de…;

Vu l'Art. 368, condamne l'accusé aux frais de l'État et envers la partie civile. (La condamnation aux dépens ne doit être prononcée que si le fait de sa nature était punissable ou préjudiciable. — V. Cod. crim., par Rolland de Villargues, Art. 368, C. I. C. *notes*);

Vu l'Art. 55, C. p., dit que les accusés seront tenus solidairement des dommages-intérêts et des frais ;

Vu l'Art. 478, C. I. C., condamne l'accusé aux frais occasionnés par sa contumace ;

Vu l'Art. 9 lci du 22 juillet 1867 et l'Art. 52, C. p., att. que les dommages-intérêts et les frais dus à la partie civile et les frais envers l'État, s'élevant à la somme de... fixe la durée de la contrainte par corps à...

Vu l'Art. 1384, C. civ. déclare Z... civilement responsable, comme ayant..., et le condamne à payer les dommages-intérêts et les frais.

§ XIII.— *Ordonnance d'acquittement*

1098. — Ordonnance d'acquittement. — Vu la déclaration du jury portant que X... n'est pas coupable,

En vertu des pouvoirs qui nous sont conférés par la loi, nous le déclarons acquitté de l'accusation et ordonnons qu'il sera mis en liberté, s'il n'est retenu pour autre cause (Art. 358).

1099. — Ou : — Considérant qu'il résulte de la déclaration du jury que X... n'est pas coupable des chefs d'accusation relevés dans les questions posées conformément à l'arrêt de renvoi et au résumé de l'acte d'accusation ;

Considérant que si le jury, usurpant des attributions qui ne lui appartenaient pas, a déclaré que X... était coupable de faits qui n'avaient pas été soumis à sa délibération, cette partie surabondante de sa déclaration doit être réputée non écrite, et qu'il n'en doit être fait nul état.

Vu l'Art. 358, C. I. C.

Déclarons X... acquitté de l'accusation portée contre lui ; ordonnons qu'il sera mis en liberté, s'il n'est retenu pour autre cause.

1100. — Ou : — (S'il y a un nouveau fait révélé à l'audience). — Vu l'article 361, C. I. C. Attendu que..., ordonnons que X... sera poursuivi à raison dudit fait et le renvoi de ce chef devant M. le Juge d'instruction de l'arrondissement (où siège la Cour d'assises).

1101. — Partie civile. — (Arrêt.) — Et ouï le ministère public, l'accusé et son défenseur en leurs réquisitions, conclusions et observations, et la personne responsable dans ses moyens de défense;

Vu l'article 366, C. p., relativement aux dommages-intérêts demandés par la partie civile.

Attendu que..., la Cour condamne l'accusé à payer. à titre de dommages-intérêts, à la partie civile : 1° la somme de... et 2° le montant des frais dus à l'État.

1102. — Restitution des effets au propriétaire. — Vu l'art. 366, C. p., ordonne que les effets saisis seront restitués au propriétaire.

1103. — Condamnation aux frais. — Vu l'article 366, C. P. C., et les Art. 157 et 159 du décret de 1811, condamne la partie civile aux frais envers l'État, sauf son recours contre l'accusé.

1104. — Frais occasionnés par la contumace. — Vu l'art. 478, C. I. C., condamne l'accusé aux frais occasionnés par sa contumace.

1105. — Responsabilité civile. — Vu l'article 1384, C. civ., déclare Z... civilement responsable, comme étant... et le condamne à payer les dommages-intérêts et les frais.

§ XIV. — *Contumace*

1106. — Arrêt de reconnaissance d'identité d'un accusé contumax. — La Cour, ouï le Ministère public dans ses réquisitions, l'accusé dans ses moyens de défense, après en avoir délibéré,

Att. que des dépositions des témoins et des autres documents de la cause, il résulte la preuve que l'accusé X... ici présent, est le même que le Z... condamné à la peine de..., par arrêt de la Cour d'assises, en date du..., déclare qu'il y a identité entre X... et le nommé Z..., et condamne X... aux frais.

1107. — Arrêt de non identité. — Considérant qu'il résulte des pièces du procès et des dépositions des témoins entendus à l'audience de ce jour que X..., présent à la barre, n'est pas le nommé X..., condamné par coutumace par la Cour d'assises de...

Déclare qu'il n'y a pas identité entre X..., ici présent, et le condamné X...

Ordonne que X... sera sur le champ mis en liberté, s'il n'est retenu pour autre cause.

Autre formule : — Considérant que de tous les témoins cités, aucun n'a pu être retrouvé, et que dès lors il n'est pas suffisamment établi qu'il y ait identité entre X..., présent à la barre, et le nommé X..., condamné par contumace à... par la dite Cour d'assises le...,

Déclare qu'il n'y a point quant à présent identité entre le dit X... et le condamné X...

Ordonne que X... sera mis sur le champ en liberté, s'il n'est retenu pour autre cause.

1108. — Arrêt de condamnation d'un coutumax. — Lecture des pièces. — Vu l'arrêt de la Cour d'appel, Chambre des mises en accusation, en date du... qui renvoie devant les Assises le nommé X, comme accusé de..., — Vu l'ordonnance de se présenter rendue par le président des Assises le... (465), — Vu l'acte de notification de cette ordonnance (465), et les procès-verbaux dressés pour en constater la publication et l'affiche (466) ;

Att. que depuis l'accomplissement de ces formalités, plus de dix jours se sont écoulés (467) ;

La Cour, ouï le Ministère public, après avoir délibéré, déclare la procédure régulière (470), et Ordonne la lecture des pièces.

Arrêt de condamnation. — La Cour, ouï le Ministère public dans ses réquisitions, après avoir délibéré.

Att. que les pièces de la procédure, il résulte la preuve que l'accusé s'est rendu coupable d'avoir...

Att. que ce fait est prévu et réprimé par les articles..., lesquels sont ainsi conçus :

Vu aussi les Art. 368, 472, C. I. C. et 36 C. p.

Condamne X... à la peine de... et aux frais ;

Ordonne qu'un extrait du présent arrêt sera, dans les 8 jours de la prononciation, inséré dans un journal du département de..., qu'il sera affiché en outre à la porte du dernier domicile du condamné, de la maison commune de... chef-lieu de l'arrondissement ou le crime a été commis, et à la porte du prétoire de la Cour d'assises, que pareil extrait sera, dans le même délai, adressé au directeur des domaines du domicile du condamné ;

Ordonne que le présent arrêt sera affiché dans les lieux déterminés par la loi.

PROCÈS-VERBAL

L'an mil huit cent quatre-vingt deux, le
La Cour d'assises du département de   , composée de Messieurs   conseiller en la
Cour d'appel d'Angers et assesseurs désignés conformément à la loi.

Assistée de M⁰   , Greffier, en présence de M.

A pris séance au Palais de Justice, à   , dans la salle de ses audiences, dont les portes ont été ouvertes au public,
pour procéder aux débats et au Jugement de l'accusation pour crime de   portée contre :

Les douze Jurés de Jugement se sont placés dans l'ordre désigné par le sort, sur des sièges séparés du public et des témoins,
en face de celui destiné à l'accusé.

Ce dernier a comparu libre et seulement accompagné de gardes.

Le Président lui a demandé ses noms, prénoms, âge, profession, demeure et lieu de sa naissance.

Il a rappelé au Conseil de l'accusé, les dispositions de l'article 311 du Code d'Instruction Criminelle, en l'invitant à s'y conformer.

Ensuite il a adressé aux Jurés debouts et découverts le discours contenant la formule du serment prescrit par l'article 312 du
Code précité. Chacun d'eux appelé individuellement, a répondu en levant la main : *Je le jure.*

Immédiatement après le Président ayant averti l'accusé d'être attentif à ce qu'il allait entendre, le Greffier a lu, à haute voix,
l'arrêt de la Cour d'appel portant renvoi à la Cour d'assises et l'acte d'accusation.

Après cette lecture, le Président a rempli les prescriptions de l'article 314 du Code d'instruction criminelle. Le ministère
public a présenté la liste des témoins cités à sa requête et immédiatement il en a été donné lecture à haute voix.

Les témoins de l'ordre du Président ont été conduits par l'un des huissiers de service dans la Chambre qui leur est destinée.

Les témoins compris sur la liste ont été successivement introduits dans l'auditoire ; — ils ont prêté individuellement avant
de déposer, le serment de parler sans haine et sans crainte, de dire toute la vérité et rien que la vérité.

Ces témoins ont déposé oralement, séparément l'un de l'autre et sans être interrompus. Le Président a fait à chacun d'eux
les interpellations prescrites par le 2ᵐᵉ § de l'article 317 du Code d'instruction criminelle et s'est strictement conformé tant à
leur égard qu'à l'égard de l'accusé aux dispositions des Articles 319 et 329, dudit Code.

L'Audition des témoins étant terminée le Ministère Public a développé les moyens qui appuient l'accusation.

M⁰   a présenté la défense de l'accusé. Il a eu la parole le dernier.

Le Président a demandé à l'accusé s'il avait quelque chose à ajouter pour sa défense. — Il a déclaré que les débats étaient
terminés. — Il n'a pas été fait de résumé.

Le Président a averti les jurés que leur décision contre l'accusé, tant sur le fait principal que sur les circonstances aggravantes
devant se former à la majorité et que leur déclaration devait constater cette majorité sans que le nombre de voix put être
exprimé ; que s'ils pensaient, à la majorité, qu'il existât des circonstances atténuantes en faveur de l'accusé, ils devaient en faire
mention en ces termes dans leur déclaration : à la majorité il y a des circonstances atténuantes en faveur de l'accusé.

Il a aussi averti les jurés que la discussion dans la Chambre de leur délibérations était de droit avant le vôtre et que tout vote
devait avoir lieu au scrutin secret.

Il leur a remis, ensuite, en la personne de leur chef les questions après en avoir donné lecture et l'acte d'accusation, les
procès-verbaux constatant le délit et les pièces du procès autres que les déclarations écrites des témoins. Il leur a aussi remis
les bulletins nécessaires pour le vote secret et il a donné au Chef de gendarmerie de service l'ordre spécifié en l'Art. 343, dudit
Code. Il a fait retirer l'accusé de l'auditoire.

Les Jurés se sont rendus dans leur Chambre pour délibérer, la Cour est rentrée dans la chambre du Conseil. Les témoins se
sont retirés

Les Jurés ayant formé leur décision sont rentrés ainsi que la Cour dans l'auditoire où ils ont repris leur place en présence du
public.

Le Président leur ayant demandé quel était le résultat de leur délibération, le Chef du Jury a lu, en se conformant à l'Art. 348
du Code d'Instruc. Crimin., la déclaration du Jury, qui l'a remise, de lui signée, au Président qui l'a signée lui-même, ainsi que
le Greffier, le tout en présence des Jurés.

Le Président a fait comparaître l'accusé, et le Greffier a lu, à haute voix, en sa présence, la déclaration du Jury.

Le Ministère public a fait à la Cour sa réquisition pour l'application de la loi.

Le Président a demandé à l'accusé s'il avait quelque chose à dire pour sa défense à cet égard.

La Cour a délibéré et le Président a lu publiquement et à haute voix le texte de la loi et a prononcé l'arrêt qui condamne X...

Il a ensuite averti le condamné qu'il avait trois jours francs pour se pourvoir en cassation. — La séance a été levée.

Et a été le présent procès-verbal signé par le Président et le Greffier.

TABLE ALPHABÉTIQUE DES MATIÈRES

TABLE GÉNÉRALE

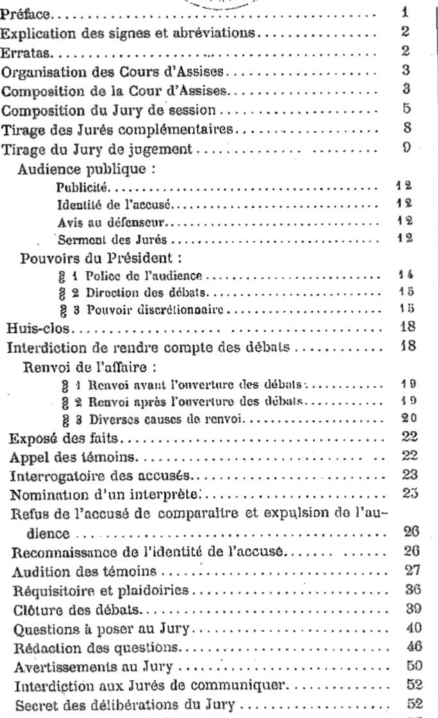

Angers, Imprimerie A. DEDOUVRES, rue du Cornet, 34.

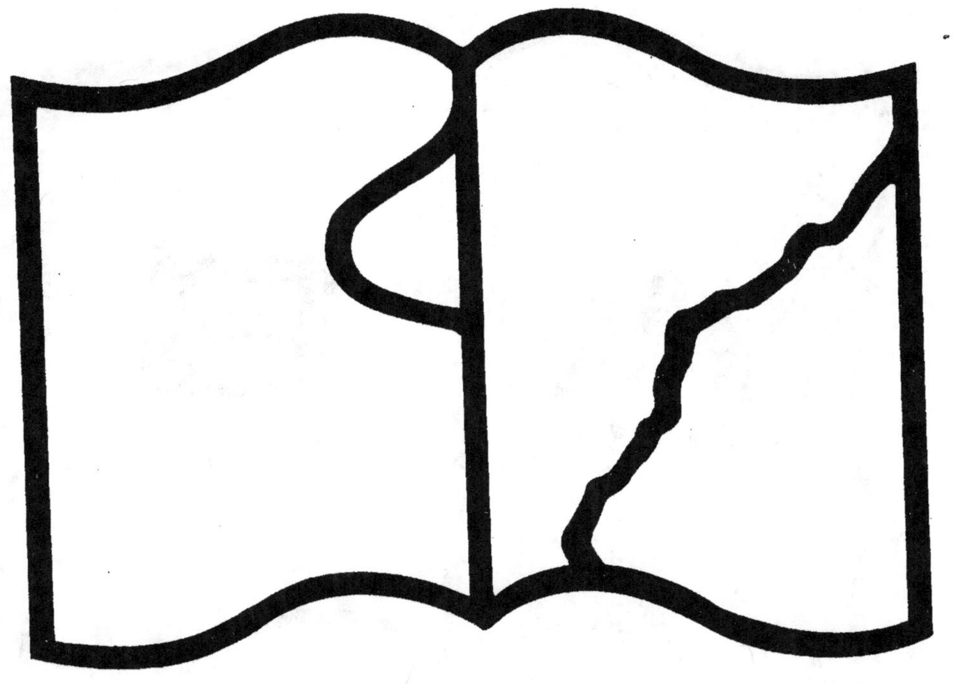

Texte détérioré — reliure défectueuse

NF Z 43-120-11

Contraste insuffisant

NF Z 43-120-14